課後照顧概論

劉鎮寧 主編

吳子宏、林雅芳、林驛哲、邱世杰
黃暐睿、劉鎮寧、駱怡如 著

主編簡介 / v

作者簡介 / vi

主編序 / viii

第 1 章　課後照顧的基本認識 / 001

❖ 劉鎮寧

第一節　課後照顧的意義 / 002

第二節　課後照顧的發展背景 / 006

第三節　課後照顧的功能 / 010

第四節　問題討論 / 015

第 2 章　課後照顧的重要內涵 / 019

❖ 劉鎮寧

第一節　課後照顧的運作機轉 / 020

第二節　課後照顧的辦理型態與相關規範 / 022

第三節　課後照顧的服務內容 / 024

第四節　課後照顧服務人員的資格 / 026

第五節　課後照顧服務人員的專業倫理 / 031

第六節　課後照顧服務的省思 / 035

第七節　問題討論 / 037

第 3 章　課後照顧的申辦與管理 / 041

❖劉鎮寧

第一節　設立申請與命名、更名 / 042
第二節　建築、設備與設施之規範 / 045
第三節　人事制度與管理 / 048
第四節　總務與財務管理 / 054
第五節　安全維護與管理 / 059
第六節　問題討論 / 066

第 4 章　兒童生理發展 / 069

❖林驛哲

第一節　兒童身體發展的特性與影響因素 / 070
第二節　兒童動作發展的特性與影響因素 / 074
第三節　兒童語言發展的階段與影響因素 / 077
第四節　兒童生理發展與課後照顧 / 081
第五節　問題討論 / 085

第 5 章　兒童認知發展 / 089

❖劉鎮寧

第一節　認知發展的意義 / 090
第二節　Piaget 的認知發展論 / 091
第三節　Vygotsky 的社會文化論 / 097
第四節　Gardner 的多元智能理論與應用 / 099
第五節　認知發展與課後照顧的關聯性 / 116
第六節　問題討論 / 120

第 6 章 兒童社會發展 / 123

❖劉鎮寧

第一節 社會發展的意義 / 124
第二節 Erikson 的心理社會發展理論 / 125
第三節 Kohlberg 的道德發展理論 / 130
第四節 社會發展與課後照顧的關聯性 / 135
第五節 問題討論 / 139

第 7 章 課後照顧教學與評量 / 143

❖林雅芳、劉鎮寧

第一節 認識核心素養與新課綱 / 144
第二節 課程及教學活動的規劃 / 155
第三節 注音符號、識字與寫字指導 / 161
第四節 作業指導原則與技巧 / 167
第五節 閱讀素養與作文指導 / 172
第六節 體育與團康活動設計 / 182
第七節 學習評量的功能與類型 / 192
第八節 多元評量的類型 / 196
第九節 問題討論 / 214

第 8 章 課後照顧班級經營與輔導 / 221

❖駱怡如

第一節 建立班級常規 / 222
第二節 教學情境的規劃 / 225
第三節 親師關係與溝通 / 230
第四節 兒童不良適應行為的類型 / 238
第五節 兒童輔導的基本技術 / 245

第六節　班級團體輔導 / 249
　　第七節　兒童輔導網絡 / 255
　　第八節　問題討論 / 259

第 9 章　學校行政組織與資源 / 265

❖黃暐睿、邱世杰

　　第一節　不同學校規模與類型的學校行政組織編制 / 266
　　第二節　各處室的工作任務 / 270
　　第三節　學生家長委員會的組織與功能 / 273
　　第四節　國民小學學校志工團的組織與功能 / 277
　　第五節　問題討論 / 279

第 10 章　當前學校重要法令的重點分析 / 283

❖吳子宏

　　第一節　性別平等教育法 / 284
　　第二節　兒童及少年福利與權益保障法 / 290
　　第三節　校園霸凌防制準則 / 294
　　第四節　校園性別事件防治準則 / 298
　　第五節　學校訂定教師輔導與管教學生辦法注意事項 / 302
　　第六節　問題討論 / 306

主編簡介

▍劉鎮寧

現職：國立高雄師範大學成人教育研究所教授兼總務長
　　　國立屏東大學教育行政研究所教授
學歷：國立中正大學教育學博士
經歷：國立屏東大學師資培育中心助理教授、副教授兼教育學程組組
　　　長、教育行政研究所副教授、教授兼任所長
　　　國小教師、組長、主任、校長
　　　臺東縣政府教育處長

（依姓氏筆畫排序）

▌吳子宏 ——————————————（第 10 章）

現職：屏東市和平國小校長

學歷：國立屏東大學教育學博士

經歷：國立屏東大學教育行政研究所兼任助理教授

屏東縣內埔鄉新生國小校長

國小教師、組長、主任、校長

▌林雅芳 ——————————————（第 7 章）

現職：高雄市鳳山區文德國小輔導主任

學歷：國立屏東大學教育學博士

經歷：國立屏東大學特殊教育學系兼任助理教授

國小教師、組長

▌林驛哲 ——————————————（第 4 章）

現職：高雄市美濃區福安國小校長

學歷：國立臺南大學教育學博士

經歷：高雄市六龜區荖濃國小校長

國小教師、組長、主任

邱世杰 （第 9 章）

現職：高雄市燕巢區金山國小校長

學歷：國立屏東大學教育學博士

經歷：國小教師、組長

黃暐睿 （第 9 章）

現職：高雄市六龜區荖濃國小校長

學歷：國立屏東大學教育學博士

經歷：國立屏東大學師資培育中心兼任助理教授

國小教師、組長、主任

劉鎮寧 （兼主編，第 1、2、3、5、6、7 章）

請見主編簡介

駱怡如 （第 8 章）

現職：高雄市大樹區興田國小校長

學歷：國立高雄師範大學教育學博士

經歷：國立臺南大學教育學系兼任助理教授

國小教師、組長、主任

主編序

　　兒童課後照顧是指為 6～12 歲的國小兒童在放學後，以及寒、暑假期間所提供的各種日間照顧與學習方案。設置的目的是為了協助父母親對兒童照顧和教導的實踐與完善，促進兒童在生理、心理、智能、社會等層面獲得良好的發展，並避免兒童在課後受到不必要的傷害或其它不良因素的影響。因此，兒童課後照顧服務方案蘊涵了教育和保育的意義與功能。換言之，兒童課後照顧服務方案的從業人員，也必須同時具備教育和保育的專業知能，方能發揮應有的角色功能。

　　綜觀兒童課後照顧在臺灣的發展歷程可知，最早起源於教育部依據《兒童及少年福利法》第 19 條第 3 項規定，在 2003 年 8 月 1 日訂頒《國民小學辦理兒童課後照顧服務及人員資格標準》據以推動之政策，此作業標準在 2012 年 8 月 27 日公布廢止。另一方面，教育部則是在 2012 年 6 月 4 日訂頒《兒童課後照顧服務班與中心設立及管理辦法》，此辦法迄今已進行四次的修法，顯見兒童課後照顧在當前社會發展型態下的重要性。整體而言，兒童課後照顧係先進國家在重視社會福利基礎下所推動的重要政策，政府自當有其責任對相關的法令和當前現況做一持續性的檢視與修訂，才能確保兒童獲得良好妥善的照顧。

　　本書出版的初衷，即在於積極回應兒童課後照顧從業人員的專業養成與在職訓練的重要性。在架構安排上，本書首先說明兒童課後照顧的意義、發展背景與功能，係提供讀者對兒童課後照顧服務方案的基本認識。並進一步從運作機轉、辦理單位、方案內容、人員資格與專業倫理、申辦與管理、問題省思，具體說明兒童課後照顧的機制。其次，就兒童發展有關的重要理論：生理發展、認知發展、社會發展，進行理論內涵的探討，

並引導讀者能藉此理解上述三個理論與兒童課後照顧之間的重要關聯性。接著，從教學、評量、班級經營、兒童輔導、學校行政組織與資源、當前與國民小學有關的重要法令等層面，詳細說明藉以強化實務操作面的專業知能，藉此建立正確的觀念和做法。

在此特別感謝作者群吳子宏校長、林驛哲校長、黃暐睿校長、邱世杰校長、駱怡如校長、林雅芳主任惠賜精闢鴻文。此外，本書的出版，荷承心理出版社副總經理兼總編輯林敬堯先生惠允全力支持，以及全體編輯小組的專業協助，編輯高碧嶸小姐的細心聯繫、校稿與協助行政庶務工作，使本專書得以順利出版，謹此一併致謝。敬祈各界先進對本書之內容不吝賜正是幸，以做為日後再版修訂時的參考。

劉鎮寧

2025 年 8 月 1 日

第 1 章

課後照顧的基本認識

❖ 劉鎮寧

本章大綱

第一節　課後照顧的意義
第二節　課後照顧的發展背景
第三節　課後照顧的功能
第四節　問題討論

學習目標

- 瞭解課後照顧的意義、發展背景和功能
- 增進對課後照顧服務方案意涵的瞭解

第一節　課後照顧的意義

壹　前言

　　隨著社會環境的轉變，家庭組成狀況已漸趨向核心家庭的型態，其中又以雙薪核心家庭（dual-earner nuclear family）居多數；除此之外，單親家庭（single-parent family）亦為普遍的現象。就兒童的主要照顧者來說，父親有工作者占全體的 97% 左右，母親有工作者比例約占 75%，致使學齡前的幼童，乃至在學兒童放學後的照顧問題越來越受到重視。有關兒童照顧的問題，在歐美國家也普遍獲得重視，柯林頓在擔任美國總統期間就曾公開宣示：「我們必須讓每一個孩子在放學之後，均有一個安全而且對其身心有益的去處。我計畫將現有的課前與課後輔導方案（Before and After School Programs）予以擴充，希望能幫助多達 50 萬名的兒童們能對毒品、酒精和犯罪說不，而對讀書、足球、電腦及光明的美好未來張開雙臂歡迎。」

　　在布希總統接任後，也積極推動課後輔導方案，特別將課後輔導方案列入「別讓孩子落後法」（No Child Left Behind）重要項目之一，在 2002 年正式啟動課後教育與安全方案。至於在歐洲先進國家方面，像德國、法國、比利時、義大利、西班牙、丹麥等國家，3～6 歲兒童進入公共照顧體系早已成為常態。

　　顯見 6～12 歲在學兒童的課後照顧，已成為社會變遷過程中的必然；相對的，課後照顧的設立及其服務的品質必須受到更大的關注與檢驗，因為課後照顧在保育和教育的觀點下對兒童的影響不容忽視。亦即，好的課後照顧服務方案的品質，會對兒童的認知發展、人格發展、人際互動、情緒管理、社會適應等層面產生正向的價值（Posner & Vandell, 1994;

Broberg, 1997）。因此，一個經營完善的兒童照顧機構或團體，必須正視服務兒童年齡、不同發展需求和個別差異的重要性。具體言之，兒童獲得良好妥善的照顧，是他們應當享有的權力，更是國家對人民的責任與基本承諾。

貳 課後照顧的意義

　　課後照顧（after-school programs）是照顧服務（day care service）的一種類型，所謂照顧服務，依社會工作百科全書（Lansburgh, 1979）的定義：「兒童的照顧是為補充父母的照顧與教養，在家庭外提供一段時間的組織化照顧、督導及發展機會，其組織與服務型態是多樣化的。照顧服務主要是由父母授權，以完成父母不能親自照顧時的任務。而提供照顧服務的單位可包括：兒童發展中心、育兒學園、幼兒園、家庭式托兒、課前課後輔導、假期照顧、以及全日照顧中心等。」

　　另外，美國兒童福利聯盟（Child Welfare League of America. Committee on Standards for Day Care, 1973）指出：「照顧服務係以家庭為基礎，提供利於兒童及其父母的一種服務，其目的在於補充父母對於孩子的照顧和保護，藉由機構化的服務，確保兒童的身心得已健全發展。」據此可知，照顧服務對應於父母照顧孩子的職責，所表現的應當是一種補充性的功能，並非替代性的角色。

　　就年齡層的角度觀之，顧名思義，課後照顧是指為 6～12 歲的國小兒童在放學後所提供的各種日間照顧或學習方案。如果從廣義的時間範圍來看，則應當包括兒童在放學後，以及寒、暑假期間的服務。教育部在 2012 年 6 月 4 日所公布的《兒童課後照顧服務班與中心設立及管理辦法》，即對「兒童課後照顧服務」一詞做出定義，指招收國民小學階段兒童，於學校上課以外時間，提供以生活照顧及學校作業輔導為主之多元服務，以促進兒童健康成長、支持婦女婚育及使父母安心就業。

整體而言，課後照顧設置的主要目的，就積極性的意義，是為了協助父母對兒童照顧和教導的實踐與完善，促進兒童在生理、心理、智能、社會等層面獲得良好的發展，至於在消極性方面，則可避免兒童課後受到不必要的傷害或其他不良因素的影響。

有關各國課後照顧制度的比較，如表 1-1 所示。

表 1-1 ▪ 各國課後照顧制度之比較

比較面向	美國	英國	德國	日本	香港	臺灣
社會問題	兒童學力不強，兒少犯罪增高	婦女就業、照顧費高、機構不足	家庭結構快速變遷、鑰匙兒犯罪率高	家庭育兒負擔重，導致少子化人口現象	社會救助家庭因照顧兒童而無法工作，以致於兒童誤交損友	少子化、婦女勞動參與率增加、升學主義壓力
中央政府反應	聯邦教育部規劃方案、撥款推動方案	教育部擬定標準，規劃多元照顧型態，並撥款補助	視兒童照顧為國家責任，設兒少年局管理	將兒童課後照顧納入兒童福利法及社會福利事業法中，由各級政府補助經費	訂定課餘託管計畫津貼制度，提供家庭經費補助	設兒童局，提供特殊境遇家庭照顧費用補助
地方政府責任	協助社區申請聯邦經費	依中央規定管理照顧機構的運作和品質	將課後照顧當作教育機構的社會教育任務	區村里負主要辦理之責，並建立跨地區兒童照顧機構聯繫網絡	—	依中央規定管理照顧機構的運作和品質

（續下頁）

表 1-1 ■ 各國課後照顧制度之比較（續）

比較面向	美國	英國	德國	日本	香港	臺灣
定位功能	促進社區／家庭功能，提升兒童能力／成就、預防青少年犯罪	補充家長在兒童課後照顧能力之不足	社會教育機構、補充家庭教育功能不足	提供無父母照顧兒童之課後遊戲及生活之場所	支援受助家庭、低收入戶家庭、單親家庭和新來港家庭之照顧功能	補充家長在兒童課後照顧能力之不足，但亦有淪為代理父母之虞
照顧對象	有需要的兒童	有需要的兒童	14歲以下的兒童	10歲以下兒童及10歲以上特殊需要兒童	6-12歲兒童	6-12歲兒童
提供者	公立學校、民間組織	民間機構	社教活動中心、學校	區里辦公室、各種民間團體、民間企業	市場上各種機構，包括營利業者、福利慈善團體與非營利組織	以市場化為主，佐以學校主辦或公辦民營

註：引自課後照顧服務的一般性考察：現況處境與未來展望（頁 17-18），王順民，2007 年 1 月 18 日，財團法人國家政策研究基金會國政研究報告。

為了使課後照顧發揮積極性的目的，在經營規劃上，應掌握下列六點原則（Norm et al., 2003）：

1. 課後照顧的時間安排應不同於兒童在校時間，以使兒童產生多樣化的經驗。
2. 課後照顧的部分時間應使兒童獲致樂趣、指導和豐富性。
3. 課後照顧藉由基本能力和家庭作業支援兒童在校期間的課業學習，

如同提供學業成就低下學童輔導教師一般。
4. 課後照顧的學習方式要多元化，如計畫、服務學習、戶外探索等，以深化學校學習，創造新興趣與能力。
5. 課後照顧應鼓勵和社區、家庭間廣泛且多樣化的連繫，並努力呈現社區中不同的文化讓兒童知曉。
6. 課後照顧應鼓勵兒童從事他們自我的學習，並為自我設定目標。

　　總而言之，課後照顧是普遍的社會需求，是學校教育延伸的另一種類型的課後教育，透過一系列有目的的課後學習活動之安排，期能提供兒童安全的學習環境、擴充兒童的學習經驗、促進兒童的學習成就，以同時獲得課後照顧的積極性和消極性的教育意義。

第二節　課後照顧的發展背景

　　本節主要從結構性因素、功能性因素、制度性因素三方面，簡要論述課後照顧為什麼會興起且快速發展的背景與理由：

壹　結構性因素的發展背景

一、家庭結構的變遷

　　家庭結構的變遷可說是傳統社會轉向現代社會的特徵，根據行政院主計處所公布的「近十年來家庭組織型態概況」可知，家庭組織型態仍是以父母及未婚子女兩代所組成的核心家庭為主，其次是具備教養照護功能的傳統三代折衷家庭，至於單人、夫婦二人及單親家庭則有增加的趨勢，顯見傳統大家庭的觀念已被小家庭所取代，但不可否認的，小家庭模式必然

會喪失傳統家庭最可靠的親屬互助，面對多種家庭功能的要求也會出現不足。

究其因，造成家庭結構產生變化的主要原因包括：高齡人口增加、出生率降低、越來越多的雙薪家庭，以及離婚率持續上升（王卓聖，2003；蔡文輝，1993）。相對的，因為家庭結構的變遷，將使得家庭功能和每個人原先所扮演的角色產生變化，即每個人不僅要負擔家庭內的角色，還要承擔更多家庭外的角色，因此透過其他制度的協助，更進一步協助成員處理原本應負擔的家庭功能，也疏離了原本傳統角色中家庭成員的互助觀念（林萬億，2003）。

二、婦女角色的變遷

社會變遷帶來婦女角色的改變，最大的特徵就是婦女就業率的提高，許多婦女不只是在經濟上扮演重要的角色，也在各類型社會參與上積極活躍。基本上，促使婦女就業增加的原因，包括生育率下降、就業機會增加、社會對於婦女就業態度的轉變、妻子對丈夫經濟依賴程度降低，以及因應都市化的發展家庭經濟趨於共同負擔現象（馮燕，1999；蔡文輝，1998）。

另一方面，行政院婦女權益促進發展基金會為因應婦女勞動政策攸關國家人力資源和經濟發展的主張，就指出幼兒收托、學齡前兒童教育、身心障礙者的教養及老人照顧，不應只是婦女責任，更應當是家庭成員的共同責任，企業的社會責任，甚至是政府建構社會安全體系的一環。簡言之，從保障婦女權益的角度思考，婦女角色的變遷，仍處在持續演進的過程中。

三、鄰里網絡功能的變遷

網絡是一種關係，一種互動類型，網絡中的成員可以是個人、部門、機構，或機構與機構的聯盟，所以網絡可說是一種多層次的概念（鄭讚

源，1999）。所謂社會網絡則是指由一群人所形成某種特定的結合，可以用來解釋這群人所涉及的社會行為，因此社會網絡並不是一種靜態的人際關係，而是一種人群動能（Mitchell, 1969; 引自 Scott, 2000）。

依此觀點來看，傳統的鄰里網絡是一種互動頻繁且相互扶持照應的關係，但是在現代社會中，鄰里網絡卻因為封閉式建築、人口流動性增加、住戶間的異質性提高等因素的影響，使得人與人之間漸趨疏離；相對的，在社區之中形成許多潛在的危險因子，這對家庭結構和功能改變的現代家庭來說，並無益於兒童的照顧。換言之，父母對於照顧服務的需求將會越大，也越形依賴照顧服務對兒童的安全照顧與教導。

貳 功能性因素的發展背景

一、預防犯罪的訴求

根據美國聯邦教育部的資料顯示（U.S. Department of Education, 1999），通常少年犯罪案件都發生在下午 2 時到 8 時，兒童在放學後係處於犯罪的危險時刻中。如果在這段時間，父母因為工作的關係，孩子缺乏督導，以致在放學後到不正當場所或在社區中遊蕩容易結識不良少年，如果此時兒童的成績表現也不佳、守法觀念差，都極有可能變成少年犯罪的高危險群。因此，基於事先預防重於事後處理的想法，父母應為兒童選擇一個免於犯罪機會發生的學習場所。

二、學習效能的強化

一般而言，6～12 歲的學齡兒童在放學後的作息，大多是以完成回家作業、上安親班、才藝班或補習班為主。但原則上，不論是學前教育或放學後的兒童及青少年活動，對父母來說，除了希望孩子學會該學的知識外，也期盼孩子能夠在這個時段獲得更多額外的學習服務。因此，就學習

的成效觀之，課後照顧對學業成就不佳的兒童得以發揮補救教學的功能，或藉由有系統的規劃，課後照顧也可為參與的兒童提供擴充學習經驗的機會，或進一步補充學校教育無法提供或提供不足的部分，以強化兒童的學習效能。

三、家庭功能的補足

現在的核心家庭、單親家庭乃至隔代教養家庭，兒童缺乏適當人際互動與親情撫慰的機會。在課後照顧的機構中，兒童有機會和年齡相仿的同儕發展人際關係，促進社會性發展，並接受成人的督導，讓兒童在生命中多了重要的他人，給予必要的楷模學習對象（李新民，2001）。所以，就學習成效和家庭功能二者的思考，家長將孩子送到課後照顧機構及選擇良好課後照顧機構的理由，已不再是單純因為家中無人照顧的需求，而是站在兒童發展的正向角度思考。

參 制度性因素的發展背景

一、教育政策的轉變與因應

綜觀我國教育改革的發展，從 1991 年國民中小學新課程的實施，到 2003 年九年一貫課程綱要總綱的推動，再到 2019 的《十二年國民基本教育課程綱要總綱》的施行。其間受到教育思潮的影響，改變了課程、教學和評量的概念與方式。當然教育品質的提升相對受到重視，不論是軟硬體都逐漸獲得配套改進，但是這些現象看在許多家長的眼裡，有時是無所適從的。

最大的感受就在於，家長似已很難再用自己過去學習的舊經驗來指導孩子的課業，甚至可以發現，即使家長沒有工作或工作時間彈性較大，在孩子放學後，仍選擇將孩子送到課後照顧機構參與和課業有關的學習活

動。什麼是好的教育、好的老師、好的兒童,這越來越是一個見仁見智的看法,但不可否認的,不論教育制度如何改變,家長對子女學習的熱情是不會減少的。

二、社會福利的重視與落實

社會福利的觀念始於人類早年的慈善思想和人道主義、宗教的慈悲和德政的憐憫;然而,隨著社會變遷的腳步加劇,社會福利的觀念已有很大的改變。在 21 世紀的今天,可以肯定社會福利已不再是慈善和德政的結果,而是把社會福利視為國民應得的基本權利,以及社會發展所應遵循的方向和制度,因此,兒童人權受到重視後的兒童福利,自然受到更大的保障。

聯合國在 1959 年 11 月 20 日所通過的「兒童權利宣言」中,具體地對兒童福利一詞下定義:凡任何能促進兒童身心健全發展與正常生活為目的的各種努力及事業,均稱為兒童福利(引自馮燕,1997)。以我國來說,兒童課後照顧最早源自 1955 年政府訂定的托兒所設置辦法,作為因應農忙時節的臨時性托兒所的法規依據,1981 在托兒所設置辦法中則明確規範滿足兒童照顧的福利服務(林海清,2005)。復以時代潮流和社會發展的需要,又分別制定了《性別平等工作法》、《兒童及少年福利與權益保障法》、《兒童課後照顧服務班與中心設立及管理辦法》,彰顯政府透過制度的功能,促進每一國民最高度的發展,以達到社會人力資源充分運用的結果,進而實現更平等、安定、進步和繁榮的社會福利措施。

第三節 課後照顧的功能

從前述對課後照顧意義和發展背景的論述,可以清楚的確認,選擇良好的照顧服務機構或團體,對父母、兒童或整個家庭的影響,深具正面的

價值功能，以下本節進一步從父母親和兒童兩大層面，說明課後照顧的功能（李新民，2001；曾榮祥、吳貞宜，2004；黃怡瑾，2000；Powell, 1987）：

壹 從父母親的角度

一、彌補的功能

因為父母親的工作時間無法在兒童放學後的時間正常的給予孩子親子互動和人際溝通等家庭生活經驗，課後照顧機構係可提供一個空間補充家庭正常照顧孩子功能的不足。

二、穩定的功能

從工作效能的角度，透過兒童課後照顧服務，可減少員工請假、曠職、離職等情形，提高工作品質，增加生產力。不僅能維護父母親的工作權，也可使兒童獲得妥善的照顧，對於家庭、社會、經濟均具有穩定的功能。

三、諮商的功能

即便對父母親來說，對於自己生活周遭的瑣事，也會有不愉快或感到困擾的時候，當父母到達課後照顧機構孩子尚未完成活動前，父母親可以和機構中的主管或老師分享個人在家中、或工作上的心得或問題，以抒解心中的情緒。

貳 從兒童的角度

一、發展的功能

課後照顧可以提供兒童教育性和活動性的服務，協助兒童身心健全發展，以激發兒童生理、智能、情緒及社會性潛能的發展，在一個理想的社區生活經驗中，達成兒童期的發展任務。

二、預防的功能

透過課後照顧的服務，父母可以放心孩子不會因長期缺乏成人照顧，以致出現在社會、心理和健康上的問題。除此之外，課後照顧也可預防因社會問題對孩子帶來的外在危機。

三、補助的功能

課後照顧並非複製學校裡的課程，而是進一步提供兒童在校學習不足的補助性方案，此外對於發展遲緩、身心障礙、行為偏差、文化刺激不足、家庭教養問題的兒童，也可設計不同的學習或輔導方案，或協助聯絡相關單位予以輔導。

四、網絡的功能

採取政府民間合作的社區化課後照顧服務，或以國民小學為主的課後照顧服務，可建立社區的人群服務網，在過程中，得以充分結合社區公共資源成為課後照顧服務方案的一環，此一網絡化的形成，更能提高對兒童課後照顧服務的學習品質。表1-2係國民小學兒童身心發展的特徵，分別從低年級、中年級和高年級的角度，再藉由身體發展、社會發展、情緒發展、認知發展四個層面，做出具體的說明，係可搭配本節所介紹之重點進行整體閱讀。

表 1-2 ▪ 國小兒童身心發展特徵

類別 特徵 年級	身體發展	社會發展	情緒發展	認知發展
低年級兒童	1. 生長緩慢穩定 2. 小肌肉協調性仍不足，男生尤感困擾 3. 眼睛的協調性仍不充分	1. 高度自我中心 2. 直到七歲，對成人及同伴的意見顯出敏感 3. 男孩和女孩的興趣開始分歧 4. 七、八歲兒童開始做有組織的小團體遊戲	1. 此階段兒童常需要讚美和認可，難忍受失敗 2. 開始爭取大人的注意與愛護並表現嫉妒 3. 大部分傾向自由表達情緒，因此常有生氣表現 4. 具想像力，因而易生恐懼心	1. 對於用力的活動易疲勞 2. 注意力短暫，對於長時間要求注意力的活動會顯出坐立不安 3. 對於需要動作技巧的活動，逐漸增加興趣 4. 發展較慢者，停留直覺思考，無法做理論思考
中年級兒童	1. 協調性和肌肉控制有顯著進步 2. 小肌肉的發展直到十歲才達到相當的發展 3. 手眼的協調有良好的發展 4. 十歲時眼睛的功能和成人相同 5. 喜歡耗力的活動	1. 喜歡有組織性的遊戲 2. 開始形成同性幫派 3. 男、女孩學習其性別角色 4. 由於自我評價能力的發展，而對成人有批評的態度 5. 發展團隊精神	1. 逐漸注意別人的感受 2. 對別人的譏諷或批評相當敏感 3. 喜歡以助人行為或自我成就取悅教師	1. 注意力加長，能加長工作時間 2. 從經驗中學習的能力加強 3. 女孩語言技術成績較高，男孩數學空間能力較優異 4. 思考方式為具體運思期

（續下頁）

表 1-2 ▪ 國小兒童身心發展特徵（續）

類別 年級 / 特徵	身體發展	社會發展	情緒發展	認知發展
高年級兒童	1. 在急速生長前可能呈現緩慢現象 2. 個體差異顯著 3. 女孩較男孩早熟二年 4. 第二性徵開始發展 5. 肌肉急速成長 6. 眼睛功能已有良好發展 7. 易感染小疾病且易疲倦	1. 男孩喜愛有組織的遊戲 2. 表現顯著的情感成熟 3. 此階段的兒童重視同輩的規範 4. 從幫派的團員轉移到喜愛結交一、二個固定好友 5. 由於自我評鑑的能力及自我改進興趣增加，可能表現出批判及不合作 6. 男女孩間常會互相戲弄嘲笑	1. 兒童與成人因言行準則衝突而產生適應困難 2. 逐漸明白規則僅為一般性指導原則，不必過份拘泥 3. 兒童若在團體中或功課中得不到滿足、認可，則會採反犯罪的方式吸引同伴注意	1. 是非觀念開始萌芽 2. 兒童表現出較成熟及多樣化興趣 3. 概念化的能力增加，能進行抽象思考 4. 思考方式進入形式運思期

註：引自領航明燈──國民小學導師手冊（頁7-8），陳寶山（主編），1993，張老師。

第四節 問題討論

在你讀完本章之後，你應該能回答下列與課後照顧基礎和背景有關的問題：

1. 何謂課後照顧？它的發展背景為何？
2. 課後照顧的積極性意義和消極性意義有何不同？在實務上該如何發揮？
3. 課後照顧有何功能？在實務運作上要如何發揮這些功能？
4. 課後照顧是不是一種社會制度，理由是什麼？
5. 我國的課後照顧制度和其他國家相比較，其異同點在哪裡？
6. 教育是一種「工作－成效」的概念，課後照顧是否也具有此特質？為什麼？

參考文獻

王卓聖（2003）。家庭結構變遷與婦女福利之思維。**社區發展季刊，101**，248-255。

王順民（2007年1月18日）。**課後照顧服務的一般性考察：現況處境與未來展望**。財團法人國家政策研究基金會國政研究報告。

李新民（2001）。**課後托育理論與實務**。復文。

林海清（2005）。學生課後學習問題面面觀。**研習資訊，22**（5），6-15。

林萬億（2003）。**當代社會工作——理論與方法**。五南。

陳寶山（主編）（1993）。**領航明燈——國民小學導師手冊**。張老師。

曾榮祥、吳貞宜（2004）。**課後照顧理論與實務**。華騰文化。

馮燕（1997）。**托育服務——生態觀點的分析**。巨流圖書。

馮燕（1999）。各國學齡兒童課後照顧方案。**兒童福利期刊，1**，195-208。

黃怡瑾（2000）。台南市國小學齡兒童課後托育情形之初探。**台南師院學報，33**，233-262。

蔡文輝（1998）。**婚姻與家庭：家庭社會學**。五南。

蔡文輝（1993）。**社會學**。巨流圖書。

鄭讚源（1999年3月9-10日）。**社會網絡、社會整合與學習家庭**〔論文發表〕。學習型家庭理論與實務研討會，臺北市。

Broberg, A. (1997). *Child care and early development: A longitudinal study of child care and its effects on child development*. University of Goteborg, Department of Psychology.

Child Welfare League of America. Committee on Standards for day care (1973). *Child Welfare League of America standards for day care service*.

The League.

Lansburgh, T. W. (1979). *Child welfare: Day care of children. Encyclopedia of social work*. NASU.

Norm, G. G., Biancarosa, G., & Dechausay, N. (2003). *Afterschool education: Approaches to an emerging field*. Harvard Education Press.

Posner, J. K., & Vandell, D. L. (1994). Low-income children's after-school care: Are there beneficial effects of after-school programs. *Child Development, 65*, 440-456.

Powell, D. R. (1987). After-school child care. *Young Children Care, 11*, 33-45.

Scott, J. (2000). *Social network analysis-a handbook*. Sage.

U.S. Department of Education. (1999). *Bring education to after-school programs* (2000, October 5). http://www.ed.gov/pubs/after-school programs.html

第 2 章

課後照顧的重要內涵

❖ 劉鎮寧

本章大綱

第一節　課後照顧的運作機轉
第二節　課後照顧的辦理型態與相關規範
第三節　課後照顧的服務內容
第四節　課後照顧服務人員的資格
第五節　課後照顧服務人員的專業倫理
第六節　課後照顧服務的省思
第七節　問題討論

學習目標

- 增進對課後照顧運作機制基本概念的瞭解
- 瞭解課後照顧的服務內容及其人員的資格條件
- 瞭解課後照顧的辦理單位及其不同辦理單位間的異同
- 瞭解課後照顧人員應有的專業倫理
- 增進對課後照顧服務方案的反省思考能力

第一節 課後照顧的運作機轉

壹 前言

對現在的父母來說，為自己孩子選擇一個適合的課後照顧服務方案，除了要考量課後照顧辦理單位是否為合法的立案機構外，還包括：課程內容是否有助於孩子的學習成長、機構內的軟硬體設施是否符合規定、是否聘用具資格的工作人員，以及人員的配置比例是否合於標準；除此之外，像接送的方式、時間的配合或所需費用，也會是家長關心的課題。

一般來說，父母也會因個人特徵屬性的不同，例如家屬關係、年齡、教育程度、職業、家庭所得等條件的不同，對課後照顧服務方案的選擇會有所差異（江佳樺，2005）。除此之外，從旁人口碑、過去經驗、親友關係、比較試讀等層面，進一步選擇課後照顧辦理單位，也會是父母關注的問題（邱永富，2000）。

本章主要的重點即針對課後照顧的運作機轉、辦理型態與相關規範，以及課後照顧服務的主要內容、人員資格、專業倫理與問題省思做一重點介紹。

貳 課後照顧的運作機轉

所謂運作機轉，係指課後照顧辦理單位透過輸送體系將服務方案提供給需求者的過程。基本上，一個完整的課後照顧運作機轉，應包括資訊、資源、服務使用者、服務提供者、成效等五大要素：

一、資訊

　　資訊的內容包括對資源、需求及服務內容等的瞭解，可包括外在資訊和內在資訊兩種（馮燕，1997）。外在資訊即指發生於系統外，而有助於系統運作的相關訊息，例如課後照顧辦理單位可資運用的相關機構或組織、顧客的需求及問題、尚未接受服務的潛在顧客等。內在資訊則指課後照顧辦理單位在提供服務的過程中，所需運用的資訊，例如課後照顧人員的專業知能，以及有關人力、財力、物力等來源的資訊。

二、資源

　　課後照顧服務方案的資源，包括人力、物力和財力三個部分。首先在人力部分，依據本章第四節課後照顧人員資格之界定來看，目前能投入課後照顧工作的人力資源相當充足，應可滿足市場上的需求。在物力方面，國民小學所辦理的課後照顧服務方案，物力來源均屬政府資本門和經常門項下之經費所購得，而民間業者和民間團體所辦理的課後照顧服務方案之物力來源，則必須倚靠營業資金、服務收費的盈餘所得，或基金孳息、個人捐助等途徑取得。至於在財力方面，不論是國民小學、民間業者或民間團體所辦理的課後照顧服務方案，均有特定身分之兒童得以免費或酌予補助方式參與本服務方案，其他兒童則一律採收費服務方式辦理。

三、服務使用者

　　簡單來說，課後照顧服務方案的使用者，即指6～12歲的國小學童。

四、服務提供者

　　係指當前國內課後照顧服務方案的三種不同類型之辦理單位，包括國民小學、民間業者和民間團體。

五、成效

運作機轉最後必須強調輸出的品質,即服務的效果問題。為了使課後照顧辦理單位瞭解他們所提供的服務方案是否適切,應當對兒童及其家長進行滿意度的調查。除此之外,課後照顧辦理單位也應建立內部的評核機制,瞭解單位內相關人員對工作環境和工作本身的滿意度,甚至可邀請外部人員進行實地的訪評。主要目的是為了確保課後照顧服務方案的社會福利精神能體現在服務品質之中,以避免營利和市場取向的手法,扭曲了課後照顧服務方案的時代意義與價值。

第二節 課後照顧的辦理型態與相關規範

壹 課後照顧的辦理型態

依據《兒童課後照顧服務班與中心設立及管理辦法》之規定,國內辦理課後照顧的型態,可分為兒童課後照顧服務班和兒童課後照顧服務中心二大類型,茲分別說明如下:

一、兒童課後照顧服務班

指由公、私立國民小學設立,辦理兒童課後照顧服務之班級。

二、兒童課後照顧服務中心

指由鄉(鎮、市、區)公所、私人(包括自然人或法人)或團體設立,辦理兒童課後照顧服務之機構。課後照顧中心的服務,可分為下列三類:(1) 平日服務:於學期起迄期間提供服務者。(2) 寒暑假服務:於寒暑

假期間提供服務者。(3) 臨時服務：為父母、監護人或其他實際照顧兒童之人因臨時需要提供服務者。

針對私人或團體所設立的兒童課後照顧服務，為因應 2012 年起由教育部主政辦理，現有的安親班在 2015 年皆已更名為課後照顧服務中心，2013 年以後新設立的課後照顧服務，均以兒童課後照顧中心稱之。

貳 課後照顧的相關規範

以下針對班級人數、參加對象與時間，以及文化不利地區的辦理方式等相關規範，做一說明：

一、班級人數

課後照顧班或課後照顧中心，每班兒童人數均以 15 人為原則，至多不得超過 25 人。公立課後照顧班和課後照顧中心，每班以招收身心障礙兒童 2 人為原則，並應酌予減少該班級人數。國民小學得視身心障礙兒童照顧需要，以專班方式辦理課後照顧班。

二、參加對象與時間

本項服務以國民小學在學兒童為對象，學校辦理本方案時，應充分告知家長資訊，儘量配合一般家長上班時間，包括學校上學、放學時段及寒暑假期間，並由家長決定自由參加，不得強迫。另依據《兒童課後照顧服務班與中心設立及管理辦法》第 7 條規定，公立課後照顧班應優先招收低收入戶、身心障礙及原住民籍兒童，凡具備上述身分之一者，可免費參加公立課後照顧班。若兒童情況特殊，經學校評估後，報直轄市、縣（市）主管機關專案核准者，可減免收費。

三、文化不利地區的辦理方式

依據《兒童課後照顧服務班與中心設立及管理辦法》第 6 條規定，直轄市、縣（市）主管機關於離島、偏鄉、原住民族或特殊地區，得優先指定公立國民小學、區公所設立課後照顧班、中心，或補助鄉（鎮、市）公所、私人或團體設立課後照顧中心。離島、偏鄉、原住民族或特殊地區依本辦法規定設立課後照顧中心有困難者，得專案報直轄市、縣（市）主管機關許可後，依許可內容辦理之。前項特殊地區，由直轄市、縣（市）主管機關認定。

第三節　課後照顧的服務內容

高品質的照顧服務，除能適當滿足兒童生理照顧的需求外，最重要的，是工作人員是否能營造一個好的學習與發展環境，有適當的活動設計給孩子發問、討論、動手操作、主動學習的自由度與空間，並有適當的來自大人的刺激與互動以及安全依附感等（馮燕，1997）。有關課後照顧的服務內容，大致包括以下四個層面，茲分述如下：

壹　安全環境

站在預防和彌補的觀點，可以明確的瞭解安全環境的提供，對父母協助的重要性。首先從物理環境的角度觀之，一個固定處所的課後照顧服務方案，可以讓兒童免於在放學後接觸不良場所，成為犯罪的加害者或被害者。再者，從心理環境的向度來看，兒童每天放學會有專車和保育人員或相關工作人員負責接送，之後又有專人照顧和指導，讓父母和兒童都能放心的在此生活環境中學習。

貳 作業指導

隨著教育改革的發展，國小兒童的回家作業已不再是傳統的抄寫和習作練習而已。尤其多元評量（multiple assessment）概念的興起，有越來越多的作業是採取實作評量（performance assessment）或檔案評量（portfolio assessment）的方式進行，這些類型的作業其立意固然良好，但也突顯出幾個值得思考的問題，即作業完成需要花上比以往傳統作業更多的時間，有的家長更可能因為能力問題無從指導孩子，有些作業則需要有大人的參與才能完成。因為如此，作業指導也就成為課後照顧服務的重要項目之一。

參 興趣培養

綜觀國內課後照顧服務方案的內容可知，站在消費者需求和創新服務的立場，每個課後照顧辦理單位都會提供才藝的教導，例如棋藝、美勞、音樂欣賞、書法、作文、直排輪等的動靜態課程。此一做法跳脫了傳統單一型態的課後照顧服務方案，不但能展現課後照顧服務的經營特色，站在多元探索、加深加廣學習的觀點，對於兒童興趣的培養是值得肯定的。

肆 親職教育

課後照顧服務不只是提供兒童福利和兒童教育而已，還提供親子共學、家長成長的服務。學校當中常見的親職教育形式包括專題演講、社區讀書會、家長成長團。這些親職教育提供了家長認知當前的教育改革走向，學習如何指導孩子家庭作業，例如參與親師之間的協同教學（team teaching），以及運用網路的線上溝通和回饋來學習與兒童有關的教養新知，使家長不純然只是課後照顧的消費者，更是直接的受益者（劉淑雯，

2003）。

　　整而言之，課後照顧服務方案提供給兒童一個有助於同儕人際互動的安全環境，在課業指導和興趣培養，以及提升父母正確親職教育觀念和能力的情況下，有助於兒童潛能的自我開展。但值得注意的是，父母親是否以謹慎的態度為孩子選擇合適的課後照顧服務方案，對兒童的影響甚大，因為琳瑯滿目、迎合家長的課後照顧服務方案中，並非全部都以專業且正確的經營管理方式加以運作，一旦選擇到服務品質不佳的課後照顧辦理單位，不僅無法以正常的服務項目提供父母及兒童之所需，甚至有可能出現揠苗助長、扼殺兒童學習的反教育效果出現。

第四節　課後照顧服務人員的資格

　　依據《兒童課後照顧服務班與中心設立及管理辦法》第 23 條規定，課後照顧班、中心之執行秘書、主任及課後照顧服務人員，應具備下列資格之一：

1. 高級中等以下學校、幼稚園或幼兒園合格教師、幼兒園教保員、助理教保員。
2. 曾依中小學兼任代課及代理教師聘任辦法或國民中小學教學支援工作人員聘任辦法聘任之教師。但教學支援工作人員為高級中等以下學校畢業者，應經直轄市、縣（市）政府教育、社政或勞工相關機關自行或委託辦理之一百八十小時課後照顧服務人員專業訓練課程結訓。
3. 公私立大專校院以上畢業，並修畢師資培育規定之教育專業課程者。
4. 符合兒童及少年福利機構專業人員資格者。但不包括保母人員。

5. 高級中等以上學校畢業，並經直轄市、縣（市）政府教育、社政或勞工相關機關自行或委託辦理之一百八十小時課後照顧服務人員專業訓練課程結訓。

偏鄉、離島、原住民族或特殊地區遴聘前項資格人員有困難時，得報直轄市、縣（市）主管機關核准，酌減前項第二款或第五款人員之專業課程訓練時數。

本服務針對需要個案輔導之兒童，應視需要聘請全職或兼職社會福利工作或輔導專業人員為之；針對身心障礙兒童，應視需要聘請全職或兼職特教教師或專業人員為之。

至於前述 180 小時課後照顧服務人員專業訓練課程，由各直轄市、縣（市）政府自行或委託辦理。各直轄市、縣（市）政府開辦相關訓練課程應先行評估需求，以達訓用合一。擔任本項訓練課程的講師資格如下：(1) 曾任教育、特殊教育、兒童教育、兒童保育、兒童福利、社會工作、家庭、臨床心理、諮商心理或輔導等相關科系之大專校院講師職級一年以上。(2) 曾任職於合法立案兒童福利、兒童教育、諮商輔導等相關機構，從事與兒童教育及照顧服務相關之實務工作經驗三年以上正式主管人員或五年以上工作人員。(3) 具處理壓力及創傷相關專業知能之專技師資（如心理師、精神科醫師）或第一項講師資格領域之專技師資，或具有特殊專業造詣或成就，並有具體績效或證明，足以勝任教學工作者。

兒童課後照顧服務人員訓練課程參考方案，如表 2-1 所示。

表 2-1 ▪ 國民小學辦理兒童課後照顧服務人員訓練課程參考方案

類別	最低時數	課程內涵
課後照顧服務概論	12 小時	1-1 課後照顧理念、工作倫理與權益 1-2 課後照顧方案的設計、管理、評估 1-3 課後照顧政策及法令（兒童課後照顧服務班與中心設立及管理辦法、教師輔導與管教學生辦法及教育基本法等） 1-4 兒童權利公約及福利政策法規基本認識（兒童及少年福利與權益保障法、性別平等、兒童人權等） 1-5 自訂
兒童發展	18 小時	2-1 兒童發展週期的生心理特徵（含性發展與性教育） 2-2 兒童的認知發展（含記憶、腦部發展） 2-3 兒童的自我與社會理解（含自尊、對他人的思考、理解衝突、自我認同等） 2-4 兒童的道德發展（含兒童的攻擊行為） 2-5 兒童社會情緒學習與發展 2-6 自訂
國小教育	15 小時	3-1 認識十二年國民基本教育課程綱要 3-2 教學原理（含教學的歷程、教學設計、教學策略等） 3-3 教學媒材、數位學習的運用 3-4 認識學校行政組織與資源（介紹國小各處室及家長會的組織和權責、愛心家長團、緊急聯絡網機制等） 3-5 國小階段的性別平等教育議題 3-6 自訂
特殊教育概論（含特殊教育相關課程）	9 小時	4-1 特殊教育的概念與發展趨勢 4-2 特殊兒童的認識與處理 4-3 特殊需求領域課程的認識 4-4 雙重殊異學生的認識 4-5 自訂

（續下頁）

表 2-1 ▪ 國民小學辦理兒童課後照顧服務人員訓練課程參考方案（續）

類別	最低時數	課程內涵
班級經營	12 小時	5-1 課後照顧班級建立正向學習環境及適性輔導（教室規劃、班級常規、師生互動、生生互動技巧） 5-2 課後照顧班級經營實習 5-3 正向行為與品德核心價值 5-4 自訂
親職教育	12 小時	6-1 課後照顧老師如何與家長溝通合作 6-2 課後照顧老師如何協助家長進行親職教育 6-3 課後照顧老師如何增進家長進行親子互動 6-4 兒童的教養風格、多元家庭型態認識與處遇（含雙薪家庭、分居家庭、單親家庭、重組家庭、隔代教養、新住民子女、同性婚家庭、移工家庭等） 6-5 自訂
學習輔導	27 小時	7-1 數學領域作業指導及如何提升學生學習動機（如數學作業的種類、常見的問題與輔導技巧等） 7-2 語文領域（國語文、英語文或其他語文科目）作業指導及如何提升學生學習動機（如語文作業的種類、常見的問題與輔導技巧等） 7-3 其他各領域／科目作業指導及如何提升學生學習動機（如各領域／科目作業的種類、常見的問題與輔導技巧等） 7-4 學習評量（多元評量：如實作評量、口頭評量、檔案評量、高層次紙筆測驗等，包含作業指導常見問題與處理） 7-5 自訂
兒童故事	6 小時	8-1 說故事的基本概念與原則 8-2 說故事的技巧，以及如何指導兒童說故事 8-3 自訂

（續下頁）

表 2-1 ▪ 國民小學辦理兒童課後照顧服務人員訓練課程參考方案（續）

類別	最低時數	課程內涵
兒童行為輔導與心理健康	18 小時	9-1 課後照顧與兒童行為輔導 9-2 兒童偏差行為的探討與處理／兒童問題輔導 9-3 學生霸凌預防與處理／兒童人際問題處理與霸凌預防 9-4 學齡兒童適應、情緒管理與壓力因應 9-5 兒童心理創傷的探討與處理／兒童逆境經驗的影響與創傷處理 9-6 兒童生活能力訓練 9-7 自訂
兒童體育及遊戲	6 小時	10-1 兒童體育與團康理論及活動設計 10-2 兒童遊戲與休閒理論及活動設計 10-3 自訂
兒童安全及事故傷害處理	12 小時	11-1 兒童事故的預防與處理（含交通事故、溺水及防墜等） 11-2 危機事件處理概念及流程規劃 11-3 急救的技巧與演練（含 CPR 心肺復甦術、AED） 11-4 防災安全演練 11-5 交通安全教育 11-6 自訂
兒童醫療保健	6 小時	12-1 兒童生長發育與營養 12-2 兒童常見疾病及流行病的辨別、預防與處理 12-3 自訂
兒童福利	12 小時	13-1 兒童福利（瞭解兒童福利服務的類別及相關社會資源） 13-2 兒童保護辨識暨通報（了解兒童保護的定義與兒虐處遇、流程及相關法規政策） 13-3 自訂
社區認同與社區服務學習	6 小時	14-1 認識兒童社區服務學習 14-2 兒童對社區人文及地理環境的認識、社區地圖的繪製

（續下頁）

表 2-1 ▪ 國民小學辦理兒童課後照顧服務人員訓練課程參考方案（續）

類別	最低時數	課程內涵
		14-3 生態保育與社區人文的連結者（人與土地的連結） 14-4 自訂
輔導資源與運用	9 小時	15-1 學生問題辨識與學校輔導資源運用 15-2 社區輔導資源的認識與運用 15-3 學校輔導工作 15-4 生態系統合作 15-5 自訂
合計	180 小時	

註：引自「兒童課後照顧服務人員職前及在職訓練課程」參考方案，教育部，2024（http://reurl.cc/Rk4xKg）。

第五節 課後照顧服務人員的專業倫理

所謂專業倫理（professional ethic）係指專業人員應該遵循的道德規範和責任，目的在於規範成員的個人德性和社會責任（吳清山、林天祐，2000）。一般而言，專業倫理和一般倫理是相對的概念，專業倫理較屬於應用倫理學的討論範圍；一般倫理指的是那些適用於社會所有成員的規範，而專業倫理所涵蓋的範圍則是特別針對某一專業領域中的人員，諸如教師、醫師、護理師、記者、律師等，且不同的專業領域，有其各自的專業倫理（朱建民，1996）。

在歐美先進國家，各種不同的職業團體或專業團體為了實踐專業倫理，大多訂有明確的倫理準則，詳細規定其團體成員在執行其職業或專業而與他人互動時，必須遵守的行為準則。這種倫理準則的具體內容隨各種不同的職業或專業而有所不同，但其基本精神卻是一致的（黃光國，1996）。一般而言，專業準則可以客觀表達出該行業的價值觀，也能夠使

社會大眾藉此瞭解該行業的專業服務宗旨，及其專業理念或專業行為之內涵，並能作為所屬行業人員應遵守的道德規範，以及從事專業服務行為時的指標。

以美國「全美教育協會」（National Education Association）在 1975 年所制定的教師專業倫理準則為例，明確指出教師應對兒童和教育專業有所承諾，茲分述如下（引自吳清山、黃旭鈞，2005）：

一、原則一：對兒童的承諾

1. 不應限制兒童學習過程中的獨立行動。
2. 不應不合理的否定兒童獲得各種不同的觀點。
3. 不應故意壓制或扭曲與兒童學科進步有關的事務。
4. 應做合理的努力以保護兒童遠離有害於學習、健康和安全的情境。
5. 不應故意讓兒童受到困窘或輕蔑。
6. 不應因為種族、膚色、信念、性別、國籍、婚姻狀態、政治或宗教信仰，不公平地：
   (1) 排除任何兒童參與任何計畫。
   (2) 剝奪任何兒童的利益。
   (3) 答應給任何兒童好處。
   (4) 不應為個人私利而運用與兒童的專業關係。
   (5) 除非有專業目的之要求或法律上的需要，否則不應洩漏經由專業服務所取得的兒童相關資料。

二、原則二：對專業的承諾

1. 不應運用其專業地位故意做成錯誤聲明或者是洩漏有關於能力與資格的重要事實。
2. 不應誤報其專業資格。
3. 不應幫助任何在品格、教育或其他相關屬性皆不適任的人，登記成

為教育專業的一份子。
4. 不應對有關於將來可能成為專業地位的人之資格做錯誤聲明。
5. 不應幫助非教育專業人員進行未經授權的教學。
6. 除非有專業目的之要求或法律的需要，否則不應洩漏經由專業服務所取得之相關同事的資料。
7. 不應故意對某一同事做錯誤或惡意的聲明。
8. 不應接受任何會損害或明顯影響專業決定或行動的禮金、禮物或好處。

國內有關教師專業準則的訂定，首見於全國教師會在 2000 年第一屆第二次會員代表大會通過的全國教師自律公約，包括教師專業守則及教師自律守則二大項：

一、教師專業守則

1. 教師應以公義、良善為基本信念，傳授兒童知識，培養其健全人格、民主素養及獨立思考能力。
2. 教師應維護兒童學習權益，以公正、平等的態度對待兒童，盡自己的專業知能教導每一個兒童。
3. 教師對其授課課程內容及教材應充分準備妥當，並依教育原理及專業原則指導兒童。
4. 教師應主動關心兒童，並與兒童及家長保持連繫。
5. 教師應時常研討新的教學方法和知能，充實教學內涵。
6. 教師應以身作則，遵守法令與學校規章，維護社會公平正義，倡導良善社會風氣，關心校務發展及社會公共事務。
7. 教師應為學習者，時時探索新知，圓滿自己的人格，並以愛關懷他人及社會。

二、教師自律守則

1. 教師對其學校兒童有教學輔導及成績評量之權責,基於教育理念不受不當行為之干擾。
2. 教師之言行對兒童有重大示範指導及默化作用,基於社會良善價值的建立以及教師的教育目標之達成,除了維護公眾利益或自身安全等特殊情形下,教師不應在言語和行為上對兒童有暴力之情形發生。
3. 為維持教師在社會的形象,教師不得利用職權教導或要求兒童支持特定政黨或信奉特定宗教。
4. 為維持校園師生倫理,教師與其學校兒童不應發展違反倫理之情感愛戀關係。
5. 教師不得利用職務媒介、推銷、收取不當利益。
6. 教師不應收受兒童或家長異常的饋贈,教師對兒童或家長金錢禮物之回報,應表達婉謝之意。

整體來說,課後照顧專業倫理的建立、推動和實踐,在課後照顧專業團體尚未建立及制定專業倫理內涵前,除了個人的自律以及對專業知能的不斷提升外,中央及各縣市政府主管機關,應發揮一定角色之功能。包括在各項培訓方案中規劃專業倫理的課程,在證照考試時可增列專業倫理的精神與內涵,以及輔導課後照顧從業人員籌組工會,進一步訂定同業工會專業倫理信條,以突顯課後照顧在教育和社會福利體系的專業地位,以及課後照顧服務人員的社會責任,並使得課後照顧服務方案能獲得品質的保證。

第六節 課後照顧服務的省思

本節主要從消費者導向所產生的問題、服務對象階層化的問題、課後照顧師資的證照與專業化問題等三個層面，做一說明：

壹 消費者導向所產生的問題

顧名思義，消費者導向係指站在消費者的立場，為滿足其需求所進行的各種策略運用。據此而論，如果家長所選擇的課後照顧服務方案，是希望孩子能獲得更高的附加價值，那麼除了基本的生活照顧、作業指導外，課後照顧辦理單位若再能提供課業和才藝的輔導和教學，勢必會受到更多家長的青睞。質言之，民間業者在市場機制自由操作的情形下，變相經營已成為不爭的事實。

即名為課後照顧，但實際上卻是以創造商機的營利手段，行補習和才藝的教導，但這些情形其實是違反現行法令的。如此一來，合法經營的課後照顧辦理單位，當面對兒童流失或招生不足的困境時，恐將也會迎合家長的需求，改變原有的經營模式，服務內容亦將出現補習化的現象。

在此值得社會大眾及政府部門加以正視的問題是，隨著社會發展，家長的需求越趨多元，尤其是越都會地區的家長更是如此，倘若課後照顧辦理單位基於能在競爭白熱化的市場繼續生存，強調更貼心的服務品質。除了上述已形成的現象外，像是延長服務的時間、晚餐的供應、週休二日的機動班等，也陸陸續續的出現時，我們不經懷疑，到底課後照顧服務方案對家長來說，是替代性的功能還是補充性的功能。

貳 服務對象階層化的問題

　　民間業者所經營的課後照顧服務方案,在自由市場的法則下,以價格代表品質的優劣,以價格決定需求的方式,形成有錢、有社經地位者,才能享受到好的服務,而弱勢的人即使接受補助也難以享受到,以致於造成福利階層化(陳雅琴,1999)。而在國小所推動的課後照顧班,在地方財力及人力資源不足的地區,學校常礙於教師意願、經費問題,以及民間業者的利益考量,而無法正常開辦課後照顧班提供給有需要的兒童(魏意芳,2003)。

　　雖然,國民小學所開辦的課後照顧班的班次,有逐年增加的現象,對於弱勢兒童的免費服務,政府也做到應盡的責任和義務。但不可否認的事實,家長會依個人能力所得來選擇符合其需求的課後照顧服務。因此,對民間業者來說,越是經濟活絡、住戶密度和品質較高的地區,越是他們選擇開業的地方;相對的,越是人口稀疏、住戶生活水準較低的地區,民間業者的興趣就越不大。此一城鄉差距的現象,仍有賴中央及地方政府持續進行相關配套措施的研議與推動,以期逐年獲得改善。

參 課後照顧師資的證照與專業化問題

　　目前擔任課後照顧的教師因課後照顧機構的不同而有所不同,國小所辦理的課後照顧班,師資來源除了現有教師外,若學校委託立案之公、私立機構、法人或團體辦理時,只要是《兒童課後照顧服務班與中心設立及管理辦法》第23條規定的相關人員,都有可能成為本方案的師資。至於社區式的課後照顧機構種類繁多,附設課後照顧中心的幼兒園由幼兒園教師負責,附設安親班的才藝班由才藝教學相關科系畢業人士擔任,至於公益慈善團體辦理的課後照顧一般是由具備兒童福利、相關科系畢業者或依《兒童課後照顧服務班與中心設立及管理辦法》受專業課程訓練結訓者擔任。

此一多元現象，若從學力而非學歷的角度思考，課後照顧師資的證照化和專業化表徵，是值得思考與正視的問題。換言之，政府應當更詳細的規定課後照顧服務方案的師資規範及建立證照制度，並全力推廣專業證照的觀念，以提升就業能力，未來不具有證照資格者應不得從事與課後照顧有關之服務。除此之外，對於課後照顧服務人員的工作時數、合理待遇，以及課後照顧服務方案的評鑑工作，亦可做一整體思考，以期建立更完善的制度。

第七節 問題討論

在你讀完本章之後，你應該能回答下列與課後照顧辦理單位、內容和人員規範有關的問題：

1. 課後照顧的運作機轉包括哪些要素？它們彼此之間的關聯性為何？
2. 要從事課後照顧服務方案的工作，有哪些途徑可以取得資格？
3. 不同類型的課後照顧辦理單位，主要的差別在哪裡？請試從法令、服務內容、人員規範等角度說明之？
4. 如何避免課後照顧成為學校教育的附加活動，請試從課後照顧的服務內容討論之？
5. 弱勢族群的課後照顧服務越來越重要，請從本章的重點試說明應注意的事項？
6. 課後照顧的師資是否具有專業的表徵？為什麼？
7. 課後照顧人員應遵守哪些專業倫理守則？為什麼？
8. 當前課後照顧服務方案面臨哪些值得解決的問題？請試述其解決方案？

參考文獻

朱建民（1996）。專業倫理教育的理論與實踐。**通識教育季刊**，**3**（2），33-56。

江佳樺（2005）。**彰化地區家長對其國小子女選擇安親才藝班消費決策傾向之探討**（系統編號：093DYU01163042）〔碩士論文，大葉大學〕。臺灣博碩士論文知識加值系統。https://hdl.handle.net/11296/244n85

吳清山、林天祐（2000）。專業倫理。**教育資料與研究**，**35**，107-108。

吳清山、黃旭均（2005）。教師專業倫理準則的內涵與實踐。**教育研究月刊**，**132**，44-58。

邱永富（2000）。**補習班之服務品質——以屏東縣某立案補習班為例**（系統編號：090NSYS5007089）〔碩士論文，國立中山大學〕。臺灣博碩士論文知識加值系統。https://hdl.handle.net/11296/6h64gg

教育部（2024）。**「兒童課後照顧服務人員職前及在職訓練課程」參考方案**。http://reurl.cc/Rk4xKg

陳雅琴（1999）。**福利社區化與營利化之探討——以台北市課後照顧為例**〔未出版之碩士論文〕。國立政治大學。

馮燕（1997）。**托育服務——生態觀點的分析**。巨流圖書。

黃光國（1996）。專業倫理教育的基本理念。**通識教育季刊**，**3**（2），19-32。

劉淑雯（2003）。**私立課後托育教師專業能力、工作滿意與教師效能研究**（系統編號：091NTNT1208003）〔碩士論文，國立臺南師範學院〕。臺灣博碩士論文知識加值系統。https://hdl.handle.net/11296/sd9sw6

魏意芳（2003）。**日本學童保育制度之研究——對我國課後托育的啟**

示（系統編號：091NTTTC576056）〔碩士論文，國立臺東師範學院〕。臺灣博碩士論文知識加值系統。https://hdl.handle.net/11296/7qy38c

第 3 章

課後照顧的申辦與管理

❖ 劉鎮寧

本章大綱

第一節　設立申請與命名、更名
第二節　建築、設備與設施之規範
第三節　人事制度與管理
第四節　總務與財務管理
第五節　安全維護與管理
第六節　問題討論

學習目標

- 瞭解課後照顧服務的申請設立以及命名、更名等作業規範
- 瞭解課後照顧服務的建築、設備與設施等相關規範
- 瞭解課後照顧服務的組織職掌與人事制度和管理的實務工作
- 瞭解課後照顧服務的總務與財務管理實務工作
- 瞭解課後照顧服務的安全維護與管理實務工作
- 提升對課後照顧服務行政管理的知能和行動力

第一節 設立申請與命名、更名

　　本節主要針對課後照顧服務的設立申請與命名、更名，做一扼要說明。簡單來說，公部門對各項業務所訂定的相關作業規範，乃是為了保障人民生命財產安全，以及使消費者能獲得應有服務品質，所做的積極作為。因此，家長在為子女安排課後照顧服務方案時，必須先瞭解是否選擇了一間合法的立案單位或機構。合法的課後照顧辦理單位應主動將使用執照和立案證書懸掛在一樓櫃臺或接待處明顯的地方，以主動取得消費者的信任。

壹 課後照顧服務的申請設立

　　以下分別針對公立課後照顧班，私立課後照顧班，公、私立課後照顧服務中心的設立申請，做一概覽介紹：

一、公立課後照顧班

　　由直轄市、縣（市）主管機關指定公立國民小學，或由公立國民小學提出申請，經直轄市、縣（市）主管機關核定後辦理。公立國民小學得以自辦或委託依法登記或立案之公、私立機構、法人、團體辦理公立課後照顧班。

　　若採委託辦理，應依據《兒童課後照顧服務班與中心設立及管理辦法》第4條之規定，須遵照政府採購法及其相關法規，受託人辦理課後照顧服務經評鑑成績優良者，公立國民小學得以續約方式延長一年；其收費數額、活動內容、人員資格與在職訓練計畫、編班方式、辦理時間、辦理場所、管理方案、受託人續約及相關必要事項，應載明於招標文件。

　　公立國民小學採委託辦理課後照顧服務，應提供學校內各項設施及設

備。受託人須使用學校以外之其他場所、設施或設備時，應以師生安全及服務活動需要為優先考量，並經學校同意後，報直轄市、縣（市）主管機關核准。

二、私立課後照顧班

依據《兒童課後照顧服務班與中心設立及管理辦法》第9條之規定，私立課後照顧班，由直轄市、縣（市）主管機關指定私立國民小學辦理者，由直轄市、縣（市）主管機關核定後辦理之。

私立課後照顧班，由私立國民小學申請辦理者，應填具申請書，並檢附下列文件、資料，經直轄市、縣（市）主管機關核定後辦理之：

1. 設立目的及業務計畫書。
2. 財產清冊及經費來源。
3. 預算表：載明全年收入及支出預算。
4. 組織表、主管與工作人員人數、資格、條件、工作項目及福利。
5. 收退費及服務規定。
6. 學校財團法人董事會同意附設課後照顧班之會議紀錄。

三、公、私立課後照顧服務中心

依據《兒童課後照顧服務班與中心設立及管理辦法》第10條規定，公、私立課後照顧中心，由鄉（鎮、市）公所、私人或團體填具申請書，並檢附下列文件、資料一式三份，向直轄市、縣（市）主管機關申請許可：

1. 中心名稱、地址及負責人等基本資料；負責人並應檢附其無違反本法第八十一條第一項規定之切結書及警察刑事紀錄證明。
2. 中心設立目的及業務計畫書。
3. 建築物位置圖及平面圖，並以平方公尺註明樓層、各隔間面積、用

途說明及總面積。

4. 土地及建築物使用權利證明文件：包括土地與建物登記（簿）謄本、建築物使用執照影本、建築物竣工圖、消防安全設備圖說及消防安全機關查驗合格之證明文件與使用權利證明文件影本。土地或建物所有權非屬私人或團體所有者，應分別檢具經公證自申請日起有效期限三年以上之租賃契約或使用同意書。
5. 財產清冊及經費來源。
6. 預算表：載明全年收入及支出預算。
7. 組織表、主管與工作人員人數、資格、條件、工作項目及福利。
8. 收退費基準及服務規定。
9. 履行營運擔保證明影本。
10. 投保公共意外責任保險之保險單影本。
11. 申請人為法人或團體者，並應檢附法人或團體登記或立案證明文件影本，及法人或團體經目的事業主管機關核准附設課後照顧中心文件影本。

直轄市、市主管機關指定區公所辦理課後照顧中心者，由直轄市、市主管機關核定後辦理之。

公、私立課後照顧中心，由鄉（鎮、市、區）公所或團體設立者：以其代表人為負責人。由法人設立者：以其董（理）事長或有代表法人資格之董（理）事為負責人。由自然人設立者：以設立人為負責人；設立人為二人以上者，以推舉之代表人為負責人。

貳 課後照顧班、中心的命名與更名

依據《兒童課後照顧服務班與中心設立及管理辦法》第 11 條規定，課後照顧班、中心之命名及更名，應符合下列規定：

1. 私立課後照顧班、中心，不得使用易使人誤解其與政府機關（構）有關之名稱。
2. 課後照顧班應冠以學校附設之名稱；其依第四條規定委託辦理者，並應明確表示委託人與委託辦理及受託人之名稱。
3. 公立課後照顧中心，應冠以直轄市、縣（市）某鄉（鎮、市、區）公所設立之名稱；其依第四條規定委託辦理者，並應明確表示委託人與委託辦理及受託人之名稱。
4. 私立課後照顧中心，應冠以其所在地直轄市、縣（市）名稱及私立二字，並得冠以該私人、團體之姓名或名稱。
5. 同一直轄市、縣（市）之私立課後照顧中心，不得使用相同名稱。但由同一私人或團體設立者，得使用相同名稱，並加註足資分辨之文字。

第二節　建築、設備與設施之規範

壹　課後照顧中心的場地空間規範

依據《兒童課後照顧服務班與中心設立及管理辦法》第25條之規定，課後照顧中心之室內樓地板面積及室外活動面積，扣除辦公室、保健室、盥洗衛生設備、廚房、儲藏室、防火空間、樓梯、陽台、法定停車空間及騎樓等非兒童主要活動空間之面積後，應符合下列規定：

1. 兒童整活動總面積：應達七十平方公尺以上。
2. 室內活動面積：兒童每人不得小於一點五平方公尺。
3. 室外活動面積：兒童每人不得小於二平方公尺，設置於內政部公布直轄市最新人口密度高於每平方公里一萬二千人或可供都市發展用

地之最新人口密度高於每平方公里一萬二千人之行政區者，每人不得小於一點三平方公尺。但無室外活動面積或室外活動面積不足時，得另以室內相同活動面積替代之。

貳 課後照顧中心的設置地點

依據《兒童課後照顧服務班與中心設立及管理辦法》第 26 條之規定，課後照顧中心應有固定地點及完整專用場地；其為樓層建築者，以使用地面樓層一樓至四樓為限。

課後照顧中心申請擴充營運規模，同棟建築物內以同一樓層或相連之直上樓層及直下樓層為限；他棟或他幢建築物，以原中心許可土地範圍內之建築物為限，且二者均使用地面樓層者。

課後照顧中心經直轄市、縣（市）主管機關核准後，得依下列規定使用，不受第一項規定之限制：

1. 附帶使用地下一樓作為行政或儲藏等非兒童活動之用途。
2. 位於山坡地或因基地整地形成地面高低不一，且非作為防空避難設備使用之地下一樓，得作為兒童遊戲空間使用。

參 課後照顧中心於原址的改建、擴充、縮減場地之規範

依據《兒童課後照顧服務班與中心設立及管理辦法》第 17 條之規定，課後照顧中心在原址進行改建、擴充、縮減場地、增減招收人數等事項時，應於三十日前檢具下列文件、資料，申請直轄市、縣（市）主管機關核准：

1. 原設立許可證書。
2. 變更項目及內容。

3. 建築物改建、擴充或縮減場地之許可證明文件及建築物樓層配置圖，並標示變更範圍。
4. 消防安全設備機關核發之合格文件及圖說。
5. 變更後之室內、外活動空間面積。
6. 變更後之房舍用途及面積。
7. 學童安置方式。

課後照顧中心依前項核准之事項變更完成後，應報直轄市、縣（市）主管機關進行查核，通過者，換發設立許可證書。未依規定辦理或不符許可內容者，直轄市、縣（市）主管機關得廢止其設立許可。

肆 課後照顧中心的設施與設備

依據《兒童課後照顧服務班與中心設立及管理辦法》第 27 條之規定，課後照顧中心應具備下列設施、設備：(1) 教室；(2) 活動室；(3) 遊戲空間；(4) 寢室；(5) 保健室或保健箱；(6) 辦公區或辦公室；(7) 廚房或配膳空間；(8) 盥洗衛生設備；(9) 其他與本服務相關之必要設施或設備。第 1 項至第 6 項之設施、設備，得視實際需要調整併用。

有關盥洗衛生設備數量，不得少於下列規定，其規格應合於兒童使用；便器並應有隔間設計：

一、大便器

1. 男生：每七十五人一個，未滿七十五人者，以七十五人計。
2. 女生：每十五人一個，未滿十五人者，以十五人計。

二、男生小便器

每三十人一個，未滿三十人者，以三十人計。

三、水龍頭

每十人一個，未滿十人者，以十人計。

另依據《兒童課後照顧服務班與中心設立及管理辦法》第 28 條之規定，課後照顧班、中心之建築、設施及設備，應符合下列規定：

1. 依建築、衛生、消防等法規規定建築及設置，並考量兒童個別需求。
2. 配合兒童之特殊安全需求，妥為設計，並善盡管理及維護。
3. 使身心障礙之兒童有平等之使用機會。
4. 環境應保持清潔、衛生，室內之採光及通風應充足。

第三節 人事制度與管理

任何一個組織對於人事制度及其管理上的規範，都必須考慮到組織的任務和特性，方能妥善制定經營管理上的相關配套措施。具體言之，組織不同的任務和特性，是關係到組織架構和工作職掌的設計，一個經營良好的組織，按照正常作業程序，應依人員工作職掌所需的資格條件，招考或聘請合適的人員予以任用，並透過員工權利和義務的行使，確保組織服務的品質。

壹、課後照顧服務的人員配置、任用與在職訓練

一、課後照顧班

依據《兒童課後照顧服務班與中心設立及管理辦法》第 22 條規定，

課後照顧班置下列人員：

1. 執行秘書：一人；學校自辦者，得由校長就校內教師派兼之；委託辦理者，由受託人聘請合格人員擔任之。
2. 課後照顧服務人員：
    (1) 每招收兒童二十五人，應置一人；未滿二十五人者，以二十五人計。
    (2) 學校自辦者，得由校長就校內教師派兼之或聘請合格人員擔任之，校內教師並應徵詢其意願；委託辦理者，由受託人聘請合格人員擔任之，並應於開課七日前報委託學校備查。
3. 行政人員或其他工作人員：由學校視需要酌置之，並得由校長就校內教師派兼之；委託辦理者，由受託人視需要酌置之。

二、課後照顧中心

依據《兒童課後照顧服務班與中心設立及管理辦法》第 22 條規定，課後照顧中心置下列人員：

1. 主任：一人，專任，並得支援該中心課後照顧服務業務。
2. 課後照顧服務人員：每招收兒童二十五人，應置一人；未滿二十五人者，以二十五人計。
3. 行政人員或其他工作人員：視實際需要酌置之。

課後照顧中心應於設立後，招生前，檢附主任、課後照顧服務人員、行政人員與其他工作人員名冊及下列文件，報直轄市、縣（市）主管機關核准後，始得招生；課後照顧班委託辦理者，亦同：(1) 主任及課後照顧服務人員之資格證明文件影本。(2) 所有人員無違反《兒童及少年福利與權益保障法》第八十一條之一第一項規定之切結書及警察刑事紀錄證明。(3) 所有人員之健康檢查表影本。(4) 其他相關文件。

除此之外，依據《兒童課後照顧服務班與中心設立及管理辦法》第24條規定，課後照顧班執行秘書、課後照顧中心主任及課後照顧服務人員，每年應參加直轄市、縣（市）主管機關辦理之在職訓練至少十八小時。

課後照顧班、中心應就前項參加在職訓練人員給予公假，並建立在職訓練檔案，至少保存三年。

課後照顧班執行秘書、課後照顧中心主任及課後照顧服務人員在職訓練，得由直轄市、縣（市）主管機關自行辦理、委託專業團體、法人或專科以上學校辦理，或由專業團體報經直轄市、縣（市）主管機關認可後辦理。

國民小學合格教師及依中小學兼任代課及代理教師聘任辦法聘任之教師，其當年度依法令參與進修、研究或研習之課程，經學校報直轄市、縣（市）主管機關認定相當於第一項在職訓練課程者，得抵免第一項所定時數。課後照顧班執行秘書、課後照顧中心主任及課後照顧服務人員任職未滿一年者，依其任職之月數，按比例計算該年度應研習之時數；未滿一個月者，不予計入。

貳 課後照顧服務人員的離職

關於課後照顧服務人員的離職，可從以下三種情形加以說明：

一、主動請辭

指課後照顧服務人員因個人因素主動提出離職。

二、終止聘僱關係

課後照顧辦理單位若因故結束班務，或因招生不足導致減班必須裁減工作人員，或工作人員無法再勝任所擔負的工作時，得依法預告終止聘任

關係。

根據《勞動基準法》第 11 條之規定，若未有下列情事之一者，雇主不得預告勞工終止勞動契約：(1) 歇業或轉讓時。(2) 虧損或業務緊縮時。(3) 不可抗力暫停工作在一個月以上時。(4) 業務性質變更，有減少勞工之必要，又無適當工作可供安置時。(5) 勞工對於所擔任之工作確不能勝任時。

另依據《勞動基準法》第 14 條則是規定有下列情形之一者，勞工得不經預告終止契約：(1) 雇主於訂立勞動契約時為虛偽之意思表示，使勞工誤信而有受損害之虞者。(2) 雇主、雇主家屬、雇主代理人對於勞工，實施暴行或有重大侮辱之行為者。(3) 契約所訂之工作，對於勞工健康有危害之虞，經通知雇主改善而無效果者。(4) 雇主、雇主代理人或其他勞工患有法定傳染病，對共同工作之勞工有傳染之虞，且重大危害其健康者。(5) 雇主不依勞動契約給付工作報酬，或對於按件計酬之勞工不供給充分之工作者。(6) 雇主違反勞動契約或勞工法令，致有損害勞工權益之虞者。

三、免職

係指工作人員違反契約或聘書之相關規定，得不經預告逕予解聘或免職。

根據《勞動基準法》第 12 條之規定，勞工有下列情形之一者，雇主得不經預告終止契約：(1) 於訂立勞動契約時為虛偽意思表示，使雇主誤信而有受損害之虞者。(2) 對於雇主、雇主家屬、雇主代理人或其他共同工作之勞工，實施暴行或有重大侮辱之行為者。(3) 受有期徒刑以上刑之宣告確定，而未諭知緩刑或未准易科罰金者。(4) 違反勞動契約或工作規則，情節重大者。(5) 故意損耗機器、工具、原料、產品，或其他雇主所有物品，或故意洩漏雇主技術上、營業上之秘密，致雇主受有損害者。(6) 無正當理由繼續曠工三日，或一個月內曠工達六日者。

除此之外，課後照顧服務也應以嚴謹且高標準的立場，在勞動契約內容參酌《教育人員任用條例》第 31 條之規定，有下列情事之一，經查證屬實者，予以免職：

1. 曾犯內亂、外患罪，經有罪判決確定或通緝有案尚未結案。
2. 曾服公務，因貪污瀆職經有罪判決確定或通緝有案尚未結案。
3. 曾犯性侵害犯罪防治法第二條第一項所定之罪，經有罪判決確定。
4. 依法停止任用，或受休職處分尚未期滿，或因案停止職務，其原因尚未消滅。
5. 褫奪公權尚未復權。
6. 受監護或輔助宣告尚未撤銷。
7. 經合格醫師證明有精神病尚未痊癒。
8. 經學校性別平等教育委員會或依法組成之相關委員會調查確認有性侵害行為屬實。
9. 經學校性別平等教育委員會或依法組成之相關委員會調查確認有性騷擾或性霸凌行為，且情節重大。
10. 知悉服務學校發生疑似校園性侵害事件，未依性別平等教育法規定通報，致再度發生校園性侵害事件；或偽造、變造、湮滅或隱匿他人所犯校園性侵害事件之證據，經有關機關查證屬實。
11. 偽造、變造或湮滅他人所犯校園毒品危害事件之證據，經有關機關查證屬實。
12. 體罰或霸凌學生，造成其身心嚴重侵害。
13. 行為違反相關法令，經有關機關查證屬實。

參 人事制度和管理上的其他重要事項

1. 課後照顧辦理單位應建立明確的員工福利制度，以下所列各項目，

除勞保和健保外,其他各項得依課後照顧辦理單位負責人的理念,以及實際運作情形或整體薪酬的設計,選擇辦理:

(1) 員工均有勞健保,且保費係依《勞動基準法》規定由機構與員工分別負擔。

(2) 訂定各項補助金,可包括結婚、生育、死亡、傷病或生日禮金等項目。

(3) 每年能為員工辦理休閒聯誼活動。

(4) 建立進修補助及帶薪教育假制度,鼓勵員工在不影響正常工作的原則下,提升專業素養。

(5) 提供員工子女就讀費用的優惠措施。

2. 依《勞動基準法》第 38 條之規定,勞工在同一雇主或事業單位,繼續工作滿一定期間者,應依下列規定給予特別休假:

(1) 六個月以上一年未滿者,三日。

(2) 一年以上二年未滿者,七日。

(3) 二年以上三年未滿者,十日。

(4) 三年以上五年未滿者,每年十四日。

(5) 五年以上十年未滿者,每年十五日。

(6) 十年以上者,每一年加給一日,加至三十日為止。

3. 依《勞動基準法》第 53 條之規定,勞工有下列情形之一,得自請退休:

(1) 工作十五年以上年滿五十五歲者。

(2) 工作二十五年以上者。

(3) 工作十年以上年滿六十歲者。

另依《勞動基準法》第 54 條之規定,勞工非有下列情形之一,雇主不得強制其退休,包括:年滿六十五歲者、身心障礙不堪勝任工作者。

4. 建立員工申訴制度,並能詳細記錄過程,並將處理情形告知申訴

人。
5. 課後照顧辦理單位得以全額或部分補助的方式，提供員工定期體檢經費，亦可視為員工福利之一。
6. 員工應主動參與機構內、外所辦理的在職訓練課程。

第四節　總務與財務管理

　　總務和財務的工作內容，主要扮演組織後勤支援的角色，主要任務在於確保課後照顧辦理單位的內部設施，能符合衛生、消防、建築物管理等相關規定，並能善盡管理維護之責，使各項設施設備的使用，不僅無安全上的顧慮，又能提供師生一個整潔美化的學習環境。再者，有關財務管理方面，也必須要有完善的管理機制，並建立各項收退費標準，以確保組織運作機能的順暢。

壹 定期進行安全檢修及汰換，並依規定每年辦理消防安全和建築物管理檢查等相關作業

　　課後照顧辦理單位應針對日常火源、瓦斯安全、防火避難設施、消防安全設備、火氣電氣設施等，依據檢查表格所訂內容每月定期檢查，平日則應建立和落實內部的巡檢制度，每次檢查皆必須留下完整的紀錄，對於各項設施的檢修及汰換，要以安全第一為優先處理之原則。除此之外，每年應依據建築物防火避難設施與設備安全檢查報告書，以及消防安全規定檢查表內容之規定，進行各項檢查及缺失改善，並將結果分別向工務局和消防局報請核備。

貳 建立保險制度，以維護和保障相關人員的權益

依據《兒童課後照顧服務班與中心設立及管理辦法》第 18 條規定，課後照顧中心每年十二月三十一日前，應檢附公共意外責任險保單影本，報直轄市、縣（市）主管機關備查。除此之外，為求更完善的保護措施，對於戶外教學或遊戲器材亦可規劃在保險制度的範圍內，以維護和保障相關人員的權益。

參 建立採購及財產管理制度，由專人負責並定期盤點，以利各項業務的推展

為提升服務品質和工作效率，課後照顧辦理單位應當建立一套完善的採購及管理作業流程，採購的物品應分為消耗性與非消耗性二類，一般所稱非消耗性物品，係指機構內的財產物品，而消耗性與非消耗性物品的管理方式也有所不同，如圖 3-1 所示。

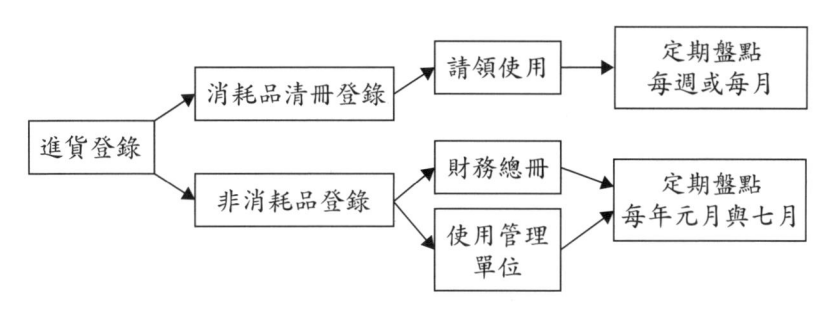

```
進貨登錄 ─┬─ 消耗品清冊登錄 ── 請領使用 ── 定期盤點 每週或每月
         └─ 非消耗品登錄 ─┬─ 財務總冊 ─┐
                          └─ 使用管理單位 ┴─ 定期盤點 每年元月與七月
```

圖 3-1 ▪ 採購管理流程圖

註：引自托育機構行政管理手冊（頁 37），臺北市政府社會局，2007。

對於內部的各項設施和設備，應分類登記建立完整詳細的財產（物品）清冊及財產（物品）卡，在完成採購驗收後，應黏貼財產卡（物品

卡）於財產或非消耗性物品上。同時各項設施和設備必須建立專人保管的制度，定期進行盤點，有效控管設施和設備的使用、管理、維護、修繕、報廢和更新，以利各項業務的推展。

基本上，照顧機構在採購廠商及項目的分類上，大致可分為以下八項（臺北市政府社會局，2007）：

1. 圖書文具：書商、辦公用品、印刷、影帶出租等。
2. 教具樂器：幼教社、樂器行等。
3. 食品保健：食材採購、餐廳、醫療用品及器材等。
4. 維護保養：消安、公安、水電、遊具、電器、影印機、幼童車等。
5. 五金百貨：五金、窗簾、家具、廚具、超市、量販店、鎖店等。
6. 清潔衛生：清潔用品、消毒公司等。
7. 視訊資訊：電腦、通訊、廣播音響、網路多媒體等。
8. 其他：旅行社、戶外教學場所、通運公司、建材營造等。

肆 建立完善的經費作業規定，每年依法申報

課後照顧辦理單位在經費作業上，最重要的就是各項經費的收支情形。每年度應事先預估可招收的學生人數及可收入的相關費用，例如：月費、餐點、教材、雜費、其他可能的收入或補助款等。進一步針對人事費、教材費、行政業務費、修繕費、購置費、其他可能支出的項目，以及配合發展計畫所需的經費詳實編列預算。

每一筆經費的支出都必須詳實登錄在日記帳和分類帳中，每月固定製作月報表，藉以控管預算的執行情形。除此之外，各項收費收據和明細也應當完整齊全的予以保存。至於收、退費的標準則必須經主管機關同意，因攸關家長權益，課後照顧辦理單位必須主動告知家長相關規定。

依據《兒童課後照顧服務班與中心設立及管理辦法》第 20 條之規

定，公立課後照顧班辦理本服務之收費基準，由直轄市、縣（市）主管機關以下列計算方式為上限，自行訂定：

一、學校自辦

表 3-1 ▪ 學校自辦課後照顧收費上限表

於學校上班時間辦理時，每位學生收費	新臺幣二六〇元 × 服務總節數 ÷ 〇‧七 ÷ 學生數
學校下班時間及寒暑假辦理時，每位學生收費	新臺幣四〇〇元 × 服務總節數 ÷ 〇‧七 ÷ 學生數
一併於學校上班時間及下班時間辦理時，每位學生收費	（新臺幣二六〇元 × 上班時間服務總節數 ÷ 〇‧七 ÷ 學生數）＋（新臺幣四〇〇元 × 下班時間服務總節數 ÷ 〇‧七 ÷ 學生數）

二、學校委託辦理

表 3-2 ▪ 學校委託辦理課後照顧收費上限表

於學校上班時間辦理時，每位學生收費	新臺幣四一〇元 × 服務總時數 ÷ 〇‧七 ÷ 學生數
學校下班時間及寒暑假辦理時，每位學生收費	
一併於學校上班時間及下班時間辦理時，每位學生收費	

在退費部分，因個別學生或家長因素，於繳費後擬不再上課者，以臺北市政府為例，其退費標準如下：於確定開班日前申請退費者，退還所繳費用之全部；確定開班後至未逾上課總時（節）數三分之一，而申請退費者，不論是否開始上課，退還所繳費用的三分之二；開班後超過上課總時（節）數三分之一、未達三分之二而申請退費者，退還所繳費用之三分之一；申請退費時已超過上課總時（節）數的三分之二者，不予退費。

另根據《高雄市兒童課後照顧服務班設立及管理補充規定》第9點的減收及退費標準則是因不可抗力或非可歸責學生之因素而未辦理課後照顧班之時數（節數），應按未辦理時數（節數）減收或退還學生繳交費用。若因學生個人因素中途退出應提出書面申請，所繳交費用得依下列基準退還：(1) 學生自報名繳費後至實際上課日前退出者，退還繳交費用之七成；自實際上課日至申請退出時未逾全期三分之一者，退還繳交費用之半數；自實際上課日至申請退出時逾全期三分之一者，不予退還費用。(2) 教材及學習材料費應全額退還，但已購置成品者，發給成品。

三、課後照顧中心

依據《兒童課後照顧服務班與中心設立及管理辦法》第19條之規定，課後照顧中心應與兒童家長，就本服務之內容、時間、接送方式、逾時或短少時數、保護照顧、告知義務、緊急事故與處理、終止契約事項、收費與退費方式、違約賠償、申訴處理、管轄法院及其他課後照顧中心與家長之權利、義務等事項，訂定書面契約。除此之外，課後照顧中心收取費用，應掣給正式收據，且不得以任何理由要求兒童及家長繳回收據收執聯。

四、公立課後照顧班的經費支用

依據《兒童課後照顧服務班與中心設立及管理辦法》第21條之規定，公立課後照顧班依規定收取之費用，其支應之項目，分為下列二類：

（一）行政費

1. 行政費包括水電費、材料費、勞健保費、勞退金、資遣費、加班費、獎金及意外責任保險等勞動權益保障費用。
2. 行政費以占總收費百分之三十為原則。但學校委託辦理時，受託人之行政費，以占總收費百分之二十為原則；學校之行政費，以占總

收費百分之十為限。

（二）鐘點費

以占總收費百分之七十為原則。

前項收費不足支應時，應優先支付鐘點費。

公立國民小學自行辦理本服務時，其收支得採代收代付方式為之，並應妥為管理會計帳冊。

伍 重視環境衛生清潔，提供兒童一個舒適的學習環境

課後照顧所服務的對象是以兒童為主，因此為保障所有人員的健康，遠離疾病和傳染病，必須重視內部環境衛生工作，清潔的重點應包括：活動室、辦公室、寢室、教室的地板、各樓層的地面、教具櫃、鞋櫃、洗手臺、門窗、窗簾、天花板、電風扇等項目，每學期至少應全面消毒一次，以提供兒童一個整潔舒適的學習環境。除此之外，教保人員也應具備腸病毒、水痘、登革熱和禽流感等傳染病的防治觀念，以及健康照顧能力，為兒童的健康發展提供適切的服務。

第五節 安全維護與管理

兒童安全維護是課後照顧管理上絕對要重視的工作，不論辦理的單位是國民小學、民間業者、抑或是民間團體，都必須重視學生的安全維護，除了平日就應建立及落實各項安全管理工作外，對於任何偶發事件的發生，有關人員必須立即採取適當安全維護之作為，以維所有人員之安全。本節分別從門禁安全管理、飲食衛生安全管理、交通安全管理、遊戲器材安全管理等四項與安全維護和管理有關之工作，加以說明課後照顧辦理單

位應注意的工作重點，最後則進一步提出常見的危機發生類型及危機處理的作業程序。

壹 門禁安全管理

為確保課後照顧辦理單位的安全防護，防止人為破壞或危害事件之發生，課後照顧辦理單位應針對門禁安全建立一套管理制度。一般來說，門禁管制的原則包括下列六點：

1. 上班時間非內部工作人員不得任意進出，家長及廠商之進出，應配帶識別證，非旦必要不可進入兒童學習的活動區域。
2. 上班時間如遇廠商施工，總務組或行政組應事先告知所有人員，並派員在場。
3. 下班前，應派員徹底清查各處所，有無人員滯留，並應緊閉門窗，檢查水電插座之使用管制。
4. 非學生家長親自來接孩子，若無查證及家長本人親自電話告知，不得讓其他人士將學生接離。
5. 訪客所攜帶的物品必須查詢，易燃、易爆物及刀械槍具、化學藥品等違禁品，都不得攜入。
6. 對於可疑人士在門口逗留徘徊，應隨時提高警覺，發現可疑應立即通報轄區派出所協助處理。

貳 飲食衛生安全管理

課後照顧辦理單位在飲食衛生安全管理上的積極作為，應以兒童吃出健康、吃出營養，作為努力達成之目標，為此課後照顧辦理單位應具有衛生良好的調理環境和餐點設計的措施，並指導兒童養成均衡飲食的習慣，

方可為兒童健康奠定良好的基礎。而課後照顧辦理單位,不管提供給學生的飲食餐點,是由自己調理還是委請業者代辦,都必須講求飲食衛生安全之管理,且必須完全做到避免食物中毒之發生。

有關之規範,課後照顧辦理單位應針對以下八點,依其所經營的環境特性和需要,擬定工作注意事項,要求員工或協力廠商確實執行(臺北市政府社會局,2007):

一、餐點設計

1. 定期公布菜單。
2. 餐點設計合宜,包含六大類食物中之五穀根莖類、魚肉豆蛋類、奶類、蔬菜類、水果類、油脂類。
3. 提供餐點與設計餐點相符。
4. 易咀嚼、消化,避免刺激性食物;調味及烹調方式適當。

二、食物樣品保存

1. 保存幼兒食用之食物(包含早點、午餐及午點)。
2. 食物樣品密封、分開保存。
3. 食物樣品日期標示清楚。
4. 食物樣品置於冰箱冷藏室。
5. 食物樣品保存48小時備查。

三、選購食品及存放

1. 食品沒有過期。
2. 食品分類儲存。
3. 食品及食器離牆、離地5公分。
4. 食品與清潔劑等化學物品分開存放或食品放上層,清潔劑等化學物品放下層。

四、烹調用具、餐具

1. 烹調用具清潔、儲放有序。
2. 適當的餐具且餐具沒有破損、缺口。
3. 餐具清潔。
4. 餐具有消毒或使用環保碗。

五、餐點及飲水供應的品質

1. 餐點溫度適當、備妥或運送時加蓋。
2. 食物放置位置注意安全及衛生；避免直接用手接觸食物。
3. 有專用飲水杯且儲放位置適當。
4. 飲用水清潔衛生且溫度適當。

六、廚工的衛生習慣

1. 穿戴工作衣帽。
2. 未配戴任何飾品。
3. 廚工指甲剪短、乾淨，手部沒有傷口或手部有傷口但戴手套。
4. 其他：不抽菸、試吃方式適當、感冒需佩戴口罩。

七、廚房設備與環境

1. 有紗窗、紗門，蚊蠅無法進入；廚房垃圾桶加蓋。
2. 有生熟食專用的砧板、刀具且標示清楚，正確使用。
3. 廚房有抽油煙設備且抽風功能良好；工作檯照明 200 米燭光以上。
4. 瓦斯桶、熱水器均裝置戶外、通風良好。

八、冰箱清潔

1. 冰箱清潔無異味。

2. 食物大約放 60% 容量。

3. 冷凍、冷藏食品密封且儲放有序。

4. 冰箱冷藏室及冷凍庫內均備有溫度計，且冷藏室溫度低於 7 度，冷凍室 -18 度以下。

參 交通安全管理

對於課後照顧辦理單位來說，兒童交通安全的維護和管理，主要來自兩個向度，第一是接送國小學生的幼童專用車；第二是為步行前往的學生在動線規劃上的安排和指導，茲分述如下：

一、兒童專用車應注意的事項

依據《學生交通車管理辦法》之規定，兒童課後照顧服務班及中心之交通車，得以購置或租賃方式辦理，其車型、規格、安全設備（含防火器）及其他設施設備，應符合道路交通安全規則之規定，且交通車之車齡，不得逾出廠十年。此外，交通車除依法投保強制汽車責任保險外，並得投保汽車乘客責任險及汽車第三人責任險。以下更進一步提出課後照顧辦理單位對兒童專用車應注意的相關事項：

1. 車輛規格應符合當地縣市政府的規定，除了要確實落實車輛的定期保養並保存相關紀錄外，亦應依規定定期檢驗，以維護人車之安全。

2. 課後照顧辦理單位應妥善規劃學生交通車之行車路線，擇定安全地點供學生上下車，並將行車路線報各該主管機關備查。

3. 交通車內適當明顯處應設置合於規定的滅火器、行車影像紀錄器、緊急求救設施，以及其他符合規定的安全設備。其中行車影像紀錄器應具有對車輛內外的監視功能，紀錄應保存二個月。每次行車

前，均應確實檢查車況、滅火器、安全門及相關安全設備，並應於確認各項設施設備齊備及可用後，始得行駛。各項檢查紀錄及檢修紀錄，至少留存一年，以備各該主管機關檢查。

4. 駕駛員年齡六十五歲以下，具職業駕駛執照，最近六個月內無違反道路交通管理處罰條例違規記點達四點以上，且最近二年內無肇事紀錄。但肇事原因事實，非可歸責於駕駛人者，不在此限。若從兒童安全第一的角度著眼，駕駛員應以專任人員聘任之。
5. 每輛交通車至少需配置隨車人員一人，每次任務結束後，駕駛員和隨車人員應再次檢查車輛，以避免將兒童留置車內發生危險。
6. 課後照顧辦理單位每學期初應辦理一次安全逃生演練，並將演練紀錄留存，以備查考。也需要求駕駛人員與隨車人員每年固定參加交通安全講習或相關的訓練課程，例如：車輛消防安全演練、CPR訓練等。

二、步行學生的交通安全

1. 記錄學生每次步行所走的路線及所需時間，對於時間內未到達之學生，應立即瞭解並做必要之處置。
2. 對於學生所行走路線之交通狀況，除了要指導兒童應注意的交通安全事項外，並應要求步行學生要一起結伴同行。
3. 對於學生所行走的路線，可與商店或相關機構建立良好關係，設置愛心服務站，以提供學生緊急之協助。

肆 遊戲器材安全管理

課後照顧辦理單位內附設有遊戲器材者，都必須將遊戲器材列入安全管理的範圍。因為遊戲器材在使用過程中會有下列情況發生，例如：施工過程未依規定施工、遊戲器材老舊、破損、使用不當等，都會造成學生身

體的傷害。所以課後照顧辦理單位應妥善維護兒童遊戲器材，以防止意外事故的發生。為此，凡課後照顧辦理單位附設有兒童遊戲器材，應置管理人員負責遊戲器材的安全，重視員工相關知能的講習或訓練，以提升監護技能及安全知識。

在遊戲器材的安全管理上，至少要做到下列五點：

1. 遊戲器材有地樁支撐者，在施工過程中應注意埋設的深度不能突出地表。
2. 遊戲器材設置的地面附近，應平坦鬆軟，或鋪設安全地墊，以保護學生安全。
3. 遊戲器材的使用應考慮周圍的安全距離，例如溜滑梯、盪鞦韆，應注意下滑和擺盪所需的空間並做警告標誌。
4. 不同類型的遊戲器材應在遊戲器材旁載明使用說明、適合年齡、安全注意事項，並指導兒童正確的使用方法。
5. 定期檢查發現器材或場地不適用時，應立即停止使用，並加上明顯標示，並盡速完成修繕。

根據《兒童遊戲場設施安全管理規範》第 10 點之規定，兒童遊戲場設施管理單位應辦理事項如下：

1. 遊戲場設施廠商在保固期間進行遊戲場設施檢查工作，並製作檢查報告存放管理單位，該檢查報告應至少保存六年。
2. 經陳報主管機關備查後，委託專業檢驗機構進行遊戲場定期檢驗工作，並製作合格檢驗報告存放管理單位，該合格檢驗報告應至少保存六年，定期檢驗頻率如下：(1) 鋪面：不分室內外，每三年檢驗一次。(2) 遊具：室外每三年檢驗一次，室內每六年檢驗一次。
3. 投保附設兒童遊戲場設施之公共意外責任險；保險期間屆滿時，應予續保，並報送主管機關。

另根據《兒童遊戲場設施安全管理規範》第 11 點之規定，兒童遊戲場設施管理單位之事故傷害防制及處遇規定如下：

1. 應設告示牌並標示發生事故傷害緊急聯絡機制。
2. 室內環境應備置急救用品。
3. 實施事故傷害防制教育及相關訓練，增進員工安全急救技能。

第六節 問題討論

在你讀完本章之後，你應該能回答下列與課後照顧服務方案行政管理有關的問題：

1. 課後照顧的行政管理工作及其細節相當繁雜，請說明行政管理在課後照顧經營管理上的重要性？並舉例說明之。
2. 課後照顧的設立應注意哪些事項？請實際走訪不同型態的課後照顧辦理單位，就實際現況和法令規範思考一下它們彼此之間有沒有不同。
3. 課後照顧辦理單位為什麼要建立人事管理制度？它對課後照顧服務方案有什麼影響？請訪談課後照顧辦理單位的主管和相關工作人員，實際瞭解人事管理制度的執行情形。
4. 為什麼要建立員工的福利制度？如果你是課後照顧辦理單位的負責人，你有什麼構想？
5. 課後照顧辦理單位在總務和財務工作管理上，有哪些工作重點？
6. 課後照顧辦理單位在門禁安全管理、飲食安全管理、交通安全管理和遊戲器材安全管理上各有哪些工作重點？
7. 請針對門禁安全管理、飲食安全管理、交通安全管理和遊戲器材安全管理，各研擬一份具體可行的實施計畫。

8. 對於課後照顧辦理單位的負責人來說，從本章的內容來看，你覺得他必須具備哪些條件？

參考文獻

臺北市政府社會局(2007)。**托育機構行政管理手冊**。作者。

第 4 章

兒童生理發展

❖ 林驛哲

本章大綱

第一節　兒童身體發展的特性與影響因素
第二節　兒童動作發展的特性與影響因素
第三節　兒童語言發展的階段與影響因素
第四節　兒童生理發展與課後照顧
第五節　問題討論

學習目標

- 瞭解兒童身體發展的特性與影響因素
- 瞭解兒童動作發展的特性與影響因素
- 瞭解兒童語言發展的特性與影響因素
- 瞭解兒童生理發展對課後照顧辦理單位的實務應用價值

第一節 兒童身體發展的特性與影響因素

　　一般而言，兒童的身體發展有其共同的發展順序與階段，但因受各種內、外在因素影響，故也有不同的個別差異，瞭解兒童身體發展的一般規律及其影響因素，可以協助我們在各個不同發展階段營造對兒童身體發展有益的環境，及提供各種促進身體發展的有益措施，也有助於我們及早發展兒童早期的身體發展缺陷、遲緩、特殊疾病等，以及時介入，確保所有兒童身體能得到最大程度的健康發展。

壹 兒童身體發展的規律

　　在兒童的生長發育過程中，可能因為遺傳、營養、藥物影響及生活環境等因素的不同，會出現個體差異，然而仍存在一般規律，以下綜整相關文獻就一般的兒童身體發展情形加以說明（陳幗眉、洪福財，2024；劉金花，2022；Berk, 2008）。

一、兒童身體發展的順序與階段

　　相較於其他動物，人類的身體成長期相當長（Berk, 2008），依發展階段大致可分為嬰幼兒期（約0～6歲）、兒童期（約6～12歲）、青少年期（約12～18歲）、成年期（18歲以上）和老年期（約60歲以上）。Berk（2008）指出，嬰幼兒期是生長速度最快的時期，此時期嬰幼兒主要在學習身體的控制及各種動作的發展；在兒童期，隨著各個器官、肌肉、骨骼的持續成長，身體的平衡、肢體的各項動作與協調能力發展地更加熟練；在青少年期，進入快速成長期，由於身體內分泌腺（性激素）的作用，促進了青少年第二性徵的快速發育，男、女生間的身體外觀有更顯著不同的差異；在成年期，各項生理發展趨於成熟；到了老年期，身體

的各個系統隨年齡的增長而開始逐漸退化。若依發展速度的差異觀察，兒童出生到 2 歲，身體的發展最為迅速，2 歲到青春期開始前發展較為平緩，青春期時，身體又迅速發展且外觀也產生變化，青春期過後，身體發展成熟又趨緩慢。

二、身高和體重的發展

身高和體重的增長是兒童身體發展的重要特徵，一般女孩可成長到 16-18 歲左右，男孩可成長到 17～20 歲左右。在嬰兒時期，身高、體重變化非常迅速，在身高方面，2 歲時比初生時多出約 75%；在體重方面，2 歲時約為初生時的 4 倍。進入兒童期後，身高和體重的發展趨緩，直到進入青少年期後生長速度再次變快，通常女孩的青春期快速成長情形會比男孩早約 2 年出現，進入成年期後身高就會固定不再長高（劉金花，2022）。

三、身體其他系統的發展

雖然兒童身高、體重及各器官的發展速度遵循一般的成長曲線，然而身體各系統間的發展都有其各自的發展時期。例如嬰兒出生後，腦部的發展速度就比其他身體部位更快，生殖器官要在進入青春期後才會快速發展。其他，像是身體脂肪比例隨著年齡的增長也會有變化，在嬰兒期有著比較高比例的身體脂肪，以利於保持幼兒體溫，2 歲以後身體脂肪會開始減少；在肌肉的發展上，嬰兒期和兒童期肌肉的增長較為緩慢，直到青春期才開始會有較明顯的增長，一般而言男孩會比女孩發展出較強大的肌肉和骨骼（Berk, 2008）。

四、大腦系統的發展

人類的腦部相當精細複雜，初生嬰兒的腦部已接近成人腦部重量的 25% 至 30%，6 歲時腦重量已達成人腦部的 90%，此後就緩慢成長（劉金

花，2022；Berk, 2008）。有關腦部的發展，Berk（2008）有相當詳細的說明，在結構上腦部可區分成不同的區塊，各區有其特殊的功能，其中大腦為最主要的部分，約占整體腦部重量的 85%，它由腦皮質（cerebral cortex）和神經元（neurons）組成，大腦皮質外形像半個胡桃，擁有大量的神經元和突觸，它也是腦部結構中最慢停止生長的區域，所以受環境影響的敏感時期更長。此外，大腦皮質分成左側和右側兩個半球，多數人的皮質左側負責大部分的語言能力及正向情緒，右側負責處理空間能力及負面情緒，兩個腦半球間透過胼胝體（corpus callosum）連結，支援了身體兩側動作的協調性，並整合了知覺、記憶、語言、問題解決等思考上的面向。

　　腦皮質又可區分成額葉、頂葉、枕葉和顳葉幾個不同的腦葉，各個腦葉都具有特定功能，例如額葉負責認知功能和動作控制、頂葉負責各種感覺資訊的整合、顳葉處理我們的聽覺、枕葉負責視覺等，同時大腦還包含數百億個神經元用來儲存並傳導訊息，神經元間有微小的空隙（突觸）藉由釋放神經傳導介質傳遞訊息，幼兒在 2 歲前突觸形成的速度非常迅速，特別是在大腦皮質的聽覺、視覺和語言區域，然而負責抽象認知功能的前額葉發展最慢，直到青少年期才達到成人水準。

　　值得注意的是，腦部的刺激在其突觸形成的高峰期非常重要，在適當的時間提供適當的刺激有助於大腦的發展，雖然外部刺激不足會弱化兒童的發展，但過度的外部刺激也會給予孩子額外壓力，進而影響其動機與自信，例如還沒有準備好面對的作業、練習或期待（Berk, 2008）。

貳 兒童身體發展的影響因素

　　影響兒童身體發展的因素相當複雜。每位兒童在其各種遺傳影響和不同的家庭與外部環境脈絡中成長，其影響因素，在個人層面，可包括遺傳和生理構成；在外部環境脈絡層面，包括其生長的家庭、兒童照顧中心、就讀學校和鄰近地區環境等，此外，越來越多學者認為遺傳與環境間的影

響是相互交織的，彼此會產生潛在影響，茲分述如下（陳幗眉、洪福財，2024；劉金花，2022；Berk, 2008）：

一、遺傳因素

人類的遺傳有賴於染色體的結構，用以儲存並傳遞基因訊息。人類的染色體有 23 對，承載來自父親及母親的基因訊息，並顯示出其遺傳特徵，這些特徵包括體型、性別、外觀，例如：不同的髮色、捲直髮、血型等（Berk, 2008）。其他也包括遺傳性疾病，例如：地中海型貧血、苯丙酮尿症、血友病或糖尿病等（劉金花，2022；Berk, 2008）；另外也可能因為染色體異常而造成不同的生理或心理病徵，例如：唐氏症候群（Down syndrome）或性染色體異常所衍生的病徵（劉金花，2022）。

二、環境因素

在母親懷孕的期間，環境因子就可能會帶來傷害性的影響，例如：藥物、孕婦的營養不良、孕婦的情緒、缺乏醫療照護、香菸、酒精、輻射污染、環境污染及母親特定的傳染疾病等（Berk, 2008）。而在幼兒出生後，其生活的自然與家庭環境，社經、營養、活動等條件，睡眠與疾病情形等，都會對兒童身體發展產生影響（陳幗眉、洪福財，2024；劉金花，2022）。

因此，為了確保兒童身體的健康發展，從懷孕前對優生學知識的瞭解，注意相關遺傳性疾病的預防與檢查，到懷孕期間孕婦健康的妥善照顧，避免並減少接觸不良環境，都有幫助；幼兒出生後，亦應透過定期身體檢查以確認兒童身體的各個方面發展是否正常，或是有遲滯情形並及早介入治療，同時父母或其主要照顧者應能瞭解兒童的身體發展規律及其遺傳上的個別差異，在健康、營養、運動、睡眠及家庭環境等，都提供適切的外在條件，以促進兒童健康成長。

第二節　兒童動作發展的特性與影響因素

　　如同兒童的身體發展，兒童的動作發展也有其規律與階段，在國小教育階段，兒童動作發展已進入特定化運動期。雖然兒童課後照顧以生活照顧及學校作業輔導之多元服務為主，然而為達到促進兒童健康成長的目標，兒童動作發展的促進不應被忽略，透過對兒童不同動作發展階段的發展重心及相關影響因素的瞭解，課後照顧辦理機構可以在課業指導之外，規劃合宜的動作發展活動與安排安全的活動空間，以促進兒童更全面的健康發展。

壹　兒童動作發展的特性

一、兒童動作發展規律

　　兒童的動作發展會隨著年齡的增長而逐漸分化並趨於複雜，一般而言，兒童動作發展雖然有其個別差異，但大致仍遵循普遍的發展規律，其發展順序、階段和時間大致接近，常見的規律包括（陳幗眉、洪福財，2024；劉仙湧，2018）：

1. 由頭到腳：即首尾定律，兒童的動作發展由離頭部近的動作先發展，再至上肢動作，最後才下肢動作。
2. 由近而遠：動作發展先從身體中心開始，而逐漸發展到身體遠端，即從頭部和軀幹等靠近身體中央的動作先發展，再逐漸到雙臂、雙腿，最後才是手部、腳部的精細動作。
3. 由大到小：即兒童會從活動幅度較大的大動作開始，然後才發展出精細的小動作，即先發展大肌肉動作，其次再發展小肌肉動作。

4. 由無到有：即以無意識的動作開始，再逐漸發展出有意識的動作。
5. 由整體到局部：即兒童最初的動作是全身性的動作，然後隨著成長，動作逐漸分化，向局部化、準確化的方向發展。

二、兒童動作發展階段

Gallahue 將兒童動作發展分為反射運動期、初步運動期、基本運動期和特定化運動期等四個階段（Gallahue & Ozmun, 2006），透過身體的大小、比例和肌肉強度的改變可促發新的大動作技能。反射運動期約從嬰兒出生至 1 歲，此時兒童動作發展處於訊息編碼和解碼期，能進行簡單的翻身、抓、握、坐、爬等動作；初步運動期從 1～2 歲，此時處於反射抑制和前控制階段，兒童能掌握最基本身體的動作，如抓住和放開物體、獨坐、站起、行走等，動作逐漸順暢並掌握規律；基本運動期從 2～7 歲，此時兒童已能自由運動並保持穩定，也能逐漸進行跳躍、快跑、跑跳及更流暢靈活的投球等動作，協調性、時空整合能力及控制力也逐漸變好；特定化運動期從 7～14 歲，此階段的運動發展與前一階段相似，但平衡、力量、速度、敏捷性、靈活度等能力都會更加進步，例如跑步速度加快與距離增加，各類球類投、打、踢等動作更加精確性、速度與距離也逐漸增加。

此外，若依動作發展成熟程度區分，可分為轉換期、應用期及終生期，轉換期約從 7～10 歲，此時兒童已可以將基本運動技能結合應用於各種運動項目；應用期約從 11～13 歲，此時因認知複雜度快速增加及經驗逐漸擴展，兒童開始能完成各項任務，掌握個人及環境因素，運用動作技能做出相對應的決策；終生期為 14 歲以上，能將應用期的動作發展，帶入日常生活及體育相關等活動（引自鄭麗媛，2023）。

三、兒童動作發展的影響因素

動作發展指的是由個體成長、成熟、環境等因素交互作用，對個體動作行為產生質或量影響的過程（呂龍驤、黃美瑤，2016），依動態系統理

論（dynamical systems theory）的觀點來看，動作的形成來自於自我組織而成，形成的過程並非是連續的或線性的產生，動作的協調與控制、表現與學習係由個體（individual）、工作（task）與環境（environment）三個因素間交互影響的結果（引自王宗騰，2012），具體內涵分述如下（王宗騰，2012；余雅婷、周宏室，2014；陳幗眉、洪福財，2024）：

（一）個體因素

個體因素包括遺傳特徵、成熟度、年齡、健康狀況、性別及知覺系統發展等因素。遺傳對兒童動作發展影響深遠，包括體格、體型及透過遺傳帶來的個別身體特徵或先天性疾病等，都會影響兒童動作發展，或從動作發展階段也可以看出，兒童在不同年齡的生理成熟程度影響其動作發展，特別是在某些關鍵期和敏感期，兒童的特定動作會獲得快速成長，若錯過該時期，爾後該動作學習可能會比較困難。

（二）工作因素

這邊的工作指的是特定動作表現的相關條件，主要包含工作的目標、複雜性、規則與策略、場地與設備、自由度及動作型態等，例如參加各種球類運動遊戲。

（三）環境因素

環境因素可包括生活條件與父母或其主要照顧者的影響，在生活條件方面可包括健康、營養與家庭生活環境、學校學習環境等，例如健康的兒童動作發展較好，營養充足的兒童，動作發展可能較營養不良或過於肥胖的兒童更好；家庭生活條件與學校學習環境是否能營造兒童良好的活動條件，給予兒童足夠的活動空間、必要的活動器材等，都會影響是否能提供兒童合宜的動作發展機會。

在父母或其主要照顧者的影響方面，如果照顧者能瞭解兒童的不同發

展階段與需求，更積極創造兒童動作發展的合適條件，兒童的動作將會得到更好的發展機會；相反的，當缺乏上述觀念，可能會錯過各階段動作發展關鍵敏感期，而弱化了兒童的動作發展，其他如過度保護也可能反而導致兒童缺乏動作練習機會，或過度要求反而讓兒童受到挫折而喪失自信心等，都有可能妨礙兒童動作的發展。

因此，為使兒童動作得到充分發展，父母及師長應依兒童成熟程度把握不同動作發展的關鍵期、有計畫且適度的引導動作的發展、激發學習動機並多鼓勵嘗試建立自信、講求教育方法，例如表演示範或分解動作與遊戲等、規劃並提供適當動作發展活動，保持兒童健康狀態與營養充足，安排適當的活動空間與器材等，最後仍應一併注意兒童個別差異，因材施教。

第三節　兒童語言發展的階段與影響因素

語言的使用是人類非常重要的能力，可用以進行學習、與他人溝通、表達個人思想與情緒等，而良好的語言能力發展受遺傳和環境等不同因素影響，例如需要有正常的聽覺以聆聽他人的話語、功能正常的發聲器官以開始說話、成熟的腦部及認知發展以理解語境與語意、具備與他人溝通的意願及可使用語言溝通的環境等，以上條件缺一不可。另外，語言的發展在 6 歲前已具雛形，因此，如何把握兒童語言學習的關鍵時期提供必要的刺激與互動機會，並營造有利於語言發展的條件，對兒童語言能力的發展至關重要。

壹 兒童語言發展的階段

兒童語言發展的規律是：(1) 語音知覺發展在先，正確語音的發展於

後；(2) 理解語言的發展在先，語言表達的發展於後（陳幗眉、洪福財，2024），也就是兒童要先學會辨別語音，才能正確發出語音，要先學會聽懂語言意義，才能說出。大部分的兒童約在 6 個月時開始牙牙學語，通常在 1 歲左右可以說出最早學會的幾個詞語，在 4～5 歲的時候已經能掌握大量的詞彙和大部分的語法。在句型結構發展順序上，都是由單詞期到雙詞期、多詞期，再到簡單句及複雜句，繼而達到類似成人的句型結構（錡寶香，2002），依兒童的語言發展情形，大致可分為前語言期（或語言準備期）及語言發展期，分述如下（陳幗眉、洪福財，2024；劉金花，2022；錡寶香，2002）：

一、前語言期

前語言階段大致指在兒童 1 歲以前尚無法掌握語言的使用，但仍可觀察到語言具體表現的階段，一開始初生嬰兒處於反射性發聲階段，當飢餓、口渴、不舒適或有其他生理需要時，會發出哭聲或咕咕聲，屬於一種本能的自然反應。

在第二個月左右，嬰兒會開始發出類似母音「a、o、u、e」的聲音，此時這些聲音對嬰兒來說尚不具備訊號意義（劉金花，2022）；4-6 個月大時，會開始發出類似「ba」、「ma」等重複的單音，此時期嬰兒的聽覺與發聲逐漸連結，會開始試著發出他們聽到的聲音，雖然這些聲音對他們可能尚不具意義，但有助於嬰兒學會調節並控制發聲器官的運動；約在 9 個月大時，嬰幼兒會開始有意圖地發出聲音或使用動作、手勢去影響照顧者之行為（錡寶香，2002），也會觀察別人的聲音，並對發音感興趣，進而試著模仿，也開始能意會一些日常聽到的語句。

大概 1 歲左右，大多數的幼兒已能開始發出有意義且能被理解的詞彙，同時能對語音和非語言的其他聲音做出不同反應，在知覺上即使還不能發出某些語詞的聲音，但已能逐漸識別而做出適當反應，在語意的理解上，此時期對語言的理解仍極其有限，通常是藉由別人說話的表情、動作

等具體情境來理解。

二、語言發展期

　　一般情況下，兒童在 1 歲左右開始能說出少量的語詞，也開始明白一些常見物品或人物的名稱，隨之語彙開始增加，進入喜歡說話的階段，並從一開始能說出單詞句，例如「抱抱」、「媽媽」；大約 1 歲半到 2 歲左右，兒童能說出的語彙會急速成長，並逐漸發展為雙詞句，例如「媽媽—抱抱」以表達心中的意思，進入真正的語言階段，此時幼兒已能聽從簡單的語音與他人互動；2 歲開始即能使用簡單的語句與人溝通，並開始使用代名詞如「你」、「我」與形容詞，並逐漸發展出複合句型。

　　3～6 歲時，兒童真正開始掌握語言的運用，能用語言向別人表達自己的思想、情感和要求，而不必借助實體情境脈絡的幫助，也不需要成人猜測其意願，在這個階段，兒童語句中使用的詞彙也會逐漸增加至四到八個語詞左右。之後，隨著年齡的逐漸成長，兒童能理解並表達更複雜的句型與意涵，也能更有結構、靈活地運用語言。

貳 兒童語言發展的影響因素

　　關於兒童語言的發展影響因素，學界有極為不同的觀點，主要有環境論、先天決定論和環境與主體相互作用論（黃港友、楊耀琦，2005；劉金花，2022）。首先，環境論者強調環境對個體學習語言獲得的決定性影響，包含模仿說與強化說，模仿說認為兒童的語言學習是對成人語言的模仿而來，強化說認為語言的發展是一系列刺激反應的連鎖和結合；其次，先天決定論否定環境和學習是語言獲得的決定因素，認為是人類的先天稟賦，其中有 Chomsky 所提出的先天語言能力說，他認為決定人類兒童能夠說話的因素不是經驗與學習，而是先天遺傳的能力。而 Lenneberg 從生物學和神經生理學出發，認為生物遺傳是人類語言獲得的決定因素，語言

以大腦的基本認識功能為基礎，是大腦功能成熟的產物。

　　第三，環境與主體相互作用論，又包含：(1) 認知相互作用論，以 Piaget 為代表，認為兒童的語言能力僅是大腦一般認知能力的一部分，而認知結構的形成和發展是主體和客體相互作用的結果；(2) 社會相互作用論，認為兒童和成人的語言交流是語言獲得的決定性因素，強調語言環境和對兒童語言輸入的作用，兒童和其語言環境形成一個動態系統，不僅是被動接受者，而且是主動參與者。

　　以上個別理論都尚不足以完全解釋兒童語言發展的實際，劉金花（2022）認為兒童語言是在個體與環境相互作用中，尤其在與人們語言交流中，在認知發展基礎上發展起來的。亦即，上述理論在兒童語言發展上各扮演了部分的角色，更完整的理論尚有待探究。然而，為對兒童語言發展有所幫助，瞭解兒童語言發展的影響因素仍有其必要。歸納以上理論，目前學者所提出主要因素包括大腦和語言器官的成熟、語言環境、認知發展和兒童自身的語言積極性等，分別說明如下（陳幗眉、洪福財，2024；劉金花，2022）：

一、大腦和語言器官的成熟

　　兒童要能掌握語言的使用，需要整合聽覺和口腔發音系統的功能，因此有賴於生理上聽覺和發聲器官的成熟，也有賴於大腦聽覺、語言、認知理解能力的成熟。

二、適當的語言互動環境

　　兒童是在溝通互動中學習語言，所以與他人互動、模仿、強化對兒童語言的發展至關重要，當兒童透過模仿或創意使用語言表達自己的需要時，而他人也給予滿意的回饋，兒童的語言使用得到強化，以逐漸掌握語言的使用。

三、認知發展的影響

兒童語言發展與其認知發展息息相關，當兒童現有的認知結構對環境中提供的刺激或訊息，產生不平衡或矛盾的現象，而以調適與同化發展其認知內涵或概念時，即會以語言作為概念的表徵與應用（張瑞菊，2019），例如兒童必須先能理解因果關係的意義，才能掌握因果語句的使用。

四、兒童自身的語言積極性

兒童語言是在個體與環境相互作用，特別是在與他人語言交流過程及在認知發展成熟的基礎上發展起來的，因此，能積極主動使用語言的孩子，其語言發展也能更快、更好。

第四節 兒童生理發展與課後照顧

兒童的生理發展不管在身體、動作或語言發展方面，都有著不同的順序與關鍵發展階段，而且影響因素也相當多元，身體、動作和語言之間的發展也有著複雜的交互作用，對照顧者已極具挑戰，再加上家庭與生活型態的變遷，如雙薪家庭及小家庭型態，可能使家庭照顧系統更弱化，親子間的相處與互動時間減少；又如自然環境中的負面影響因素，如污染因素與過敏原不斷增加，或新型傳染疾病的發生等都可能對兒童身體健康產生危害；又如都市化與居住空間逐漸縮減的結果，也可能限縮了兒童的活動空間，使兒童的動作發展更為不利。

雖然，以上種種原因對兒童生長照顧帶來更多的不確定，也對課後照顧工作帶來更多挑戰，然而，良好的課後照顧有促進學童學習、認知、社會、情緒等健全發展之功能（Pierce & Hamm, 2001），以下茲就兒童身

體、動作及語言發展的特色與影響，提出可供課後照顧經營管理與實務工作者之參考面向。

壹 兒童生理發展有其規律，應掌握兒童各項生理發展之關鍵階段，以有效促進其健康發展

兒童的身體發展、動作發展及語言發展，經過長期的研究，現已能大致描繪其不同的發展階段及各階段的特色與可能的影響因素，且在不同的階段都有其發展的重心，有些發展階段甚為關鍵，若能加以把握適當時機提供所需刺激，能有效促進其發展，相反的，如果錯過將可能妨礙兒童下一階段的發展，甚至造成爾後該方面能力的習得將極為困難。

以身體發展為例，在嬰幼兒時期，身體與腦部的發展速度極快，應更重視提供均衡足夠的營養與必要的外在刺激，以確保其身體健康發展；以動作發展為例，各階段都有其發展的重點，前一階段又是下一階段的發展基礎，彼此環環相扣，7、8歲左右兒童動作發展已大致成熟，即這個階段的兒童其動作已趨協調且可控，因此，可規劃合適的動作發展活動，以協助引導兒童發展其特定化運動的潛能。

以語言發展為例，3～4歲是語音發展的飛越階段，因此，早期的親子互動對兒童後期的語言習得有重要影響，父母或主要照顧者透過日常生活中發生的事件與兒童互動，能促進兒童的語言及認知發展，特別在3歲以前是兒童神經發展最快速的時期（陳慧如，2022；Duncan et al., 1997），所以，可在這個時期提供豐富的語言溝通學習環境，讓兒童有更多機會與他人互動，以強化其語言掌握能力。

貳 兒童生理發展受各種內、外在複雜的因素所影響，課後照顧辦理單位應加以考量，營造有利兒童生理發展的學習空間

兒童的身體發展受個別遺傳及其生活中的自然環境、社經條件、家庭環境、營養、活動條件、睡眠與疾病等影響，因此，課後照顧機構可就環境、營養、活動條件及睡眠等外部條件上著手，例如安全的活動空間設計、均衡的營養飲食及能充分休息的作息安排等，同時可考量不同年齡兒童的身體發展需求做適當規劃。其次，可考量兒童在動作發展上的需要，規劃合適的活動空間並提供學生各種大小肌肉動作發展所需要的器材，以引導兒童循序漸進的動作發展。

參 兒童的生理發展在各方面間交互影響，照顧經營機構應進行整體規劃，以有效促進兒童在身體、動作及語言的均衡發展

兒童身體的成長、動作的掌握及語言的學習等生理發展雖然有不同的規律，但是隨著時間的變化，各方面的發展是同時進行的，而且彼此之間有相當複雜的交互作用，彼此影響。

例如：嬰幼兒動作的發展，需要身體的肌肉、骨骼和大腦的發展成熟到一定的程度，才能開始掌握身體的基本動作，並隨著身體的進一步成熟，逐漸發展出更好的控制性、協調性、速度、精確性與複雜動作等，當兒童能控制身體動作進行更複雜的運動與遊戲，則又能進一步促進大腦、肌肉與骨骼等身體方面的發展；語言的發展也有賴於大腦和語言器官的成熟，當兒童能掌握語言與他人進行有意義溝通時，也能進一步確保身體的健康發展，例如兒童能聽從主要照顧者的話，養成健康的生活習慣等。

因此，照顧經營機構或實務工作者在兒童的照顧上，應瞭解兒童生理

發展的各方面彼此環環相扣，互相促進，故照顧活動的安排上應兼顧各類型的發展活動，能更有效率地協助兒童生理上的均衡發展。

肆 兒童的生理發展有其個別差異，照顧實務工作者應給予弱勢兒童積極性的差別待遇，以協助其順利成長

兒童生理發展可能因其本身遺傳特質或後天生活環境條件等因素，而逐漸顯示出個別差異，甚至有發展遲緩的情形。因此，在一般照顧上，應尊重其個別的發展差異與不同的學習需求，給予不同的支持鷹架，而非一視同仁的要求兒童在同一時間內達成相同的標準。例如：在動作和語言的發展上，太過強調一致性的標準或過度練習，可能會讓兒童感到壓力，反而抑制其學習動機與自信心。然而，當兒童經過檢查或專業診斷逐漸顯示出其有某方面的發展弱勢，例如發展遲緩、特殊疾病造成的病弱、有發展協調障礙或語言發展遲緩之情形，此時更應該掌握各項生理發展的關鍵階段，積極地介入，給予額外的支持或資源，以協助特殊弱勢兒童也能有順利成長的機會。

課後照顧的重要功能在彌補家庭教育上之不足，因此，除一般照顧外，為能發揮其積極功能，相關的實務工作者若能充分瞭解兒童生理各項發展的一般性規律及進程，主動觀察兒童各項生理發展程度，或透過定期檢查以檢測兒童生理的發展情形，當其明顯落後一般發展程度時，透過積極探詢可能的影響因素並及早介入，以把握生理發展的關鍵期，落實照顧好每一個孩子的理想。

第五節　問題討論

在你讀完本章之後，你應該能回答下列與兒童生理發展和課後照顧有關的問題：

1. 接受課後照顧服務的兒童，在身體發展階段上屬於兒童期，考量影響兒童身體發展的各種因素，課後照顧工作者應採取哪些具體照顧作為，以確保兒童身體的健康發展？
2. 在課後照顧的照顧服務內容中，兒童的動作發展往往被忽略，課後照顧辦理單位應如何在課程、活動及環境等方面進行妥善規劃，以符合兒童的動作發展需求？
3. 影響兒童語言發展有哪些可能的因素？在課後照顧服務工作中，如何採取對應的措施，可有效促進兒童語言發展？

參考文獻

Berk, L. E.（2008）。**發展心理學：兒童發展**（第七版）〔林美珍審閱，李美芳、黃立欣譯〕。臺灣培生教育。

王宗騰（2012）。影響動作發展之因素及因應策略。**國民教育，53**（1），43-47。http://dx.doi.org/10.6476/JNE.201210.0043

余雅婷、周宏室（2014）。從自律神經觀點探討幼兒動作發展。**成大體育學刊，46**（1），34-48。http://dx.doi.org/10.6406/JNCKUPER.201404_46(1).0003

呂龍驥、黃美瑤（2016）。從動態系統理論觀點探討幼兒動作發展。**幼兒教保研究期刊，16**，113-129。

張瑞菊（2019）。國民小學口語表達教學之研究。**人文社會科學研究，13**（4），29-56。https://doi-org/10.6618/HSSRP.201912_13(4).2

陳幗眉、洪福財（2024）。**兒童發展與輔導**。五南。

陳慧如（2022）。嬰幼兒早期親子共讀對兒童腦神經發展的影響。**源遠護理，16**（1），18-21。https://doi.org/10.6530/YYN.202203_16(1).0003

黃港友、楊耀琦（2005）。國小兒童英文學習時機探討。**國教輔導，44**（5），12649-12663。http://dx.doi.org/10.6772/GEE.200506.0005

劉仙湧（2018）。兒童動作發展與運動能力培育相關理論溯源。**中華體育季刊，32**（3），165-173。

劉金花（2022）。**兒童發展心理學**（第三版）。五南。

鄭麗媛（2023）。從兒童動作發展談體操教學2.0計畫。**學校體育，4**，20-33。

錡寶香（2002）。嬰幼兒溝通能力之發展：家長的長期追蹤記錄。**特殊教育學報，16**，23-64。http://dx.doi.org/10.6768/JSE.200209.0023

Duncan, L. G., Seymour, P. H. K., & Hill, S. (1997). How important are rhyme and analogy in beinning reading. *Cognition, 63*, 171-208.

Gallahue, D. L., & Ozmun, J. C. (2006). *Understanding motor development: Infants, children, adolescents, adults* (6th ed). McGraw-Hill.

Pierce, K. M., & Hamm, J. V. (2001). Experiences in after-school programs and children's adjustment in first-grade classrooms. *Child Development, 70*, 756-767.

第 5 章

兒童認知發展

❖ 劉鎮寧

💡 本章大綱

第一節　認知發展的意義
第二節　Piaget 的認知發展論
第三節　Vygotsky 的社會文化論
第四節　Gardner 的多元智能理論與應用
第五節　認知發展與課後照顧的關聯性
第六節　問題討論

💡 學習目標

- 瞭解認知發展的意義
- 瞭解 Piaget 和 Vygotsky 認知發展理論的重點及其異同
- 瞭解 Gardner 多元智能理論對兒童認知發展的重要性與實務應用的做法
- 瞭解認知發展對課後照顧辦理單位的實務應用價值

第一節 認知發展的意義

壹 前言

　　學習是人類與身俱來的本能，以嬰幼兒來說，他們不需要學習和認識文字，也不必進入學校接受正規教育，他們自然就會在生活情境中漸漸使用語言和人溝通。因為兒童的認知發展（cognitive development）會受到兒童與環境交互作用的影響；相對的，對事物處理的智能性反應，也會逐漸產生質的改變。但基本上，兒童與成人的思維和心智模式是截然不同的，他們不是成人的縮影，成人的思維內容和成熟度的縮減，並不等於兒童的表現水準，因為人類的認知發展有明確的階段，也就是說，個體是通過兒童期以及成人期而發展的。

　　因此，站在教育的角度觀之，學習和認知發展的整體思考，其必然性無庸置疑，但是教材的難易程度和邏輯的先後順序，就必須針對兒童的心智發展程度做適當的安排。因為唯有懂得學生如何學習，才能更正確的施教，讓學生學習到有價值的知識和良好的習慣。整而言之，兒童的認知發展關係到為何教、何時教、如何教、和教什麼的教育本質。本章的重點即希望透過對兒童認知發展的探討，增進課後照顧工作人員對兒童學習有更深切的反省和思考，才能真正幫助學生有效學習、開啟學習的潛能。

貳 認知發展的意義

　　發展意指個體在生命過程中，身心結構與功能隨年齡增長產生漸進而連續的演變，此種身心的改變結果係受遺傳與環境、成熟與學習交互的影響（周立勳，2002）。而所謂的認知發展，則是指個體自出生後在適應環

境的活動中，對事物的認識以及面對問題情境時的思維方式與能力表現，隨年齡增長而逐漸改變的歷程（張春興，1994）。據此可知，不論是發展或認知發展，皆不是從全無到全有的轉變，而是歷經了若干的階段，換言之，認知發展並非一蹴可幾的心理狀態，它是階段性的、每一個階段內的發展具有層次上的高低，且它們是連續的，不同個體係有個別差異的存在，但原則上，兒童隨著認知的發展，他們的思維方式也會產生改變。

第二節　Piaget 的認知發展論

壹　Piaget 認知發展理論形成的影響因素

瑞士兒童心理學家 Piaget 的理論相當受到學術界的重視，主要原因是 Piaget 的理論融合許多的思想體系。其理論主要受到生物進化論（biological evolutionism）、理性主義（rationalism）、實務主義（practicism）與功能主義（functionism）、科學的歷史批判心理學（scientific historical critical psychology）和整體論對個體論五大智識潮流的影響（Kitchener, 1986; 引自許瑛珨、洪榮昭，2003，頁 3-4）：

一、生物進化論

Piaget 為非達爾文學說的擁護者，與自然論者同主張，自然界必趨於一平衡狀態。因此，Piaget 認為認知的發展過程乃依循一固定的定律，且發展是為了消除主體與客體間於互動時所產生的衝突，以達到新的平衡狀態。由於受到進化論思維的影響，Piaget 認為可以利用進化的觀點，解釋知識如何獲得。

二、理性主義

受理性主義者倡議人為理性的動物，凡事皆可以數學邏輯推理得來的影響，Piaget 致力於邏輯分析臨床資料，並提出平衡模式來解釋個體理性層面的認知問題。

三、實務主義及功能主義

因受到實務主義兩位代表人物 Bergson 和 James 的影響，將實務主義中認為思想是連結行動和生物適應的論點，引進到自己的理論中，倡議個體需透過與環境調整的過程才能獲取知識。

四、科學的歷史批判心理學

Piaget 受此科學哲學思想所倡議的理念影響，竭力去探討知識和理念的本質及其極限的判準，故 Piaget 的研究法多採歷史批判式的調查法，來界定認知發展理論中的層次。

五、整體論對個體論

Piaget 既非整體論或個體論的追隨者，而是接受調和兩者所提出的第三種理論──關連論（relationism），認為整體雖不等於個體總和，但是總體的特性可被個體所擁有，因此，對 Piaget 而言，社會可由個體、個體間的關係所組成的項目、構念間的關係、合作性的社會定理等來加以解釋，在 Piaget 的結構論（structuralism）及互動論（interactionism）中，都可看到其所依據的理念大多源至於此。

貳 Piaget 認知發展理論的要義

針對 Piaget 認知發展理論要義的論述，主要從基模（schema）、組織

與適應、平衡與失衡等三個層面，做一說明：

一、基模

基模是 Piaget 認知發展理論的核心概念，它是個體用來認知和適應外在世界時，在行為上所表現的基本行為模式，又稱之為認知結構（cognitive structure），因為基模是人類吸收知識的基本架構。而個體最原始的基模大多屬感覺動作的形式，基模會隨著年齡的增長過程，形成個體維持自身平衡的內在驅力，進而產生改變。

二、組織與適應

所謂組織是指個體在處理其周圍事物時，能統合運用其身體的與心智的各種功能，從而達到目的的一種身心活動歷程。即組織是個體生存的基本能力，人類的組織能力會隨著身心發展由簡單而變成極複雜的地步。而適應則是指個體的認知結構或基模因環境限制而主動改變的心理歷程，在此過程中，個體會因環境的需要產生兩種彼此互補的心理歷程，一為同化（assimilation）、另一為調適（accommodation）（張春興，1994）。

Piaget 認為孩童在成長的過程中除了生理的成熟外，不斷的會有外界環境的刺激，例如人際的交流、物理經驗的獲得等。這些外來的刺激會使學童本身的認知基模產生不協調的現象，個體會根據已有的知識去解釋這些外來的資訊，並整合到原有的基模或認知結構中，這便是同化的過程。但是若原來的知識體系解釋這類資訊有矛盾時，個體便會修正自己原先的認知結構以重新解釋外來的資訊，這便是調適的心理歷程。同化與調適之間是並存而且是雙向的，當外來的資訊不斷藉由自我協調的作用加以整合時，兒童的認知結構便不斷的改變；相對的，智力也隨其生活經驗的擴大而成長。

三、平衡與失衡

簡單來說,認知發展的內在動力就是平衡與失衡的交替出現所產生之結果。

當個體既有的基模能同化環境中的新訊息時,心理就會感到平衡,否則將會產生失衡,驅使個體改變或調適既有的基模,所以調適歷程的發生乃是心理失衡的結果,調適歷程發生後,個體心理狀態又會恢復平衡。

參 Piaget 認知發展的階段

Piaget 的認知發展階段共分為四期,感覺動作期(sensorimotor stage)、前運思期(preoperational stage)、具體運思期(concrete stage),和形式運思期(formal operation stage),茲分述如表 5-1:

表 5-1 ▪ Piaget 認知發展的階段

期別	年齡	基模功能特徵
感覺動作期	0～2 歲	1. 憑感覺與動作以發揮其基模功能 2. 由本能性的反射動作到目的性的活動 3. 對物體認識具有物體恆存性概念
前運思期	2～7 歲	1. 能使用語言表達概念,但有自我中心傾向 2. 能使用符號代表實體 3. 能思維但不合邏輯,不能見及事務的全面
具體運思期	7～11 歲	1. 能根據具體經驗思維以解決問題 2. 能理解可逆性的道理 3. 能理解守恆的道理
形式運思期	11 歲以上	1. 能做抽象思維 2. 能按假設驗證的科學法則解決問題 3. 能按形式邏輯的法則思維問題

註:引自教育心理學(頁 90),張春興,1994,東華。

一、感覺動作期

指出生到 2 歲嬰兒的認知發展階段，具有運動的智力，沒有語言和想法，主要是靠視覺、聽覺、觸覺和手的動作，做為吸收外界知識的基模。在這個階段的末期，對物體的認識會發展出具物體恆存性概念，另外則是可以在事後憑著記憶模仿所看到的動作，對此稱之為延後的模仿（deferred imitation）。

二、前運思期

2～7 歲兒童認知發展階段的特徵，包括 (1) 具體性：雖然能操作符號，但仍依賴具體事物；(2) 不可逆性：還不瞭解 5 + 7 = 12 和 12－7 = 5 屬於同一件事；(3) 知覺集中傾向：只能注意事物的某一面向或細節；(4) 自我中心思考：只能從自己的角度看事情。所以在這個階段的兒童，雖然會運用思考，但卻是依直覺而非邏輯來解決問題。

三、具體運思期

指 7～11 歲兒童的認知發展階段，在此階段的特徵具有以下五點：(1) 序列化（seriation）：按物體某種屬性為標準排成序列，從而進行比較，例如甲比乙大，乙比丙大，所以甲一定比丙大；(2) 去集中化（decentration）：面對問題情境思維時，不再只憑知覺所見的片面事實去做判斷；(3) 守恆（conservation）：瞭解某物體的特徵，不會因其另方面特徵的改變而有所變化；(4) 分類（classification）：將相同或相似特徵的事物放置在一起；(5) 類包含（class inclusion）：分類思維時能區分主類與次類間之關係的能力。

四、形式運思期

指 11 歲以上青少年認知發展的階段，在思維方式上具有以下三個明

顯的特徵：(1) 假設演繹推理（hypothetic-deductive reasoning）：指先對所面對的問題情境提出一系列的假設，然後根據假設進行驗證，從而得到答案；(2) 命題推理（propositional reasoning）：指推理思維時，不必一定按現實的或具體的資料做依據，只憑一個說明或一個命題，即可進行推理；簡言之，命題推理可視為一種超越現實的思維方式；(3) 組合推理（combinatorial reasoning）：在解決問題時，能獨立出個別的因素，並將這些因素做某種組合來思考問題的解決，能逐漸發展出系統性思考的能力。

肆 Piaget 認知發展理論的反省思考

針對 Piaget 所提出的認知發展理論，由於受到發展心理學的理論衝擊，漸顯出其不足之處，例如：獨重知識認知而忽略社會行為發展；發展先於學習的理論缺少教育價值；各年齡組實際發展水平與理論不符等論點（張春興，1994）。對此學術界進一步提出 Piaget 認知發展理論可資修正的意見（Inhelder et al., 1987）：

1. 不再視知識為自我建構，亦可從他人身上習得。
2. 必須對人的非理性層面加以重視，因為人自出生開始就生活在既有的風俗、習慣和體制之中。
3. 不應再認為所有的認知發展都是正向的，應當視發展為架構的轉移，人的成長不一定趨向更理性，而是不斷更新的心智模式決定人的行為。
4. 應當多強調人際間構念的研究，而非只探討個體的構念。

第三節 Vygotsky 的社會文化論

Vygotsky 生於 1896 年，在 1934 年過世。他和 Piaget 是同時期的心理學家。但不同於 Piaget 認知發展理論的觀點，Vygotsky 強調文化、社會對兒童認知發展的影響。但由於其理論中有濃厚的西方文化色彩，在 1936 到 1956 年間受到蘇聯政府的控制，禁止討論其理論，直至 1960 年代，Vygotsky 的理論才受到美國心理學界的重視。

壹 Vygotsky 社會文化論的要義

Vygotsky 的社會文化理論之觀點，主要強調社會和文化對一個孩子認知發展的影響，其要義包括語言發展、可能發展區（zone of proximal development）和社會文化三點，茲分別說明如下：

一、語言發展

語言是人類最原始的文化工具，個體用以修正行為、重建思想，以及形成高層次、自我規範的工具。Vygotsky 對語言發展的看法和 Piaget 完全不同。Piaget 視語言發展為認知發展的產物；但 Vygotsky 則認為語言是認知發展的工具。Vygotsky 將語言發展分為三個階段：社交性的語言（social speech）、自我中心語言（egocentric speech），以及內在語言（inner speech）。

社交性語言的主要目的只是溝通，使兒童能夠了解他人的想法。在自我中心語言階段，兒童對他人心智運作方式已有體認，但尚未能內化，因此在解決問題時必須藉由語言來引導，而有成人眼中自言自語的現象產生。即自我中心語言是兒童將外在事件內化的一個過程，兒童可藉由自我中心語言來幫助其思維。而內在語言的產生則代表兒童已能完全內化外在

事件,在其解決問題時,已可利用個人的思維來幫助其解決問題。

二、可能發展區

不同於傳統測驗運用數字來界定個體智能的做法,Vygotsky 以可能發展區的觀念來解釋智能。Vygotsky 指出每個人所表現出來的發展程度可以「實際發展程度」(level of actual development)稱之。但個體在學習之後所表現出來的則是「可能發展程度」(level of potential development)。可能發展程度與實際發展程度之間的差異即為可能發展區間。他認為實際發展程度並不能代表個體智能的高低。依據 Vygotsky 的理論,可能發展區才能代表一個人智能的高低。據此而論,在瞭解兒童的實際發展程度後,可進一步確認其可能發展程度,以找出兒童的可能發展區,就可經由成人或同儕的互動與引導,激發出更佳的表現,使兒童的認知發展臻於最大發展的程度。

三、社會文化

個人的思考能力來自其所處的社會,此一命題,乃 Vygotsky 社會文化論的重要主張,從前述語言發展和可能發展區的介紹,更可清楚的瞭解兒童所處環境對其認知發展的影響。因為 Vygotsky 認為知識並不是由個體獨自建構出來;相反的,知識是在互動過程中發展,尤其是在與一個比自己及所屬文化更有知識的人或組織的互動過程中所建構的。在互動的過程中,個人把與生俱來的能力轉化為更高層次的心理功能。

貳 Vygotsky 社會文化論的認知發展階段

Vygotsky 的社會文化論指出,兒童的認知發展大致可區分為下列四個主要階段(引自洪志成,2000,頁 75):

一、非語文期

未能使用制式的語言文字符號來表達意念，例如利用哭笑等有意義的聲音來表達好惡等意念。

二、指標性語文期

使用的語言符號被納入認知思考的結構。此一時期的語文具有標示的功能，用以連結外界具體的事物，例如動物園一詞表示聚集許多不同種類動物供全家出遊的地方。

三、外在語文主導期

運用環境中的語言文字符號來導引自身行為，並解決面臨的困境。例如使用手指計數來瞭解某物品的數量以比較大小，或是計畫進一步的分配給友人。

四、語文內化期

外在的語言文字可有可無，其所衍生出來的內在語文卻充作輔助性的刺激，可供個體有系統的掌控長期記憶中的訊息，以進行抽象化的概念理解與邏輯性的關係推演。

第四節　Gardner 的多元智能理論與應用

以國小教育階段來說，不但是人格成長的關鍵期，也是知識的啟蒙期，如果能讓兒童在求學的過程中以不同的方式來展現他們的聰明才智，並獲得成功的經驗，必定能夠激發兒童學習的潛能。據此而論，當我們以多元智能（theory of multiple intelligence）的觀點思考兒童的教育問題

時，課程的編排、教學的方法、評量的方式、學習的式態、教室的情境，都會隨之改變，因為多元智能強調學習者的需求和成長。因此有教無類、因材施教的理想，是可以被落實的。

之所以將多元智能理論納入課後照顧概念加以論述，主要理由有二個：(1) 課後照顧辦理單位不是補習班，一個經營良好的課後照顧服務方案，必須協助父母親對兒童照顧和教導的實踐與完善，促進兒童在生理、心理、智能、社會等層面獲得良好的發展，所以課後照顧辦理單位應摒除傳統的教材、教法，重視每個學生的個別主體性。(2) 相較於國民小學，課後照顧辦理單位的人數較少，甚至有的課後照顧辦理單位打出小班教學的招牌，因此對兒童可以有更多的照顧和教導，相對的，多元智能理論是可以有效的融入個別化教育方案加以實施的。

壹 多元智能的意義與基本主張

一、多元智能的意義

多元智能理論是由美國心理學家 Gardner 在 1983 年所提出。他認為根據傳統智力測驗所界定的智力，在概念上只是窄化了智力的範圍，將它侷限在與書本知識的學習能力有關，並假定個體特質能被單一的、標準的、可量化的數據所描述，使得人們忽略智力的多元發展，以及輕忽了個別差異的重要性。Gardner 重新定義智力的概念，他認為智力應該是在某一特定文化情境或社群中，所展現出的解決問題或創作的能力。換言之，多元智能理論重新開啟人類智能和學習的新視野，智能可以不再和考試、測驗或智力商數劃上等號，智能是思考、是學習、是解決問題的能力、是一種創作，更是一種相互之間合作的能力。

對於人類智能的看法來說，套句 Kuhn 的話，它們產生了充分的異常事例，這些事例促使我們經歷了典範（paradigm）的危機（引自 Lazear,

1999/2000，頁 24）：

（一）智能並非與生俱來就是固定的或是靜態的

在過去，我們認為人類的智能或多或少會由遺傳的因素來決定，並可藉由測驗的評量得到一個可量化的智力商數，它可以告訴我們此個體的能力如何。不過，固定智力的想法並未考慮到會影響智能發展的環境、文化和社會因素。現在有很多研究者都覺得我們對智力的定義可能太過窄化，實際上的現象可能比我們過去所認知的更具變通性與彈性。事實上，這些研究者現在都把智力看成是一組能力，並隨著人的一生持續地擴展與改變。

（二）智能是可以學習的、可以教的、可以提升的

因為智能有其神經生理基礎，幾乎任何心智能力在任何年齡階段都是可以提升的。有很多練習作業可以用來強化和提升智能技能，很像我們在促進和擴展其他技能所作的一樣。一般而言，練習越多，我們就變得越厲害。我們可以透過學習，在各方面和各層次變得更有智能，遠遠超過我們所能想像的。

（三）智能是種多向度的現象，展現在我們大腦／心靈／身體等系統的多種層次上

我們用來求知、理解、感知、學習和操弄訊息的方式有很多種。Gardner 主張我們全都至少具備八種形式的智能，或是八種求知的方式。包括語文智能（linguistic intelligence）、邏輯—數學智能（logical-mathematical intelligence）、視覺—空間智能（spatial intelligence）、肢體—動覺智能（bodily-kinesthetic intelligence）、音樂—節奏智能（musical intelligence）、人際智能（interpersonal intelligence）、內省智能（intrapersonal intelligence）、自然觀察智能（naturalist intelligence）。

二、多元智能的基本主張

多元智能的基本主張可以從以下四點加以說明（Armstrong, 1994/1997; Armstrong, 1994; Gardner, 1993, 1999）：

（一）每個人都具備多元智能的潛能

多元智能理論不是用來決定個人擁有哪項智能的類別理論，它是一種認知功能的理論，每個人都擁有八種智能，但每個人八種智能統合運作的方法各有不同，而且這些智能只有在適當的情境才能充分發揮。大部分的人是處在大多數智能都有極高水準和只具有最初步智能這二種人之間，即某些智能很發達，某些智能則屬中等，其餘的較不發達。

（二）大多數人的智能可以發展到充分勝任的水準

如果能給予個體適當的鼓勵、充實和指導，事實上，每個人都有能力使八種智能發展到一個適當的水準。以鈴木才藝教育課程為例，音樂天賦中等的人在合適的環境下，例如家長的參與、從小聽古典音樂等，能夠表現出相當高的鋼琴和小提琴的演奏水準，這種模式在其他智能中也可以看見。

（三）智能通常是以複雜的方式統合運作

多元智能理論認為在生活中沒有任何一種智能是獨立存在的，它們總是相互作用。例如煮一頓飯，一個人必須看食譜（語文），可能只使用食譜用量的一半（邏輯—數學），做出適合所有人口味的飯菜（人際），同時也適合自己的口味（內省）。在多元智能裡讓各種智能獨立出來是為了觀察它們基本的特點，並學習如何有效的利用它們。質言之，多元智能和環境脈絡具有密不可分的關係。

（四）每一項智能裡都有多種表現智能的方法

在特定領域裡，沒有判斷聰明與否的一組標準特質。一個人可能不識字，但語文智能很高，因為他能生動的講故事和運用豐富的詞彙。多元智能強調人類是以豐富的方式，在各項智能之中和之間，表現其特有的天賦才能。

貳 多元智能的內涵

Gardner 指出人類的心智能力包括語文智能、邏輯─數學智能、視覺─空間智能、肢體─動覺智能、音樂─節奏智能、人際智能、內省智能、自然觀察智能等八項，茲分別說明如下（Gardner, 1993, 1999; Hoerr, 2000/2001; Lazear, 1999/2000）：

一、語文智能

指口語及書寫文字的運用能力，它包括了對語言文字的意義、規則、順序，以及聲音、節奏、音調、詩韻、不同功能的敏感性。此項智能的求知方式是透過書寫、口語、閱讀等各個語文層面的正式系統。使用的工具包括論文、辯論、公開演講、詩詞、正式和非正式的談話、創意寫作以及語言式的幽默，例如謎題、雙關語、笑話等。

在語文能力的發展初期，應當指導兒童奠定良好的基礎技能，其中包括了簡單的讀寫和初期的演說句型，才能進一步引導兒童對於理解語言系統的各層面，例如文法、句型、發音、慣用語，以及語文理解技巧的發展，獲得更多的學習技能。主要目標係藉由兒童能在語文溝通的創意、自我表達方面的發展，以及延伸理解與闡明的能力等方面，以更豐富的方式突顯語文應用的能力，進而表現個人特有的天賦才能。

二、邏輯─數學智能

　　指可以處理一連串的推理和識別型態或順序的能力，它涉及了對抽象關係的使用與瞭解，核心成分包括了覺察邏輯或數字之樣式的能力，以及進行廣泛的推理，或巧妙地處理抽象分析的能力。此項智能的求知方式是透過尋找和發現型態的歷程，以及問題解決的歷程。所採用的工具包括計算、思考技巧、數字、科學推理、邏輯、抽象符號以及型態辨識等。

　　為了讓兒童在邏輯─數學智能上的表現獲得提升，在基礎技能層次的培養階段，應當重視兒童對於簡單操作具體實物的技巧、具體型態認知，以及表現簡單抽象思考能力的發展有所學習和表現。之後在進入複雜技能層次階段，兒童的學習則包括了學習如何解決各種問題的歷程、有效的思考型態，以及標準化的數學計算技巧與運算。至於在統整階段，教師應關注兒童是否具備了發展進階的數學技巧與操作，以及統整的、應用取向的思考能力。

三、視覺─空間智能

　　指精確感覺世界以及創造或轉換世界觀點的能力。核心成分包括了精確知覺物體或形狀的能力，對知覺到的物體或形狀進行操作或在心中進行空間旋轉的能力，在腦中形成心像以及轉換心像的能力，對圖像藝術所感受的視覺與空間之張力、平衡與組成等關係的敏感性。此項智能的求知方式是透過對外在的觀察與對內在的觀察來達成。運用的工具包括素描、繪畫、雕塑、剪貼、剪輯、具象化、影像化、意象化以及創造心像。

　　整體來說，視覺─空間能力的發展應當始自於去滿足兒童用感官動作探索世界的好奇心，並能從操作中和空間中探索所處的環境，例如透過辨識、玩味，以回應各種顏色或形狀。到了第二階段為了獲得較複雜的技能，應當學習更結構化、更正式、更有訓練的方式來表達視覺藝術，以及理解空間關係與位置的能力。最後所展現出的則是視覺─空間能力的統整

運用，以便進行問題解決、深度思考、表達自我，以及擴展創意思考。

四、肢體―動覺智能

指有技巧的使用身體和靈巧處理物體的能力，核心成分包括了巧妙地處理包括粗略與精緻的身體動作物體的能力，巧妙地使用不同的身體動作來運作或表達的能力，以及自身感受的、觸覺的和由觸覺引起的能力。此項智能的求知方式是透過身體的移動和表現。採用的工具包括舞蹈、戲劇、肢體遊戲、默劇、角色扮演、身體語言、運動以及創作等。

有關肢體―動覺能力的發展歷程，在基礎階段的學習上，包括了基本動作技能的發展，以及具有從簡單自動反射到獲取個人目標的行動能力。至於在複雜技能層次的學習上，包含隨著身體協調程度的進展而發展出更複雜的動作技能。最後在統整層次的學習上，則包含學會運用肢體作為表達想法、感受、信念和價值的工具，並能發展出支配身體的巧妙技巧。

五、音樂―節奏智能

指察覺、辨別、改變和表達音樂的能力，它允許人們能對聲音的意義加以創造、溝通與理解，主要包括對音階、旋律、韻律和腔調的敏感性。此項智能的求知方式是透過傾聽、聲音、震動型態、節奏以及音色的形式，包括聲帶所能發出的所有聲音。運用的工具包括歌唱、樂器、環境的聲音、各音質的合鳴以及生活中無窮無盡的可能節奏。

兒童在音樂―節奏能力的學習歷程，首應學會辨識、回應和產生基礎形式的音樂和節奏，並能發展出對音樂節奏等聲音的聯想能力。之後，教師可進一步引導兒童發展出以音樂和節奏來作為傳情表意的媒介之知覺，並學會欣賞音樂和節奏，及理解它們對自己的影響。例如有能力發出不同類型的旋律和節奏；明白不同的音樂和節奏的影響與效果；以不同音樂和節奏來呼應、抒發自己的感受和心情；欣賞各種音樂曲風和特定韻律或節奏等。最後所培養出的統整能力，則是能賞玩正式的音樂旋律，也能將之

當作溝通的媒介,並能創意地表達自己。

六、人際智能

係指辨識與瞭解他人的感覺、信念與意向的能力,核心成分包括了注意並區辨他人的心情、性情、動機與意向,並做出適當反應的能力。這種求知是透過人與人的關聯、溝通、團隊工作、合作學習、同理心、社會技巧、團隊競爭以及團體規劃等,以培育彼此之間正面的依存關係。

一般而言,人際能力的發展始自家庭內的互動關係,並學會人際關係的基礎技能,包括溝通和接納別人。進而在此基礎技能上,學會和家人以外的人際互動技巧,包括和別人互助合作的社會技巧,奠定與人有效交往和互動的才能。最後則是能夠發展出對團體動力、人際關係、基礎人類社會行為的透徹理解,並能欣賞文化和個別差異。

七、內省智能

指能夠瞭解自我和別人以評估自己情緒生活的能力。核心成分為發展可靠的自我運作模式,以瞭解自己的需求、目標、焦慮與優缺點,並藉以引導自己行為的能力。這種求知是透過內省、後設認知、自我反省以及提出人生的大問題。使用的工具包括情感的處理、日記、思考日誌、教學轉移、高層次的思考以及自尊的練習。

為了能建構正確自我知覺的能力,並能在複雜的情緒中區辨喜怒哀樂,以及自我定位、自知、自尊和自律的界定。在基礎技能階段的學習上,應重視兒童對簡單的自我意識、基礎的獨立技巧,以及對自己和世界的純真好奇心之培養。其目的係為了讓兒童能順利獲得自我反省、自我理解、自尊等的技巧,包含步出自我和反省自己的思考、行為和心情的能力。而內省智能的最高層次,則是要進一步發展出後設認知、自我分析、自覺性、個人信念、價值與哲學觀。

八、自然觀察智能

指擁有辨識和組織環境裡面各種動植物的能力。除此之外，也包括了從引擎聲辨識汽車，在科學實驗室中辨識新奇樣式，以及藝術風格與生活模式的察覺等能力。此項智能的求知方式是發生在和大自然世界的邂逅，包括欣賞和認識動植物、辨識物種的成員，以及連結生命組織的能力。使用的工具包括動手做的實驗、田野之旅、感官的刺激以及嘗試去分類和聯繫自然的型態。

針對自然觀察能力的發展，在基礎技能層次的學習上，包含非正式的、直覺的和自然形式的分類，天生的好奇心和探索自然世界的需求。在複雜技能層次的學習上，則包含學會辨識和分類動植物的正式系統，並能以更正確的方式和它們互動並研究牠們。最後在統整層次的學習表現上，包含正式田野研究的訓練，像是植物學、昆蟲學或生物學，以進一步認識、欣賞、運用和接近自然世界。

參 多元智能的應用

有關多元智能的應用，主要針對課程發展和教學方法二個向度做一介紹，茲分述如下：

一、多元智能與課程發展

從多元智能的意義和基本主張可知，多元智能強調個體每一種智能的發展，並能進一步識覺、體驗和強化其個人的優勢智能。因此，從教育的立場觀之，多元智能的課程設計應以學生為中心，重視學生智能的啟發和成長；然而就教育的本質來說，教育的目的是不會變的，或許任何人或任何利益團體都可對教育的目的有其主觀的期待和主張，但不可扭曲教育的本質。《教育基本法》第 3 條即指出，教育之實施，應本有教無類、因材

施教之原則，以人文精神及科學方法尊重人性價值，致力開發個人潛能，培養群性，協助個人追求自我實現。因此，多元智能應視為課程設計的一項工具，一項作為通往教育目的過程中，提供教學者省思學生學習的指導框架。

（一）多元智能的課程設計策略

多元智能的課程設計策略，包括理論和實務二大取向，茲分別說明如下（歐慧敏，2002，頁48-55）：

1. 依理論所發展出的課程取向

(1) 單一學科的單元規劃

運用多元智能理論來做某課程單元的活動設計，在於教師能更容易地將教材內容呈現給學生，使學生所學的知識有更深的理解。

(2) 跨學科的單元規劃

在傳統的各學科領域，彼此間教學並未做有意義的連結，且與學生的實際生活並無交集，但在多元智能理論的課程中各學科領域的界限已逐漸地消失，允許教師個人或團隊在必要時可以設計跨學科的主題單元。

(3) 多元智能學習中心

多元智能學習中心是為不同強勢智能的學生在教室中安排一個學習地點。八種智能學習中心可以用智能專家來進行命名，學生可自由選擇屬於自己的來進行單獨或與他人合作學習。學習中心的運用可納入正常課程中，亦可在學生課餘時間使用。

(4) 專題計畫

在專題計畫中，可以讓學生充分展現其智能，貢獻自己的專長。專題的計畫可透過小組合作完成或獨立完成。基本上，計畫的執行是跨學科的，其所需時間可以由兩週到兩個月，且過程中可帶出各種智能。在學生計畫完成後，省思所露出的訊息——興趣、

強處、挑戰，以及是個別的或集體的工作者，這些訊息可以進一步納入下次計畫。

2. 依實務所發展出的課程取向

(1) 多元模式課程設計

此種課程設計較為一般班級或學校採用，其重點在於將多元智能理論當作教學工具，提供學生進入學科內容的八個切入點。教師可在日常教學中應用多元智能理論來教導學生，亦可偶爾、每週或每天運用學習中心；亦可透過多形式途徑進行直接教學；亦可透過教師間的協同教學，甚至各領域的專家來讓學生的學習經驗更完整。

(2) 以發展為主軸的多元智能課程

在此課程模式中，焦點置於知識和技能發展的深度，揚棄以往走馬看花式的教學，支持學生深化的理解。在此精細深入的課程中，多元智能亦為教學的工具，此外，有些學校推行主題計畫為主軸的學習，學生必須學會自我指導的學習技能。

(3) 以藝術為核心的多元智能課程

有些學校將多元智能理論解釋為藝術核心課程的依據。Gardner主張除了語文、數學、空間推理等能力外，視覺、動覺、音樂及人際亦為智能的形式，藝術的擁護者即依此宣稱藝術提供了重要的符號系統來表徵、解釋和傳遞這世界的事物；而數學、科學及語文溝通只是人類經驗的一部分，故倡議舞蹈、音樂、劇場、影片、視覺藝術和創意寫作等，在學校課程應與語文、數學等課程占同等的地位與時間分配。

(4) 以智能為主軸的課程

此種模式較少學校採用，此類型學校不以智能來進行教學，而是來成就八種智能。為順應此需求，學校必須將其任務、目標、課程加以重組，以順應個別學生的興趣。

（二）多元智能課程設計的步驟

一般而言，以多元智能進行教學活動或課程單元的設計，在步驟上有以下六點（Armstrong, 1994; Campbell et al., 1999; Checkley, 1997; Kagan & Kagan, 1998）：

1. 集中在某個特定的目的或主題上

教學者在進行課程設計時，一定要找出這個教學單元或主題的重點與目的，並要簡單清楚的標示明白。

2. 提出各項智能的重要問題並考慮其可行性

教學者應找出單元或主題中分屬各種智能的重要問題，瞭解各種智能的教學方法和材料，並進一步考慮哪些方法和材料最適當，此外亦應不斷思考其他沒有想到但是合適的可能性。

3. 選擇及設計適當的學習活動

教學者為了達成學習目標，設計不同智能的學習活動，應針對教學目標和時間以腦力激盪的方式規劃各項活動。基本上，並非每次的課程安排均需設計涵蓋所有智能的學習活動，只要任何主題、單元能運用超過一種以上的智能來進行教學，即為多元智能的觀點。

4. 安排活動的流程與步驟

安排活動的流程或步驟時，應考慮課程本身的邏輯架構、教學流暢、環境、基礎行為、介入、理解情形、引導實作、獨自實作、總結等要素。

5. 執行教學方案

教學者在執行教學方案時，應根據教學過程中的實際情形和需要，調整方案內容，並隨時修正。

6. 進行方案評鑑

教學方案的評鑑應針對二個部分，即瞭解學生是否學到主題或單元的內容，可有進行補救教學的需要；以及確認教學者是否達成教學目標，教學活動的內容適切與否。

二、多元智能與教學方法

針對多元智能與教學方法的討論，其原則不外乎是在多元智能的學習過程中，掌握教師的創意和學生的特質是不可或缺的二大關鍵。以下即以國民小學常運用的教學方法，作為主要介紹的重點（陳亮宇，2003；Armstrong, 1994; Armstrong, 1994/1997; Campbell et al., 1999）：

（一）語文智能常見的教學方法

1. 說故事

說故事是教學者的基本能力和教學過程中重要的教學工具。教學者可以透過故事內容把想要給予學生的概念、想法和教學目標傳達給他們，只要教學者有心願意去準備故事，並提升個人說故事的技巧，通常會讓學生留下深刻的印象。

2. 腦力激盪

腦力激盪是一個充滿無限創意的教學過程，在此過程中沒有批評和制止，每個人都有相同的發言機會，學生可以自由討論、分享。教學者則是將學生發表的想法寫在黑板上或予以記錄，帶著學生找出所有想法的規律，或將它們分門別類，讓學生在反省思考中學習。

3. 寫日記

寫日記是學生對生活或學習所做的持續性文字記錄，所以範圍相當廣泛。教學者可以請學生針對某個主題或學科予以記錄其過程，而記錄的方式除了文字表現外，還可運用圖畫、照片或其他非語文資料呈現。

4. 小書製作

小書製作是兒童閱讀活動中教學者常用的方法，這是一種強化學生學習成效和觀念的有效策略。教學者可利用小書製作，讓學生從讀者轉變成作者，他們會關心自己的作品，在書中可以看見學生的思考和想法，學生亦可藉由對自己作品的發表與人共同討論。

（二）邏輯—數學智能常見的教學方法

1. 計算與定量

　　計算與定量是數學和科學學習的基礎，不同的內容背景所代表的數字都有其個別的意義，例如出生率和死亡率，就是一個對比顯明的例子，其實計算與定量也是日常生活的基本能力。因此教學者可以去發掘一些有意思的數字、令人感興趣的數字問題，或在非數學領域中導入數字，作為學習的教材。

2. 啟發式教學法

　　啟發式教學法指的是集合不很嚴謹的方法、規則、實際經驗、準則及建議於一體，來解決邏輯問題的一種方法。其原則包括：尋找你要解決的問題類似的問題；分解問題的不同部分；提出一個可能的解決方法，然後反向進行；最後，找到一個與你的問題相關的問題，並加以解決。

3. 類推

　　類推代表兩者之間的關聯是否能相對於另外兩者之間的等同關係，意即甲和乙的關係如同 A 之於 B 的命題關係，在自然與生活科技領域中，教師常用類推的方式來進行教學。

4. 問答與討論

　　此種教學法與講述法截然不同，教師從傳統傳授者的角色轉變為學生觀點的提問者，透過提問來引導學生檢視其觀念和想法，並透過相互間的討論交流，加強學生批判思考能力的提升。

（三）視覺—空間智能常見的教學方法

1. 圖像表徵

　　圖畫對於空間傾向較強的學生理解相當重要，所以教學者除了使用文字之外，亦要運用繪畫、理解符號來輔助教學，這樣能幫助更多的學生。圖像表徵的教學不需要很好的繪畫技巧，只要能讓學生理解即可，當然學

生也可運用圖形符號來呈現自己的學習。

2. **彩色記號**

空間智能高度發達的學生通常對顏色很敏感，不幸的是，在學校裡卻常只是充斥著黑白色的課文、習字簿、練習和黑板。不過，很多有創意的方法可以把顏色重新引進課堂，例如以顏色來強調規律、規則和分類，以及在學生的疑難問題上。

3. **思維繪製**

在一些名人的筆記本中，如 C. Darwin、T. Edison 及 H. Ford，可以發現他們許多強而有力的思想均源自簡單的圖畫。這種思維理解的價值，能幫助學生清楚表達他們對學科內容的理解。此項教學方法要求學生畫出教學的重點、主要思想、中心主題或核心觀念。教師不必太在意他們畫得是否整潔、寫實或評判圖畫本身，而是注意學生能否清楚表達想法，以及是否能由草圖中引出學生理解的程度。

（四）肢體—動覺智能常見的教學方法

1. **使用肢體語言回答問題**

這個方法是讓學生用自己身體作為表達的媒介來對教學做出反應。最簡單也是最常用的例子是讓學生舉手表示聽懂了；除此之外，也可以採用不同的方式，如笑一笑、眨一隻眼睛、伸出手指、舉臂作飛行狀等。

2. **操作學習**

操作學習是指實地透過實物的操作來幫助學生學習和思考。例如自然與生活科技領域的實驗，或立體模型的製作、拼圖、積木等做法，均可達成此目標。

3. **劇場實作**

這是一種表演藝術的學習，讓學生將課文或教材裡的內容編成劇本表演出來，以瞭解學生對某個學習主題的理解程度。它可以是單純的表演，也可以使用道具，而在表演形式上，話劇、短劇、布偶劇都是可以運用的

型態。

(五) 音樂—節奏智能常見的教學方法

1. 旋律、歌曲、饒舌歌及吟唱

不論教什麼課程，都可以將它轉換成說唱的一種旋律，教學者亦能把課程中想要強調的重點、故事的中心思想或某個概念的主題變成一種旋律。讓學生自己從所學的學科中創作出能夠概括、綜合或應用其中涵蓋意義的歌曲、饒舌歌或吟唱。這種方法也可以透過加入打擊樂器或其他樂器，甚至加上肢體動作，增強學習效果。

2. 心情音樂

尋找一個可以為某個單元或主題創造出適合的心情或氣氛的音樂，這種音樂可以是聲音效果、大自然的聲音或引發某種情緒狀態的古典或現代音樂。

3. 音樂唱片圖像

尋找一個可以說明、引申或具體表現想要傳達概念的音樂，來補充課程所需的教材。例如在教生物繁殖的單元活動時，教學者可以蒐集與動植物繁殖有關的歌曲或音樂，並帶領學生一起討論當時的環境和歌曲的內容或意境。

(六) 人際智能常見的教學方法

1. 同伴分享

分享可以說是多元智能教學方法中最容易實施的，教學者可以讓學生互相討論上課講過的內容；或藉由同伴分享開啟學生在某個主題上已有的知識，以便開始一堂課或一個單元的教學；可以建立夥伴關係，讓每個學生都與同一個人分享；當然也可以鼓勵學生與班上不同的人分享。

2. 合作小組

採用小組學習達到一般教學的目的是合作學習模式的核心成分，小組

成員的人數以三至八人是最有效的。合作小組的成員可以用各種方式來處理指定的學習內容。合作小組特別適合多元智能教學，因為學生的組成來自各種不同的智能層面。

3. 模擬

這個教學方法需要一組人合作創造一個假設的環境，這種臨時的環境成為一個更接近要學習事物的背景狀態。例如正在學習某個歷史時期，學生可以實際穿上那個時期的服裝，把教室變成那個時期的樣子，然後開始表演他們在那個時期的生活。

（七）內省智能常見的教學方法

1. 一分鐘內省期

在教學活動的過程中，學生應該經常有內省或深思的暫停時間。一分鐘的內省期是給學生時間消化所吸收的知識，或將這些知識與他們的生活相聯繫，同時也讓學生重新調整好自己的步調，為下一個活動做好準備。

2. 個人經歷的聯繫

個人經歷的聯繫最好方法就是教學者不斷地把所講的內容與學生的生活經歷相聯繫。教學者可以將學生的交友情形、感覺及經歷編織進教學活動中，透過問問題、討論或者要求，來與學生的經歷做聯繫。

3. 情緒調整時刻

簡單來說，教學者有責任在教學中創造讓學生歡笑、感覺憤怒、表達強烈意見、對某個主題激動或感覺其他各種情緒的時刻。在方法上包括：在教學中示範那些情緒；讓學生感覺在課堂上表達情緒是沒有關係的；提供喚起情緒調整反應的經歷等。

（八）自然觀察智能常見的教學方法

1. 多感官的體驗

讓學生運用視覺、聽覺、味覺、嗅覺、觸覺等多重感官來體察某一具

體事物，然後要求學生用不同的形容詞來表達他們的感受。

2. 運用工具觀察

提供學生一個觀察文件，文件上呈現的可能是比較對照表，也可能是分類架構圖，然後要求學生利用觀察工具詳細記錄所觀察的結果，並不斷地反覆觀察、前後對照，以確定圖表上的各種陳述語句擺在最適當的位置。

3. 學習預測

讓學生練習根據早期的觀察結果來預測後續的發展。例如在自然課的豆子發芽單元裡，學生可根據前兩週測量的結果，預測第三週以後的豆芽成長情形。

第五節　認知發展與課後照顧的關聯性

本節針對認知發展與課後照顧的整合思考，提出以下七點供參，茲分別說明如下：

壹 課後照顧辦理單位應加強內部人員的教育素養，避免運用經驗學習的錯覺或誤導家長，以致影響兒童的學習和心智發展

由於課後照顧辦理單位內的員工並非皆具有合格教師的資格，在工作上卻必須負起兒童學習和課業的指導工作。因此，課後照顧辦理單位應加強內部相關人員的教育素養，尤其是與兒童學習有關的概念必須有所瞭解，才能清楚知道兒童的思考方式，施予適當的知識教學活動。

除此之外，課後照顧辦理單位內的工作人員，絕對要避免運用自己過去的學習和成長經驗，因為很可能會把錯誤的觀念複製在學生的身上，此

一做法恐怕未見好處，就已戕害了學生。而對於學生在學習上的具體表現和可能影響的原因，也必須善盡告知之責，虛心看待兒童學習問題和自身經營管理的關係，才能對學生的學習和心智發展有所助益。

貳 課後照顧辦理單位應重視學生的個別差異，提供適當的教學活動，實施個別化教學

根據 Piaget 研究兒童認知思維的經驗，有以下三點建議（張春興，1994）：

1. 在實施個別化教學時，儘量與兒童面對面溝通，讓兒童用自己的話說出他對問題的看法及解答時的思維過程。
2. 對答對的兒童，讓他肯定自己的想法是正確的，並給予鼓勵。
3. 對答錯的兒童，讓他在毫無恐懼的情境下，說出他對問題性質的瞭解以及思維的過程。特別是在與正確答案核對時，讓兒童自由發表意見，使有機會為他的不同思維方式做解釋辯護。如此，當他發現教師的答案比他所想的更好之後，才會對教師的改正心悅誠服。

參 課後照顧辦理單位應重視學生自發性和主動參與學習的習慣，以奠定終身學習的能力

培養學生自發性和主動參與學習活動的習慣，主要目的就是要強調學習自主性的促進，和重視個人如何養成學習能力。因為有越來越多的學習是需要去挑戰的，例如：在探索和有意義的資訊中習得技能；在不同情境解決問題的精熟能力；在良好研究本質中獲得瞭解；在學校和訓練環境加強自我調整；實際學習技能；發展較高階級的技能；從經驗中增加個人的能力；期勉自己成為一個完整的個人（Van der Zee, 1991）。質言之，如

果兒童未能從小培養自發性和主動參與學習活動的習慣，其認知發展的生機顯然是不足的，遑論日後能有效面對各式各樣的學習活動和更複雜的學習內容。

肆 課後照顧辦理單位可善用團體活動和語言遊戲，提升兒童學習興趣與成效

從 Vygotsky 的社會文化論可知後天環境對兒童發展的重要性，尤以社會互動和孩子參與真實的文化活動，都是認知發展的必要條件。課後照顧辦理單位可善用團體和團體內，有比學生表現更佳的同儕以及成人指導的團體方式，進行相關的學習活動，勢必可在社會學習的歷程中促進學生的認知發展。而另外一個重要的因素就是語言，因為人與動物最大的差別就在於語言和思想，顯見語言和思想對人類認知發展的影響。因此課後照顧辦理單位可透過語言遊戲的實施，不僅可提升兒童的學習興趣，也能促進其學習成效。

伍 課後照顧辦理單位可運用鷹架作用的概念，協助學生有更好的表現

所謂鷹架作用（scaffolding）就是指兒童在可能發展區別人所給予的協助。在教學過程中，課後照顧內的指導人員應主動示範，為了提升學生的學習信心，可以先簡化作答，即作答的難度對學生來說不會太難，讓兒童願意且能夠持續參與學習活動，在此同時，並注意回饋給與的立即性和控制挫折感等原則，協助學生有更好的學習表現。

陸 課後照顧辦理單位內的工作人員應具備多元智能的相關知能，才能活化課程和教學的工作

從前述針對多元智能與課程發展和教學方法討論可知，多元智能的確可以在學生學習過程中扮演重要的角色，它可以激勵學生的學習潛能和成就動機，也可以培養學生自我解決問題的能力。但這些仍受限於課後照顧辦理單位內人員的能力和意願，也就是說，如果這些人不具有多元智能的理論，或只是單純的認為只要多元就可以，甚至是知道如何做，但卻不願意去做，都足以影響多元智能理論的發揮。因此，課後照顧辦理單位應當重視內部人員對多元智能理論和實務的瞭解，並鼓勵他們樂於去實踐，才能活化課程和教學的工作。

柒 課後照顧辦理單位可運用多元智能的理念，妥善規劃學習環境，讓孩童在良好的學習環境中有效學習

一個良好學習環境的規劃和設置，不但能和學習發生直接的關係，有能夠發揮潛移默化的功能，促進學生的學習成效。如果課後照顧內的人員，能將此環境和多元智能理論相結合，有效發揮八種智能的能量於學生的學習情境之中，對於學生的學習來說無疑是一大助力。當然此一環境包括了物理環境和心理環境二大層面，即必須重視人為因素可能造成的負面影響，就算整個內部環境或教室在布置上充滿了多元智能的意涵，但如果工作人員的言行不能加以配合，其效果必定會大打折扣。

第六節 問題討論

在你讀完本章之後，你應該能回答下列與認知發展和課後照顧有關的問題：

1. 何謂認知發展？認知發展對兒童的影響有多重要，請舉例說明之。
2. Piaget 認知發展理論的主要內容有哪些？
3. Vygotsky 社會文化論的主要內容有哪些？
4. Piaget 和 Vygotsky 的理論是否有異同之處？試申論之。
5. 為什麼課後照顧辦理單位要重視兒童的認知發展？
6. 課後照顧辦理單位如何運用認知發展在組織的經營管理之上？
7. 什麼是多元智能？它與傳統的智力觀點有何不同？
8. 多元智能包括了哪些智能類型？
9. 多元智能理論的提出對於人類智能的發展有何意義？
10. 多元智能理論應用在課程發展和教學方法上，有哪些應注意的事項？

參考文獻

Armstrong, T.（1997）。**經營多元智能：開展以學生為中心的教學**〔李平譯〕。遠流。（原著出版年：1994）

Hoerr, T.（2001）。**多元智能融入教學與領導**〔陳佩正譯〕。遠流。（原著出版年：2000）

Lazear, D.（2000）。**落實多元智能教學評量**〔郭俊賢、陳淑惠譯〕。遠流。（原著出版年：1999）

周立勳（2002）。教育的心理學基礎。載於楊國賜（主編），**新世紀的教育學概論——科際整合導向**（71-106頁）。學富文化。

洪志成（2000）。教育的心理學基礎。載於黃光雄（主編），**教育導論**（67-94頁）。師大書苑。

張春興（1994）。**教育心理學**。東華。

許瑛玿、洪榮昭（2003）。皮亞傑認知發展階段的新詮釋。**科學教育月刊**，**260**，2-9。

陳亮宇（2003）。**自然科多元智能教學對國小學生科學創造力的影響**（系統編號：091NTCTC147028）〔碩士論文，國立台中師範學院〕。臺灣博碩士論文知識加值系統。https://hdl.handle.net/11296/6e55c2

歐慧敏（2002）。**運用多元智能理論在國小一年級生活課程之教學實驗研究**（系統編號：090NCCU0332028）〔博士論文，國立政治大學〕。臺灣博碩士論文知識加值系統。https://hdl.handle.net/11296/cf5a27

Armstrong, T. (1994). *Multiple intelligence in the classroom*. ASCD.

Campbell, L., Campbell, B., & Dickinson, D. (1999). *Teaching & learning through multiple intelligences* (2th ed.). Allyn & Bacon.

Checkley, K. (1997). The first seven and eighth: A conversation with Howard Gardner. *Education Leadership*, *55*(1), 8-13.

Gardner, H. (1993). *Multiple intelligences: The theory in practice*. Basic Books.

Gardner, H. (1999). *Intelligence reframed: Multiple intelligence for the 21st Century*. Basic Books.

Inhelder, B., Caprona, D., De., & Cornuwells, A. (1987). *Piaget today*. Lawrence Erlbaum.

Kagan, S., & Kagan, M. (1998). *Multiple intelligence: The complete MI book*. Kagan Cooperative learning.

第 6 章

兒童社會發展

❖ 劉鎮寧

本章大綱

第一節　社會發展的意義
第二節　Erikson 的心理社會發展理論
第三節　Kohlberg 的道德發展理論
第四節　社會發展與課後照顧的關聯性
第五節　問題討論

學習目標

- 瞭解社會發展的意義
- 瞭解 Erikson 心理社會期發展論的重要內涵
- 瞭解 Kohlberg 道德發展論的重要內涵
- 瞭解社會發展對課後照顧辦理單位的實務應用價值

第一節　社會發展的意義

壹　前言

對於個人社會發展（social development）的討論，如果從人格、品德和生命歷程的角度思考，可以更清楚的看見社會發展成功與否，對個人發展的長遠影響。首先就人格來說，個人的人格是在遺傳、環境、成熟和學習等要素的交互影響下所發展形成。照理說完整的個體應當要創造出一個理想的人格，其養成就奠基於個性的改造，但是人格的發展和身體、智能、情緒、社會等面向都有密切關係，因此後天環境可以影響個人，但相對的，成熟的個體將來也可以改造後天環境。

品德則是指人的品格與道德，品格是人因道德實現所存在及顯現的價值格調，而道德是人在處世接物的各種人事現象中，依正直良善的言行法則而為之。所以品德教育係依循教育原理傳授受教者處世接物的正道，解開是非善惡之疑惑，逐步內化為自身做人行事的最高準則，而不是一種意識型態的教育（李琪明，2004）。

至於生命歷程的覺察則更必須從積極正向的觀點，確立個人的生命價值、體現生命的意義，而這些如果沒有建全的人格和良善的品德，在實踐的道路上勢必會面臨不同的困境和挑戰。因此，本章的重點即希望透過對社會發展內涵的介紹，讓從事課後照顧工作的相關人員，能夠重視和負起兒童社會發展的責任。在內容上，主要是以 Erikson 的心理社會發展理論和 Kohlberg 的道德發展理論為主。

貳 社會發展的意義

社會發展一詞在教育心理學上的意義是，個體在成長階段自嬰幼兒到青少年，由於社會文化因素的影響，使其在對待自己與對待別人的一切行為隨年齡增長而產生改變的歷程。社會發展又可視為人格發展（personality development）；名稱雖異，但所指者均為個體自小到大的成長歷程，故而又稱人格成長（personality growth）。社會發展的歷程稱為社會化（socialization）。個體經由社會化之後，由原本單純的自然人，經由社會環境中與人、事、物的互動，而逐漸學習到認識自己，瞭解別人，並進而在人己關係中學習到如何待人、律己、循規、守紀等合於社會規範的一切態度、觀念與行為（張春興，1994）。

據此而論，社會發展良好的個體必定能發展出健全的人格，但是在發展過程中必須和外界環境互動，而且外界環境會隨著年齡增長不斷地擴展甚至複雜化，從一出生的家庭到學校再到社會，每一個時期都有特定的成長任務，但社會發展並非人人順利，是否能奠基於當下，再往上提升一層，係有賴於教育的功能，循循善誘方始有成。

第二節 Erikson 的心理社會發展理論

Erikson 的心理社會發展理論屬於心理分析學派的理論。Erikson 主要是接受並奠基在 Freud 的性心理發展理論的口腔期（oral stage）、肛門期（anal stage）、性器期（latency stage）和潛伏期（latency stage）的主張下，更一步整體思考心理與社會變遷和文化觀點之間的相互關聯性。Erikson 是第一個將人格從嬰兒期到老年期的發展歷程分成八個心理社會階段的心理學家，第一個階段到第五個階段，是個體自出生後在家庭和學校環境中所形成的人格發展；第六個階段到第八個階段，是個體成年

以後的人格發展，如表 6-1 所示。各階段發展任務茲分述如下（周立勳，2002；張春興，1994；Ormrod, 1998; Schultz & Schultz, 2001）：

表 6-1 ▪ Erikson 的心理社會發展階段

期別	年齡	發展危機	順利者的心理特徵	障礙者的心理特徵
1	0～1歲	信任對不信任	對人信任，有安全感	面對新環境時會焦慮不安
2	1～3歲	自主行動對羞怯懷疑	能按社會要求表現目的性行為	缺乏信心，行動畏首畏尾
3	3～6歲	自動自發對退縮愧疚	主動好奇，行動有方向，開始有責任感	畏權退縮，缺少自我價值感
4	6歲至青春期	勤奮進取對自卑自貶	具有求學、做事、待人的基本能力	缺乏生活基本能力，充滿失敗感
5	青年期	自我統合對角色混淆	有了明確的自我觀念與自我追尋的方向	生活缺乏目的與方向，而時感徬徨與迷失
6	成年期	友愛親密對孤癖疏離	與人相處有親密感	與社會疏離，時感寂寞孤獨
7	中年期	精力充沛對頹廢遲滯	熱愛家庭關懷社會，有責任心有義務感	不關心別人與社會，缺少生活意義
8	老年期	完美無缺對悲觀失望	隨心所欲，安享餘年	悔恨舊事，徒乎負負

註：引自教育心理學（頁 129），張春興，1994，東華。

壹 信任對不信任（trust vs. mistrust）

　　信任與不信任的發展任務，是生命開始所面臨的第一個危機，此階段是心理社會發展階段的口腔感覺期，這個時期嬰兒主要依賴母親或主要照顧者的照顧，其與世界的關係兼具生物性的生存和社會性關係的發展。這

個時期假使母親或主要照顧者能提供給嬰兒足夠的生理需求和愛、安全和關注，嬰兒將開始發展信任的感覺。假若母親或主要照顧者的行為是拒絕、疏忽或不在意，則嬰兒將缺乏基本的信任感覺，可能導致日後社會關係的發展。

貳 自主行動對羞怯懷疑（autonomy vs. shame and doubt）

此階段是 1～3 歲的學步期，Erikson 稱之為肌肉—肛門期（muscular-anal stage），必須具備抓緊（holding on）與放鬆（letting go）的基本能力。這個階段的主要任務就是要能自主行動，而且要把羞怯懷疑減到最低的程度。因此可讓幼兒經由練習去經驗他們自主行動的力量與獨立的能力，父母不應該阻止，應該持著寬容、等待與鼓勵，培育幼兒發展出自我控制（self-control）的感覺。假使父母常常嚴厲譴責並阻止幼兒重複自主性的練習與探究，幼兒會變得在重複性裡困擾，不僅無法探究自主也將會產生羞怯和懷疑。

參 自動自發對退縮愧疚（initiative vs. guilt）

此時期是 3～6 歲的學前階段，亦稱之為運動—生殖器階段（locomoter-genital stage）或遊戲的年紀（play age），這時期的小孩面對的任務是自動自發對退縮愧疚兩極間衝突的化解。所謂自動自發的意思是面對世界的挑戰、負起責任並學習新的技能、感覺是有目標的，父母或老師可以鼓勵和支持孩童試著展現他們的想法、創造力、好奇心與想像力；反之，如果父母或老師不鼓勵和支持此類活動，孩童可能會對自己的需求與欲望產生退縮和愧疚感。

肆 勤奮進取對自卑自貶（industry vs. inferiotity）

　　這個階段正值兒童就讀國民小學，在 Erikson 的心理社會發展理論中，屬潛伏階段（latency stage of psychosocial development），這個時期的任務是發展勤奮進取及避免過多自卑自貶的感覺。所以在活動的過程中，兒童透過全神貫注、勤奮和毅力，認真完成任務，成功的經驗多於失敗的次數，能藉以加強及培養孩子擁有能力的感覺，進而養成勤奮進取的性格；反之，則會對自己的能力產生自卑感。

伍 自我統合對角色混淆（identity vs. role confusion）

　　Erikson 心理社會發展理論的第五階段開始於青春期的 12-18 歲之間，這個階段是人生全程最關鍵的時期，青少年開始考慮他們在成人世界裡要扮演的角色。至於青少年在經驗不同的角色和判定什麼才是最適合自己的意識型態時，Erikson 提到必須在心理上的延緩償付（psychological moratorium），也就是允許時間去經歷角色或身分認同和混淆的痛苦，也必須拒絕一些陌生的價值觀，以全心專注於對所選擇的意識型態之信仰（引自陳佳禧，2004）。

　　在這個階段，由於主觀的身心變化和客觀環境的影響，使青少年在自我成長上面臨了以下多種問題：(1) 由於身體上性生理的成熟，使他感到性衝動的壓力。由於對性知識的缺乏和社會的禁忌，使他對因性衝動而起的壓力和困惑，不知如何處理。(2) 由於學校和社會的要求，使他對日益繁重的課業與考試成敗的壓力感到苦惱。在求學時只模糊地知道求學成敗關係著未來，然而對未來的方向自己卻多半茫然無知。(3) 兒童時期的生活多由父母安排，很多事情的決定都是被動的。可是到了青春期，很多事情要靠自己做主，而且父母也期望他有能力去選擇，但是他們自己則往往因缺乏價值判斷的標準，而在從事抉擇判斷時，感到徬徨無措（張春興，

1994，頁 133）。所以自我統合是一種自我認同的發展，它是青少年在此時期生命的學習及個體自我概念的融合，並從自己所處的社會中發現意義感。

陸 友愛親密對孤癖疏離（intimacy vs. isolation）

這個階段是人生的青壯年期，它從青春期的最後一直延伸到大約 35 歲。在這個期間，開始學會獨立、投入職場，成為有責任感的成人。注目的焦點是與他人的親密關係。因為他們有能力與他人形成親密的與相互的關係；換言之，是一種能維持一般友誼並與同一伴侶保持持久關係的能力。如果個體無法建立像這樣的親密關係，造成個人的孤獨感並且拒絕他人、喜歡獨自一個人，同時不能夠與周遭的人達到滿意的合作關係，也害怕自我認同受到威脅，到了晚年生活裡，將會導致嚴重的性格問題。

柒 精力充沛對頹廢遲滯（generativity vs. stagnation）

這個階段大約是 35～55 歲之間的成年期，是生命週期中活動力和生產力最高的時期。個體會進一步發展成為關懷及照顧周遭的人、事、物，會感覺到生命的存有，能夠對家庭或社會的整體做出貢獻，願意將愛持續擴展，較少的自私，更多的相互關愛與犧牲奉獻。頹廢遲滯則是相反的一面，專於自我，變成完全的停止並不參與人與人之間的關係和活動。他們找不到生產力和成就的感覺，停止對社會各個層面的生產，以致出現頹廢遲滯的惡性傾向。

捌 完美無缺對悲觀失望（integrity vs. despair）

心理社會發展理論的最後階段，大約在 60 歲左右。這個階段的任務

是去回顧一生的生活與成就。如果個體有足夠的能力應付過去生命中的成功和失敗,並且相信自己曾經有過幸福和豐富的人生,這就是完美無缺的過程。簡單的說,完美無缺涵括接受現在和過去。在另一方面,假如回顧生命,對於錯過的機會和充滿悔恨的錯誤不能原諒時,所伴隨挫折、生氣的感覺,將會感到悲觀失望,在失落中也變得厭惡自己、鄙視他人。

第三節 Kohlberg 的道德發展理論

繼 Piaget 提出道德認知發展階段理論之後,此理論包括三大階段:無律階段(stage of anomy)、他律階段(stage of heteronomy)、自律階段（stage of autonomy),同樣採用認知發展取向研究道德發展,而提出系統理論成為一家之言者,當推美國哈佛大學教授 Kohlberg。此一道德發展理論係基於 Piaget 的階段觀念,以及視兒童為哲學家的想法,從事道德方面的研究,且建構一套道德發展的階段,作為研究的架構 (Kohlberg, 1981)。

Kohlberg 的理論能引起心理學界的重視,是因為在理論內涵上具有二項特點:(1)他排除了傳統上道德思想中的類分觀念,他認為人類的道德不是有無的問題,也不是歸類的問題,而是每個人的道德都是隨年齡經驗的增長而逐漸發展的。(2)道德判斷不單純是一個是非對錯的問題,而是在面對道德問題情境時,個人從人、己、利、害以及社會規範等多方面綜合考量所做的價值判斷(張春興,1994)。

基本上,Kohlberg 的道德發展論主要建立在以下七個假設基礎之上,茲分述如下(引自柯秋萍,2004,頁 24-25):

一、假設基礎一：結構主義（structuralism）

認知結構是指心智運作組織化的型態，在道德領域中，經驗類型包括心智的運作，如贊成、責備、分配權力、責任、義務、從事應該的判斷，以及對價值、理想及規範界定的依據。

二、假設基礎二：現象學（phenomenalism）

主張一個人的行為只在人的意識經驗架構內才能被理解，是人在解釋自己行為的情境而賦予的道德或非道德的地位。

三、假設基礎三：交互作用論（interactionalism）

認知結構發展是有機體的內在結構與外在環境結構之間的交互作用過程。

四、假設基礎四：認知序階（cognitive stage）

透過有機體的內在和組織化經驗的交互作用導引成認知序階，且從簡單的到更分化的、整合及複雜的結構。

五、假設基礎五：自我（self）

自我認同提供了跨越時間、空間、角色關係的連續性，且自我、他人、關係、社會標準等概念在認知分化及整合的過程中同時被分化。

六、假設基礎六：角色取替（role-taking）

社會認知是建立在角色取替過程的基礎上，是覺察別人在某方面像自己，而且在一個相互期待的體系中，別人知道或對自我做回應。

七、假設基礎七：平衡的概念（concept of equilibrium）

平衡是道德的終點或是界定者，是正義的原則，也許是互惠或平等。

Kohlberg 的道德發展論的階段劃分，根據表 6-2 所示，包括前習俗道德期（pre-conventional level of morality）、習俗道德期（conventional level of morality）和後習俗道德期（post-conventional level of morality），每一個時期內又涵蓋二個階段，亦稱之為 Kohlberg 道德發展三期六段論，茲分述如下（柯華葳，1997；張春興，1994；Kohlberg, 1985）：

表 6-2 ▪ Kohlberg 道德發展三期六段論

期別		發展階段		心理特徵
一	前習俗道德期（9 歲以下）	1	避罰服從取向	只從表面看行為後果的好壞。盲目服從權威，旨在逃避懲罰。
		2	相對功利取向	只按行為後果是否帶來需求的滿足以判斷行為的好壞。
二	習俗道德期（9～20 歲）	3	尋求認可取向	尋求別人認可，凡是成人讚賞的，自己就認為是對的。
		4	遵守法規取向	遵守社會規範，認為規範中所定的事項是不能改變的。
三	後習俗道德期（20 歲以上）	5	社會法制取向	瞭解行為規範是為維持社會秩序而經大眾同意所建立的。只要大眾共識，社會規範是可以改變的。
		6	普遍倫理取向	道德判斷係以個人的倫理觀念為基礎。個人的倫理觀念用於判斷是非時，具有一致性與普遍性。

註：引自教育心理學（頁 144），張春興，1994，東華。

壹 前習俗道德期

指 9 歲以下的兒童，在面對道德兩難情境從事道德判斷時，受制於行為結果的報償，對錯善惡係以行為結果的獎懲為依據。所以此一階段的道德推理注重個人，以自我為中心，並強調結果。

一、避罰服從取向（punishment-obedience orientation）

避罰服從取向是人類道德發展的最低水準，在行為表現上，只單純地為免於被懲罰而服從規範，不會考慮其他事情，即無關乎行為本身的價值或意義。

二、相對功利取向（instrumental-relativist orientation）

相對功利取向是一種利益交換的心態，會以被人讚賞的行為作規範，也就是說，為得到因讚賞而取得的利益而遵守規範，此一觀點是具體且現實的。

貳 習俗道德期

年齡範圍係指 9 歲以上的兒童一直到成人，在面對道德觀念是以他人的標準做判斷，以此作為發展自我道德觀念的方向，因此他們會以家庭和團體的期望作為道德價值的指標。

三、尋求認可取向（good boy/nice girl orientation）

為了取得成人的好感，而會遵從成人認為的好孩子標準，同時也認為滿足社會大眾認可的行為便是對的行為，因此尋求認可取向是一種社會從眾（social conformity）的行為表現。

四、遵守法規取向（law and order orientation）

遵守法規取向是一種信守法律權威重視社會秩序的心理取向，所以遵守社會規範、嚴守公共秩序、尊重法律及權威的判斷是這個階段的行為特徵。

參 後習俗道德期

後習俗道德期，是指個人的道德觀念已超越一般人及社會規範，對自我是有所要求，個人重視的是對自己良心的自律，以及對廣大社群共同利益的尊重。

五、社會法治取向（social-contract-legalistic orientation）

社會法治取向的道德觀，是以合於社會大眾權益所訂定法規為基礎作為道德判斷的標準，因此在這個階段，個體相信法律是為了維護社會和大眾的共同最大利益而制定的，一切會以大眾的利益為前提。因此這個階段的特色是能夠遵守協議，滿足最多人的基本需求和權利。

六、普遍倫理取向（universal-ethical-principle orientation）

普遍倫理取向的道德觀，是個人根據他的人生觀與價值觀，建立了他對道德事件判斷時的一致性與普遍性的信念。其特色是以自由意志選擇普遍性原則以為行動的依據。處在這個階段的人，會認為他所做的一切是為了全世界人類的福祉著想。

第四節　社會發展與課後照顧的關聯性

　　在多元化的社會裡，有些人會因為價值觀的錯誤判斷，導致行為偏差，有些人也可能會找不到自己真正的價值觀與生活重心，不知人生何去何從，面對這種情況，對每一位身負教育責任的人來說都應該要有所警惕。尤其小學階段是養成學生良好品格的最好時機，因此在這個時期我們必須協助學生建立正確的價值觀，如此才能確定生命的目標，找到生命中真正的快樂。

　　基本上，完整的教育應包含外在客觀知識的傳授與內在生命的成長，可惜的是目前我們的教育太過於重視外在客觀知識的傳授，卻忽略了內在生命的成長，一般社會價值觀大都認為學生只要把書讀好即可，所以有些孩子講求自我，導致人際關係欠佳，衝突日益增加，不懂得對人感恩。尤其在少子化及家庭教育功能式微的當今社會，越來越多的兒童受到過度的保護與寵愛，挫折容忍力降低，而這些其實都攸關個人社會發展歷程中，個體是否能在不同時期學習適應不同的問題和建立正確的觀念與能力有關。以下本節即進一步從六個層面提出社會發展理論可供課後照顧經營管理的參考面向。

壹　課後照顧辦理單位應建立完善的班級經營計畫，有效指導學生的生活常規

　　一個有組織和有效管理的班級是健全教學的基礎，也是師生及學生同儕間建立相互尊重和關懷班級氣氛的根基（Mcleod et al., 2003）。因此良好的班級經營架構應當兼重班級整體的發展和個別學生行為的瞭解，才能採取適當的策略以促進班級效能的提升和強化學生正向行為的改善。就社會發展和班級經營的思考來說，首重班級常規的建立，因為組織的運作必

須要有明確的規範,才能使組織的任務與工作順利進行。原則上,在建立班級規範時,必須重視學生對此規範的理解,知道自己是這個團體的一份子,有其責任去遵守共同的約定。而對於一再違反規範的學生,則必須進一步瞭解行為背後的原因,幫助學生克服困難,使班級在有效運作中,促進學生的人格發展。

貳、課後照顧辦理單位應正視學生的行為和心理問題,善用輔導理念適時給予兒童正向的心理支持

以學校教育的觀點來看,學生輔導工作可以涵括初級預防(primary prevention)、次級預防(secondary prevention)和補救的介入(remedial)三個層次。其中初級預防層次的輔導工作是針對全體學生而設計,其目的在增進學生的能力與準備,以有效面對在個人發展階段中可能出現的發展與適應議題。次級預防層次輔導工作的主要對象是眼前遭遇學習或人際等困擾的學生,以及在不利因素下的高危險群學生(如低學業成就、單親家庭、人際適應不良等)。而補救層次的輔導工作則是從治療的角度提供協助,被動處理校園中某些具有長期困擾(如憂鬱症、邊緣性人格、低自尊、行為偏差等)的個案學生,或是遭遇生活突發性變動而引發危機(如中途輟學、校園暴力鬥毆、自殺、父母離婚等)的個案學生(林清文,2007)。

據此而論,課後照顧服務方案因為具有教育和保育的功能,因此對於學生正向行為的引導和心理衛生的保健,係責無旁貸。因此,除了要有良好的班級經營外,應具備學生輔導諮詢和家長親職諮詢的功能,並結合學校和社區的資源,建立轉介服務的制度,以增進學生的適應與成長,樹立課後照顧中心輔導工作人人有責的工作典範。

參 課後照顧辦理單位應加強學生的生活經驗，從生活實踐中促進學生的自我發展

　　教育是發展的助力也可能是發展的阻力，因為如果家庭或學校對兒童們在教育上的要求，不能配合兒童的心理需求，不能使他們在求知中得到快樂、在學習中健康成長、在生活中準備生活，而只是基於望子成龍或升學主義的觀點，強制兒童學習，難免使教育本具有的人格發展助力，變成人格發展的阻力（張春興，1994）。

　　因此在求知中得到快樂、在學習中健康成長、在生活中準備生活的基本原則對兒童人格發展的影響的確值得注意。此外，兒童的人格發展過程亦必須掌握體驗、內省和實踐的運作核心，除了課本所教授的知識外，學生的生活經驗則是另一項重要的因素，因為個體自出生後即生長在人的社會裡。因此課後照顧辦理單位可藉由社區認同、社區服務等相關活動的實施，讓兒童在生活實踐中學習，在學習中體驗自我，在體驗中懂得自我反省，進而為下一次的實踐獲得更多的自我發展。

肆 課後照顧辦理單位應重視楷模學習對兒童社會發展的重要性，使兒童在潛移默化中建立其個人學習的典範

　　個體自出生後在與他人互動的過程中，幼兒會藉由模仿來學習他人的語調、姿態、動作，所以模仿學習對個人的生活適應和人格發展均有重要的功能。通常模仿只是單純的重複他人的某一回應，認同則指整套行為模式的接受。具體言之，一個理想的楷模認同的學習，絕不是只有模仿楷模的外顯行為而已，反而是楷模的內隱行為更是值得引發其感動、傾慕、向往、認同的認知歷程（陳迺臣，2000）。

　　因此，課後照顧辦理單位應善用人類學習的本能，使兒童藉由觀察、閱讀等學習方式，在潛移默化中逐漸啟動自我成熟之路。舉例來說，課後

照顧辦理單位內與兒童接觸的相關人員，應當發乎至誠，慎行身教，善施言教，一切以身作則，使學生在耳濡目染中學會良好的習慣。此外，透過閱讀亦不失為一重要策略，閱讀的內容範圍像是寓言故事，格言故事，名人傳記，表彰德性的戲劇、話劇、電影或是好人好事的報導等。據此而論，課後照顧辦理單位在課程安排、教學規劃、圖書購置、圖書角的布置，以及學習教材皆可進一步的思考該如何結合，以碩實的內容豐富學生的涵養。

伍 課後照顧辦理單位可研擬品德教育教學方案，讓學生從閱讀、研究、寫作、討論中習得應有的觀念和生活實踐的能力

就品德養成的本質來看，其內涵關涉知識和行為二大層面，教育工作者會將知識轉化成課程，再藉由教學方案的編寫將知識傳授給學生。而行為則是學生品德的外顯表現，透過外顯行為可讓人瞭解其內在對相關事物的看法，其中包括了這個人的所言所行。所以在現行的課程領域裡或多或少會有與品德有關的知識內容。

例如：語文課程——涉及人生觀、世界觀、品格、修養等主題；數學課程——涉及理性論證；科學課程——涉及實事求是精神、踏實做事的態度，與造福民生的科技知能和素養；美藝課程——重視情的美化和欲的超脫，為品德修養中重要的一環；體育課程——講究團隊合作、守紀律、尊重公正規則、強化群性、培養堅強、奮鬥、自信等人格特質；此外，還有其他各種專業課程，自須包含其專業倫理的內容（陳迺臣，2000）。因此，課後照顧辦理單位可藉由統整課程的規劃，以品德作為統整課程的核心主題，在過程中輔以閱讀、研究、寫作、討論等方式，讓學生習得應有的觀念和生活實踐的能力。

陸 課後照顧辦理單位對於學生良好行為的表現應給與肯定和鼓勵，強化學生正向行為的連結

從教育的觀點言之，所謂學習即指行為改變的過程，它可以藉由模仿，也可以是外在環境影響下的改變，也可能是學習內化後的自我覺識和再學習。但不論是透過何種途徑強化學生的行為，使學生能在認知、情意和技能等層面持續的正向發展，乃是教育的想理和目標。因此，課後照顧辦理單位對於學生良好行為的表現應給與肯定和鼓勵，此一作為在客觀意義上，象徵社會公平正義的實踐，也象徵著人際互動的內在本質，即知善、行善、共構善的社會，也象徵著鼓舞和激勵的價值。至於在被肯定和鼓勵的人之主觀感受上，則象徵著對行為表現的認可和能力的肯定。簡言之，榮譽制度的建立、觀察學生的行為表現並予以記錄、適時的指導、與學校和家長保持密切的連繫，都是課後照顧辦理單位不可不去重視和執行的工作。

第五節 問題討論

在你讀完本章之後，你應該能回答下列與社會發展和課後照顧有關的問題：

1. 社會發展對一個人的影響有多大？兒童期是否為關鍵？請分述說明之。
2. 請簡述 Erikson 心理社會發展理論的重要內容？其啟示為何？
3. 請簡述 Kohlberg 道德發展理論的重要內容？其啟示為何？
4. 課後照顧辦理單位為什麼要重視兒童的社會發展？
5. 課後照顧辦理單位與家庭、學校和社區，對兒童社會發展的影響有

哪些？

6. 為促進兒童良好的社會發展，課後照顧辦理單位的做法有哪些？

參考文獻

李琪明（2004）。品德本位校園文化之營造——美國推動經驗與啟示。**台灣教育雙月刊，625**，30-38。

周立勳（2002）。教育的心理學基礎。載於楊國賜（主編），**新世紀的教育學概論——科際整合導向**（71-106頁）。學富文化。

林清文（2007）。**學校輔導**。雙葉。

林海清（2005）。學生課後學習問題面面觀。**研習資訊，22**（5），6-15。

柯秋萍（2004）。**價值觀、道德發展期及職業道德知覺關聯性之研究——以金融相關從業人員為例**（系統編號：093CYCU5121018）〔碩士論文，中原大學〕。臺灣博碩士論文知識加值系統。https://hdl.handle.net/11296/hwxyc8

柯華葳（1997）。什麼才算是中國人的道德發展理論。**本土心理學研究，7**，246-252。

張春興（1994）。**教育心理學**。東華。

陳佳禧（2004）。**老人統整與絕望之研究——以苗栗地區老人為例**（系統編號：092NHU05672028）〔碩士論文，南華大學〕。臺灣博碩士論文知識加值系統。https://hdl.handle.net/11296/cfkk4p

陳迺臣（2000）。**教育概論**。心理。

Kohlberg, L. (1981). *Essays on moral development Volume I. The philosophy of moral development: Moral stages and the idea of justice*. Harper & Row.

Kohlberg, L. (1985). A just community approach to moral education in theory and practice. In M. Berkowitz and F. Oser (Eds.), *Moral education: Theory and practice*. LEA.

Mcleod, J., Fisher, J., & Hoover, G. (2003). *The key elements of classroom *management: Managing time and space, student behavior, and instructional strategies*. Association for Supervision and Curriculum Development.

Ormrod, J. E. (1998). *Educational psychology*. Merrill Prentice Hall.

Schultz, D. P., & Schultz, S. E. (2001). *Theories of personality* (7th ed.). Wadsworth/Thomson Learning.

第 7 章

課後照顧教學與評量

❖ 林雅芳、劉鎮寧

本章大綱

第一節　認識核心素養與新課綱
第二節　課程及教學活動的規劃
第三節　注音符號、識字與寫字指導
第四節　作業指導原則與技巧
第五節　閱讀素養與作文指導
第六節　體育與團康活動設計
第七節　學習評量的功能與類型
第八節　多元評量的類型
第九節　問題討論

學習目標

- 瞭解十二年國民基本教育課程的內涵
- 瞭解課後照顧課程的規劃及設計
- 瞭解兒童注音符號、識字和寫字教學的指導原則並能加以運用
- 瞭解兒童作業的指導原則並能加以運用
- 瞭解兒童閱讀和作文的指導原則並能加以運用
- 瞭解課後照顧體育和團康活動的規劃及設計
- 瞭解評量的基本概念和類型
- 瞭解多元評量的內涵與不同類型的評量方法

第一節 認識核心素養與新課綱

壹 核心素養的定義

「核心素養」是指一個人為適應現在生活及面對未來挑戰,所應具備的知識、能力與態度。「核心素養」強調學習不宜以學科知識及技能為限,而應關注學習與生活的結合,透過實踐力行而彰顯學習者的全人發展(教育部,2021)。林永豐(2018)指出核心素養的前瞻視野與進步精神是「學生應具備因應適應現在生活及面對未來挑戰」。

貳 十二年國民基本教育課程綱要總綱的基本理念

依據《十二年國民基本教育課程綱要總綱》(以下簡稱 108 課綱)指出,108 課綱之修訂本於全人教育的精神,以「自發」、「互動」及「共好」為理念,強調學生是自發主動的學習者,學校教育應善誘學生的學習動機與熱情,引導學生妥善開展與自我、與他人、與社會、與自然的各種互動能力,協助學生應用及實踐所學、體驗生命意義,願意致力社會、自然與文化的永續發展,共同謀求彼此的互惠與共好(教育部,2021)。

參 十二年國民基本教育課程綱要總綱的目標

在前述基本理念引導下,108 課綱具有下列四項總體課程目標,以協助學生學習與發展(教育部,2021):

一、啟發生命潛能

啟迪學習的動機，培養好奇心、探索力、思考力、判斷力與行動力，願意以積極的態度、持續的動力進行探索與學習；從而體驗學習的喜悅，增益自我價值感。進而激發更多生命的潛能，達到健康且均衡的全人開展。

二、陶養生活知能

培養基本知能，在生活中能融會各領域所學、統整運用、手腦並用地解決問題；並能適切溝通與表達，重視人際包容、團隊合作、社會互動，以適應社會生活。進而勇於創新，展現科技應用與生活美學的涵養。

三、促進生涯發展

導引適性發展、盡展所長，且學會如何學習，陶冶終身學習的意願與能力，激發持續學習、創新進取的活力，奠定學術研究或專業技術的基礎；並建立「尊嚴勞動」的觀念，淬鍊出面對生涯挑戰與國際競合的勇氣與知能，以適應社會變遷與世界潮流，且願意嘗試引導變遷潮流。

四、涵育公民責任

厚植民主素養、法治觀念、人權理念、道德勇氣、社區／部落意識、國家認同與國際理解，並學會自我負責。進而尊重多元文化與族群差異，追求社會正義；並深化地球公民愛護自然、珍愛生命、惜取資源的關懷心與行動力，積極致力於生態永續、文化發展等生生不息的共好理想。

肆 十二年國民基本教育課程綱要總綱的核心素養

一、涵義

為落實十二年國民基本教育課程的理念與目標，茲以「核心素養」作為課程發展之主軸，以裨益各教育階段間的連貫以及各領域／科目間的統整。核心素養主要應用於國民小學的一般領域／科目。

二、三大面向與九大項目

十二年國民基本教育之核心素養，強調培養以人為本的「終身學習者」，分為三大面向（教育部，2021）：

（一）自主行動

強調個人為學習的主體，學習者應能選擇適當學習方式，進行系統思考以解決問題，並具備創造力與行動力。學習者在社會情境中，能自我管理，並採取適切行動，提升身心素質，裨益自我精進。

（二）溝通互動

強調學習者應能廣泛運用各種工具，有效與他人及環境互動。這些工具包括物質工具和社會文化工具，前者如人造物（教具、學習工具、文具、玩具、載具等）、科技（含輔助科技）與資訊等，後者如語言（口語、手語）、文字及數學符號等。工具不是被動的媒介，而是人我與環境間正向互動的管道。此外，藝術也是重要的溝通工具，國民應具備藝術涵養與生活美感，並善用這些工具。

（三）社會參與

強調學習者在彼此緊密連結的地球村中，需要學習處理社會的多元

性，以參與行動與他人建立適切的合作模式與人際關係。每個人都需要以參與方式培養與他人或群體互動的素養，以提升人類整體生活品質。社會參與既是一種社會素養，也是一種公民意識。

三大面向再細分為九大項目：「身心素質與自我精進」、「系統思考與解決問題」、「規劃執行與創新應變」、「符號運用與溝通表達」、「科技資訊與媒體素養」、「藝術涵養與美感素養」、「道德實踐與公民意識」、「人際關係與團隊合作」、「多元文化與國際理解」。如圖 7-1 所示。

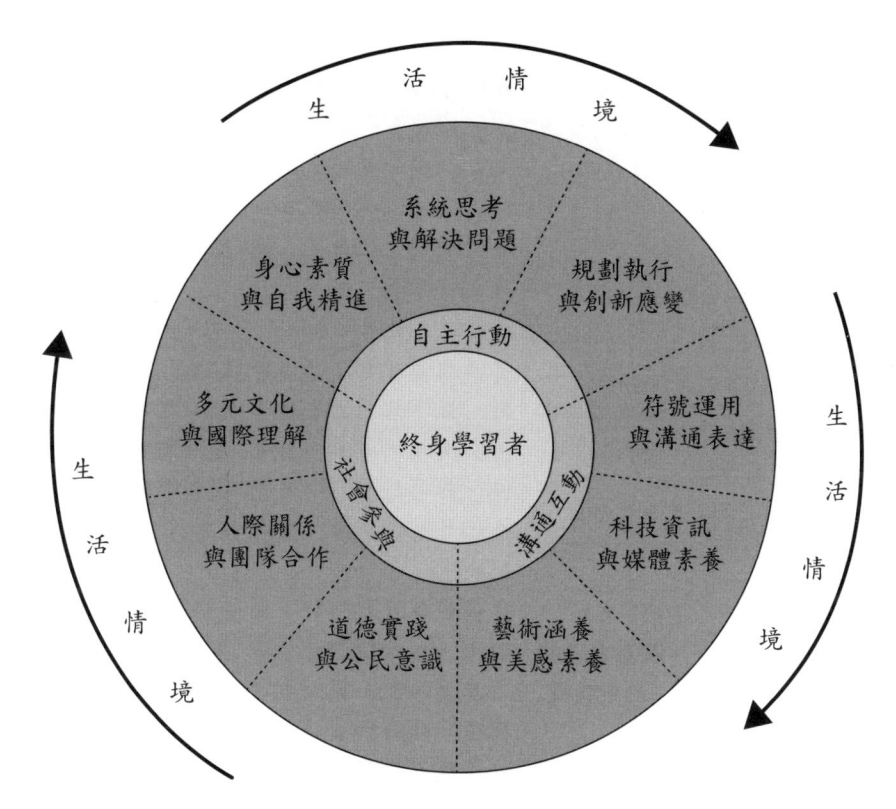

圖 7-1 ▪ 核心素養的滾動圓輪意象

註：引自十二年國民基本教育課程綱要總綱（修正版）（頁 3），教育部，2021，教育部。

三、國民小學教育階段核心素養具體內涵

依學生個體身心發展狀況，各階段教育訂有不同核心素養之具體內涵，期培養學生在「自主行動」、「溝通互動」與「社會參與」等三大面向上循序漸進，成為均衡發展的現代國民，表 7-1 所示為國民小學教育階段核心素養具體內涵。

表 7-1 ▪ 國民小學教育階段核心素養具體內涵

關鍵要素	核心素養面向	核心素養項目	項目說明	核心素養具體內涵
終身學習者	A 自主行動	A1 身心素質與自我精進	具備身心健全發展的素質，擁有合宜的人性觀與自我觀，同時透過選擇、分析與運用新知，有效規劃生涯發展，探尋生命意義，並不斷自我精進，追求至善。	E-A1 具備良好的生活習慣，促進身心健全發展，並認識個人特質，發展生命潛能。
		A2 系統思考與解決問題	具備問題理解、思辨分析、推理批判的系統思考與後設思考素養，並能行動與反思，以有效處理及解決生活、生命問題。	E-A2 具備探索問題的思考能力，並透過體驗與實踐處理日常生活問題。
		A3 規劃執行與創新應變	具備規劃及執行計畫的能力，並試探與發展多元專業知能、充實生活經驗，發揮創新精神，以因應社會變遷、增進個人的彈性適應力。	E-A3 具備擬定計畫與實作的能力，並以創新思考方式，因應日常生活情境。

（續下頁）

表 7-1 ▪ 國民小學教育階段核心素養具體內涵（續）

關鍵要素	核心素養面向	核心素養項目	項目說明	核心素養具體內涵
終身學習者	B 溝通互動	B1 符號運用與溝通表達	具備理解及使用語言、文字、數理、肢體及藝術等各種符號進行表達、溝通及互動的能力，並能了解與同理他人，應用在日常生活及工作上。	E-B1 具備「聽、說、讀、寫、作」的基本語文素養，並具有生活所需的基礎數理、肢體及藝術等符號知能，能以同理心應用在生活與人際溝通。
		B2 科技資訊與媒體素養	具備善用科技、資訊與各類媒體之能力，培養相關倫理及媒體識讀的素養，俾能分析、思辨、批判人與科技、資訊及媒體之關係。	E-B2 具備科技與資訊應用的基本素養，並理解各類媒體內容的意義與影響。
		B3 藝術涵養與美感素養	具備藝術感知、創作與鑑賞能力，體會藝術文化之美，透過生活美學的省思，豐富美感體驗，培養對美善的人事物，進行賞析、建構與分享的態度與能力。	E-B3 具備藝術創作與欣賞的基本素養，促進多元感官的發展，培養生活環境中的美感體驗。
	C 社會參與	C1 道德實踐與公民意識	具備道德實踐的素養，從個人小我到社會公民，循序漸進，養成社會責任感及公民意識，主動關注公共議題並積極參與社會活動，關懷自然生態與人類永續發展，而展現知善、樂善與行善的品德。	E-C1 具備個人生活道德的知識與是非判斷的能力，理解並遵守社會道德規範，培養公民意識，關懷生態環境。

（續下頁）

表 7-1 ■ 國民小學教育階段核心素養具體內涵（續）

關鍵要素	核心素養面向	核心素養項目	項目說明	核心素養具體內涵
終身學習者	C 社會參與	C2 人際關係與團隊合作	具備友善的人際情懷及與他人建立良好的互動關係，並發展與人溝通協調、包容異己、社會參與及服務等團隊合作的素養。	E-C2 具備理解他人感受，樂於與人互動，並與團隊成員合作之素養。
		C3 多元文化與國際理解	具備自我文化認同的信念，並尊重與欣賞多元文化，積極關心全球議題及國際情勢，且能順應時代脈動與社會需要，發展國際理解、多元文化價值觀與世界和平的胸懷。	E-C3 具備理解與關心本土與國際事務的素養，並認識與包容文化的多元性。

註：引自十二年國民基本教育課程綱要總綱（修正版）（頁 5-6），教育部，2021，教育部。

伍 十二年國民基本教育課程綱要總綱的學習領域

一、學習階段

　　十二年國民基本教育依學制劃分為三個教育階段，分別為國民小學教育六年、國民中學教育三年、高級中等學校教育三年。再依各教育階段學生之身心發展狀況，區分五個學習階段。其中國民小學分為三個學習階段：

（一）第一學習階段（一、二年級）

係學生學習能力的奠基期，應著重生活習慣與品德的培養，協助學生在生活與實作中主動學習，並奠定語言與符號運用的基礎。

（二）第二學習階段（三、四年級）

持續充實學生學習能力，發展基本生活知能與社會能力，開發多元智能，培養多方興趣，協助學生能夠透過體驗與實踐，適切處理生活問題。

（三）第三學習階段（五、六年級）

應協助學生深化學習，鼓勵自我探索，提高自信心，增進判斷是非的能力，培養社區／部落與國家意識，養成民主與法治觀念，展現互助與合作精神。

二、課程類型與領域／科目劃分

（一）課程類型

十二年國民基本教育課程類型區分為二大類：

1. 部定課程

由國家統一規劃，以養成學生的基本學力，並奠定適性發展的基礎。在國民小學及國民中學為培養學生基本知能與均衡發展的「領域學習課程」。

2. 校訂課程

由學校安排，以形塑學校教育願景及強化學生適性發展。在國民小學為「彈性學習課程」，包含跨領域統整性主題／專題／議題探究課程，社團活動與技藝課程，特殊需求領域課程，以及本土語文／新住民語文、服務學習、戶外教育、班際或校際交流、自治活動、班級輔導、學生自主學

習、領域補救教學等其他類課程。

(二)領域／科目劃分

　　十二年國民基本教育課程依據全人教育之理念，配合知識結構與屬性、社會變遷與知識創新及學習心理之連續發展原則，將學習範疇劃分為語文、數學、社會、自然科學、藝術、綜合活動、科技和健康與體育，共八大學習領域。提供學生基礎、寬廣且關聯的學習內涵，獲得較為統整的學習經驗，以培養具備現代公民所需之核心素養與終身學習的能力。在國小教育階段未涵蓋科技領域，僅七大學習領域；而在國小第一學習階段（一、二年級）則將社會、自然科學、藝術和綜合四個領域合併為「生活課程」領域，僅為四大學習領域，如表 7-2 和表 7-3 所示。

(三)各學習領域主要內涵

　　國民小學階段各學習領域主要內涵分述如下（孫扶志，2023；教育部，2021；陳麗如，2021）：

1. 語文

　　包含本國語文、英語文、本土語文／臺灣手語／新住民語文，語文是社會溝通與互動的媒介，也是文化的載體。語文教育旨在培養學生語言溝通與理性思辨的知能，奠定適性發展與終身學習的基礎，幫助學生瞭解並探究不同的文化與價值觀，促進族群互動與相互理解。

2. 數學

　　以數與量、空間與形狀、關係、資料與不確定性五大主題為學習重點，培養數學基礎重要事實、概念、原理原則、技能以及後設認知等知識，並正確使用數學工具，進而應用於日常生活中，與他人溝通，並能與其他學習領域相互連結。

表 7-2 ▪ 十二年國民基本教育國小教育階段領域課程架構

領域	階段	教育階段	國民小學					
		年級	第一學習階段		第二學習階段		第三學習階段	
			一	二	三	四	五	六
部定課程	語文		國語文*		國語文		國語文	
			本土語文*／臺灣手語*／新住民語文		本土語文／臺灣手語／新住民語文		本土語文／臺灣手語／新住民語文	
					英語文		英語文	
	數學		數學		數學		數學	
	社會		生活課程		社會		社會	
	自然科學				自然科學		自然科學	
	藝術				藝術		藝術	
	綜合活動				綜合活動		綜合活動	
	健康與體育		健康與體育		健康與體育		健康與體育	
校訂課程	彈性學習必修／選修／團體活動		彈性學習課程					

註：引自十二年國民基本教育課程綱要總綱（修正版）（頁 10），教育部，2021，教育部。

* 依據《國家語言發展法》第 3 條之定義，國家語言包含本課綱所列之國文、本土語文及臺灣手語。

3. **社會**

以互動與關聯、差異與多元、選擇與責任，和變遷與因果四個主題軸為學習統整架構，統整歷史、地理、公民與社會三學科的相關學習主題。

4. **自然科學**

以自然界的組成與特性、自然界的現象、規律及作用，和自然界的永續發展三個主要課題，注重培養科學認知、探究能力、運用各種工具達到有效溝通的科學素養，學習欣賞大自然之美，善用並珍惜自然資源。

表 7-3 ▪ 國民小學課程規劃

單位：每週節數

領域/科目		教育階段	國民小學					
		年級階段	第一學習階段		第二學習階段		第三學習階段	
			一	二	三	四	五	六
部定課程	領域學習課程	語文	國語文(6)		國語文(5)		國語文(5)	
			本土語文／臺灣手語／新住民語文(1)		本土語文／臺灣手語／新住民語文(1)		本土語文／臺灣手語／新住民語文(1)	
					英語文(1)		英語文(2)	
		數學	數學(4)		數學(4)		數學(4)	
		社會	生活課程(6)		社會(3)		社會(3)	
		自然科學			自然科學(3)		自然科學(3)	
		藝術			藝術(3)		藝術(3)	
		綜合活動			綜合活動(2)		綜合活動(2)	
		健康與體育	健康與體育(3)		健康與體育(3)		健康與體育(3)	
		領域學習節數	20 節		25 節		26 節	
校訂課程	彈性學習課程	統整性主題／專題／議題探究課程	2～4 節		3～6 節		4～7 節	
		社團活動與技藝課程						
		特殊需求領域課程						
		其他類課程						
學習總節數			22～24 節		28～31 節		30～33 節	

註：引自十二年國民基本教育課程綱要總綱（修正版）（頁 11），教育部，2021，教育部。

5. 藝術

包含音樂、視覺藝術、表演藝術等方面的學習，陶冶學生藝文之興趣與嗜好，俾能積極參與藝文活動，以提升其感受力、想像力、創造力等藝術能力與素養。

6. 綜合活動

在第二學習階段中實施，以自我與生涯發展、生活經營與創新，和社會與環境關懷三個主題軸為學習統整架構，指凡能夠引導學習者進行實踐、體驗與省思，並能驗證與應用所知的活動。

7. 健康與體育

健康與體育領域主要在於培養具備健康生活與終身運動知識、能力與態度的健全國民。在國民小學教育階段為奠定學生各項健康與體育領域素養基礎的重要階段，透過適當的身體活動以促進運動益處之感知及身體成長。

8. 生活課程

在第一學習階段中實施，生活課程以兒童為學習的主體，課程的發展與設計從兒童的特性出發，在以「自然科學」、「社會」、「藝術」與「綜合活動」為主要範疇的統整課程中，培養學童生活課程核心素養以及拓展學童對人、事、物的多面向意義。

第二節　課程及教學活動的規劃

課後照顧服務方案中有關課程和教學活動的規劃與設計，可說是課後照顧辦理單位展現多元特色的運作核心，在原則上應秉持創新、多元、多樣且符合教育目標等特性，以滿足學習者的需求。因此，品質確保之關鍵，在於規劃者是否能掌握下列五個要素：課後照顧服務方案應達成的目標、能符合學生的需求、豐富課程的內涵、提升教學的價值、修正課程的內容。即從策劃─實施─評鑑─回饋成為一個動態的連結體，使活動的進行更為完善。

壹 課程內容

整體來看，大部分的課後照顧辦理單位所提供的課程內容，普遍包括下列八大項（王順民，2004；曾榮祥、吳貞宜，2023；葉郁菁，2013）：

一、作業指導

這是課後照顧服務方案的首要任務，課後照顧的教師，必須監督及指導學生完成當天學校所規定的回家作業。除此之外，還可配合班級或學校的課程進度，協助學生進行複習，以及針對個別學生施予個別輔導或補救教學。陳盈宏（2017）提及課後照顧班若能落實學校作業輔導功能，「提升回家作業品質」，對於弱勢學生而言，應可有助即時解決學生的學習問題。

二、興趣培養

課後照顧服務方案中對於興趣培養的課程內涵，大多偏重在才藝或技能的學習，尤其是以語文、音樂、美術及電腦能力等之專項教學，例如：捏麵人、剪紙、摺紙、POP 設計等與美勞有關的學習與創作；或書法、歌謠、音樂欣賞等教學活動；近幾年 STEAM 教育、創客教育等跨領域學習機會，亦是被引入的學習活動。

三、團體活動

團體活動則可透過班級團體輔導、團康活動、團體遊戲或競賽等方式進行，以增進兒童在自我和團體之間的相互調和，並培養團隊精神、責任心和榮譽感。

四、體能活動

針對體能活動的規劃，只要課後照顧辦理單位能夠解決場地和環境的

限制,其實體能活動的項目是可以非常多元的,學生能利用每週一至兩天放學後留在學校運動活動筋骨,不但可以抒解課業壓力,也可以減輕家長經濟負擔(黃政傑,2012)。一般來說,像扯鈴、跳繩、踢毽子、羽毛球、籃球、躲避球、乒乓球、呼拉圈等,是較容易實施的體能活動方案。

五、生活智能

生活智能的課程主要是以提升兒童生活適應,以及作為一位現代公民,應該要有的基本禮儀和能力作為思考點,所規劃的學習方案。例如:安全與逃生技能、CPR訓練、中西餐的餐桌禮儀、家事訓練、鄉土教育、環境教育等,都是可資運用的題材。

六、人際智能

人際智能主要是以培養兒童良好的人際關係為主要目的,在對象上可包括同儕之間、親子之間,或兩性之間的溝通和互動。教師可利用繪本導讀、角色扮演、電影欣賞、腦力激盪、團體討論等方式,導引兒童正向的思考和提升問題解決的能力。洪智倫與陳永琳(2016)指出教師可以開放一些時間讓同學之間互相討論,並可安排同學之間相互輔導功課以協助教師教學,亦可以提升同儕相處的滿意度。

七、社區認識

社區認識的主要目的,是在增進兒童對自己所居住環境的認識和瞭解,進而建立社區意識和社區認同的情操與具體行動。因此,課後照顧辦理單位應當蒐集與社區有關的資料,例如:社區的歷史、地理、文化、人物、重要設施,並透過實地踏察的方式,讓兒童有更深刻的印象,使社區真正成為他們生活的一部分。

八、兒童心理衛生

此課程的重點，係以站在兒童為一健全個體的觀點出發，促進兒童健全的身心發展和完整人格的培養。在規劃上可採單獨或融入團體活動、生活智能、人際智能或社區認識等主軸實施，進行方式則應兼重團體和個人，協助兒童有更好的學習和成長。

貳 課表編排原則

課後照顧辦理單位在每學期開學初，應根據相關課程內容，安排不同年段的學習課程，有關課表排定之原則如下（王順民，2004；曾榮祥、吳貞宜，2023）：

1. 課後照顧之課程應本多元活潑之原則規劃，不得更動學校原訂作息時間、教學計畫或進行超前進度之教學，並應以提供家庭作業輔導、團康體能活動及生活照顧為主。還應融入十二年國教強調的核心素養，如自主行動、溝通互動、社會參與等能力的培養。課程設計應更具彈性，允許跨領域學習和探究式學習。
2. 課後照顧服務方案應以安排作業指導為主軸，強調差異化教學。對於學業成就欠佳的兒童，可透過個別輔導和補救教學，還可考慮運用科技輔助工具進行個人化學習等方式給予協助，能力較佳者，則可透過輔助教材或學習單，提供更具挑戰性的專題研究或深度探索活動等不同內容的學習活動。每日兒童之回家作業，教師應核對家庭聯絡簿，確實掌握學生完成的情形。
3. 課後照顧服務方案可配合學校月考時間安排彈性課程，即在月考後的下午上課時間，提供動態課程或戶外教學活動，還可加入服務學習、社區參與等活動，強化學生的公民意識和社會責任感。並鼓勵家長共同參與。

4. 課後照顧服務方案的興趣培養課程，應考量現有人力資源或採外聘師資方式，確保這些課程也能培養核心素養，而不僅僅是技能訓練，提供兒童最適切的服務內容。一般來說，課表應具體呈現所安排的興趣培養課程之項目，讓家長和學生能充分瞭解。
5. 課後照顧服務方案中與人際智能和兒童心理衛生有關的學習活動，可單獨設科，亦可採取融入的方式。如為單獨設科，應具體說明所規劃的學習內容和活動名稱，讓家長和學生能充分瞭解。
6. 課後照顧服務方案之節數依照顧時間長短做合理安排，每節授課時間為四十分鐘，每節課之間應安排至少十分鐘之下課休息時間。
7. 課後照顧服務方案中的才藝教學不得超過每週活動總時數的二分之一。
8. 課後照顧辦理單位應建立成效評估機制，每學期結束確實檢討課程內容的執行成效，必要時應進行課表的修正。

課後照顧服務方案課表範例，如表 7-4、7-5、7-6 所示。

表 7-4 ▪ 課後照顧服務方案低年級課表範例

時間 / 節次	節次	一	二	三	四	五
12:00-12:40	1	午餐	學校整日課	午餐	午餐	午餐
12:40-13:30	2	午間靜息		午間靜息	午間靜息	午間靜息
13:40-14:20	3	作業指導		作業指導	作業指導	作業指導
14:30-15:00	4					
15:10-16:00	5	團體活動		體能活動	團體活動	體能活動
16:00-16:20	6	休息或點心時間				
16:20-17:00	7	興趣培養（捏麵人）	作業指導	生活智能（含社區認識）	語文時間	數學時間
17:00-17:40	8				閱讀指導	班級讀書會
17:40-18:00		個別輔導	個別輔導	個別輔導	個別輔導	個別輔導

表 7-5 ▪ 課後照顧服務方案中年級課表範例

時間 \ 節次 \ 星期		一	二	三	四	五
12:00-12:40	1	學校整日課	學校整日課	午餐 午間靜息	學校整日課	午餐 午間靜息
12:40-13:30	2					
13:40-14:20	3			作業指導		作業指導
14:30-15:00	4					
15:10-16:00	5			團體活動		體能活動
16:00-16:20	6	休息或點心時間				
16:20-17:00	7	作業指導	生活智能（含社區認識）	作業指導	興趣培養（圍棋指導）	
17:00-17:40	8					
17:40-18:00		個別輔導	個別輔導	個別輔導	個別輔導	

表 7-6 ▪ 課後照顧服務方案高年級課表範例

時間 \ 節次 \ 星期		一	二	三	四	五
12:00-12:40	1	學校整日課	學校整日課	午餐 午間靜息	學校整日課	學校整日課
12:40-13:30	2					
13:40-14:20	3			作業指導		
14:30-15:00	4					
15:10-16:00	5					
16:00-16:20	6	休息或點心時間				
16:20-17:00	7	作業指導	作業指導	團體／體能活動	作業指導	興趣培養（跆拳道）
17:00-17:40	8					
17:40-18:00		個別輔導	個別輔導	個別輔導	個別輔導	個別輔導

第三節　注音符號、識字與寫字指導

壹　兒童注音符號教學的指導

　　兒童國語文能力的發展，在教材設計上，應重視標音符號及運用、聆聽、口語表達、識字與寫字、閱讀和寫作等學習表現的整體發展。無庸置疑，認識及學習注音符號應為國語文聽說讀寫的基礎。基本上，注音符號教材編選及教學實施應掌握下列原則（教育部，2011，2018）：

一、教材編選

　　注音符號教材（首冊）之編輯，應以培養學生正確認讀注音符號以及學習注音符號拼音規則為重點。教材編排的先後順序應考慮學生拼讀的難易程度。

二、教學實施

1. 注音符號教學實施於第一學年前十週，採綜合教學法教學。認識用注音符號拼成的完整語句，進而由語句分析出語詞，由語詞分析出單字，由單字分析出符號。認讀符號後，再練習拼音。
2. 指導學生練習拼讀時宜採「直接拼讀法」。學生看到注音符號後，直接讀出字音，再用反拼法複習。練習時應注意學生發音的部位、口腔的開合、唇形的圓展、聲調的高低。
3. 教學時應考量學生的學習成果差異，期能在第一學習階段結束前達到熟練應用。
4. 設計生動有趣的輔助活動，善用教學媒材，提供充分練習機會，協助教學，讓學生多唸、多聽、多寫、多練。

5. 利用聯絡教學及統整教學，擴大學習領域，拓展學習空間。如：結合聽說教學，以提升聽辨聲音的靈敏度；結合閱讀教學，在標注注音符號的兒歌、童話故事中，涵泳文學的趣味，養成主動閱讀的習慣；結合作文教學，啟發獨立思考，使用注音符號，適當表達自己的想法。

整體來說，教師在帶領兒童進行注音符號拼音練習時，一般會先練習聲符再練習韻符；而練習聲符時亦可搭配不同的韻符練習，例如：先練習聲符ㄅ，可搭配韻符ㄨ、ㄠ做拼音練習；反之，如練習韻符，則可搭配不同的聲符做練習，例如：ㄠ韻則可與ㄅ、ㄆ聲符做拼音練習，最後再加上陰平、揚平、上聲、去聲以及輕聲等聲調。除此之外，教師在注音符號教學時，以下四點係值得注意（教育部，2011，2018）：

一、採用直接拼讀法

以往的注音符號教學中，當聲符與結合韻符拼音時，會將三個注音符號分別唸出後再拼，如「ㄆㄧㄥ」會讀成ㄆ、ㄧ、ㄥ「ㄆㄧㄥ」。但直接拼讀法係不將結合韻「ㄧㄥ」分開來讀ㄧ、ㄥ，而是直接先拼讀起來「ㄧㄥ」，再和聲符ㄆ拼讀。如上例中的「ㄆㄧㄥ」會讀成ㄆ、「ㄧㄥ」，再很快拼讀出「ㄆㄧㄥ」。

二、ㄦ化韻

所謂ㄦ化韻，指的是一個語詞後面加上個「ㄦ」韻。如「一會兒」、「小魚兒」、「小孩兒」等。而在讀法上因為字音加了個「ㄦ」韻，所以有變音現象，如「小魚兒」會變成「ㄒㄧㄠˇ　ㄩㄝˊㄦ」而非「ㄒㄧㄠˇ　ㄩˊㄦ」。

三、多做比較

對國小一年級的學生來說，在指導學生相近的讀音時可以多做比較，多唸多練習，就可以更加熟悉。例如：

1. ㄋㄌ的比較練習：腦子—老子；你家—李家。在聽寫評量時，兒童容易ㄋㄌ不分。
2. ㄥㄣ的比較練習：鯨魚—金魚；幸福—信服。ㄣ的讀音即為「ㄜ」附一個鼻聲「ㄋ」而成的韻；另外ㄣ的舌頭在上，ㄥ的舌頭在下。
3. ㄝㄟ的比較練習：椰子—杯子。ㄟ的讀音即為「ㄝ」、「ㄧ」兩個韻合成的。
4. ㄛㄡ的比較練習：抹布—某人。ㄡ的讀音即為「ㄛ」、「ㄨ」兩個韻合成的。

四、教學輔助用具

由於科技的發達，在教學現場除了傳統的粉筆、黑板之外，也多了許多教學媒體可以使用，如電腦、投影機、DVD、電視等。除此之外，隨著時代的進步，使用在教學上的輔助工具多不勝數，以下提出在教學現場中較常使用的教學媒材（林進材，2011）：

1. e化媒材：在一年級學生學習注音時，e化教材如動畫、卡通等的輔助工具，能直接刺激學生的感官，是十分能提高注意力的教學媒材。
2. 美工媒材：在訴求教學現場活潑、多元且豐富的情境下，許多人也使用自製的美工教具來輔助教學。這些美工的圖片或是模型，除了可提高學生的學習興趣外，還可以用來布置教學環境及重複使用。
3. 書面媒材：在低年級語文領域的學習過程，故事書、繪本等常用來作為引起學生學習動機的工具，如果故事書及繪本的題材夠簡易，

也能當作學生課後練習拼音的輔助工具。

貳 兒童識字與寫字教學的指導

　　識字與寫字是學習國語文的基礎，因為識得字進而能閱讀，會寫字進而能表達，所以識字與寫字的能力是文字溝通的要件，也是學習知識的必備基本能力。而在學生的認知發展上，識字能力又是在寫字能力之前，大多數的學生在幼兒園時就會識得某些字，卻無法正確寫出那些字，但可以確定的是當學生要學習寫他識得的字時，學習速度上是較快的，也較容易記得住字的樣子。

　　在十二年國民基本教育課程中識字與寫字教學原則有以下六點（教育部，2021）：

1. 寫字的練習應以質為主要考量，避免過度練習。除正確性外，優先考慮形體端正，次之強調工整，最後強調美觀。
2. 識字教學順序，應從高頻到低頻、獨體到合體、具體到抽象、規則到例外。
3. 識字的教學應該配合學生熟悉的詞彙，並以詞義教導識字。
4. 識字教學應配合部首、簡易造字原則，理解其形、音、義等以輔助識字。
5. 寫字教學應依據學習重點規劃教學內容，以培養學生的寫字知識、技能、習慣、態度，並以鑑賞與實用為重心。
6. 硬筆、毛筆寫字教學，應就描紅、臨摹、自運與應用等不同學習階段，做適切的安排。

　　整體來說，識字比寫字容易，因為寫字有筆順的問題，而識字則沒有，其實識字就像是看圖一樣，字的部首多半與字的意義有關，像與水有關的就多是以水為部首的字，或是在字形中會出現水或氵字，如：河、

海、沖、泵等。例如與草有關的字，就會以草為部首，或是在字形中會出現「艸」字，如：花、葉、萍、薄等。

當然字的外型也有容易辨識錯的字，像「薄」與「簿」就容易被搞混，到底國語習作「ㄅㄨˋ」的「ㄅㄨˋ」應該是哪一個呢？如果能讓學生從部首中去辨識就不會弄混了。因為古代讀書人的簿子是用竹片去製作而得，所以國語習作「ㄅㄨˋ」的「ㄅㄨˋ」字應該是有竹部的「簿」字才是。另外像「籃」與「藍」的分辨亦同，只要清楚的知道「籃」子在古時多是用竹子編製而成，就可以清楚知道「籃」子的「ㄌㄢˊ」是有竹部的「籃」，而非「艸」部的「藍」。所以在識字教學中，部首與字的意義有關聯是十分重要的訊息，它可以幫助學生理解字的意義，也可以幫助學生分辨容易混淆的國字。

再者，理解字的形、音、義，也可以輔助學生識字。在國語教學中，介紹新生字時，教師一般都會就字的形、音、義多做說明，像是教到「婆」字時，先就其「形」做說明，因為「婆」字是年長的女人，故「婆」的下方是一個「女」字，而「女」字又是從女人的象形字中得來，也可以畫給學生看加深印象，故與女生有關的字多會有「女」字。

整體來說，在寫字教學中教師應致力達成以下三個目標：

一、養成學生良好的寫字習慣

良好的寫字習慣包含養成正確的執筆方法、坐姿適當，以及書寫正確，並且保持整潔與追求美觀的習慣。尤其是國小一年級的學生初學寫字，在正確的執筆方法上及寫字的姿勢上要多特別留意，宜一開始就讓學生能養成良好的寫字習慣。不良握筆方式，在書寫橫折、撇捺、鉤挑等筆畫時，易產生妨礙。此外，握筆時不要太用力，才能寫出漂亮字體，長時間寫字時也不易感到手痠，另外還有作業簿的整潔，宜以擦得乾淨的橡皮擦、鉛筆的顏色不宜太重或太淡，亦不宜選擇太花俏的寫字工具，容易分散學生學習的注意力。在姿勢上應要求學生坐姿端正，在寫字時眼睛與簿

面距離應保持 35 公分以上，並在習寫時桌上應保持乾淨，不要放置其他書本或玩具來分散注意力，養成能專心寫字的好習慣。

二、協助學生認識楷書基本筆畫的名稱、筆順、偏旁搭配、形體結構和書寫方法，並掌握運筆原則，使用硬筆進行書寫

楷書的基本筆畫於一年級上學期即有介紹，包括橫、豎、點、撇、捺、挑、橫折、豎折、橫鉤、豎鉤、斜鉤、臥鉤、橫折鉤、橫撇、撇頓點、長頓點、豎撇、豎挑、撇橫、撇挑、橫折橫、豎橫折、橫曲鉤、豎曲鉤、彎鉤、橫斜鉤、橫撇橫折鉤、豎橫折鉤等 28 種。在生字詞語簿的前幾頁，即可讓學生進行摹寫練習，而楷書的筆順書寫原則，具備由上而下，由左至右，由外進內等基本原則。

除了字的筆順外，每個漢字結構圖形亦有基本的差別，例如：左右結構（討、往）、上下結構（委、李）、內外結構（國、圍）、上包下結構（同、雨）、下包上結構（幽、凶）、左包右結構（旭、過）、三併法（衝、街）等。

在每個字的結構上，亦可細分出幾種比例的搭配方式，如左右結構的字，還可以分成左寬（創、卦）、右寬（得、浪）、右短（扣、和）、左短（吃、晴）、上平（明、野）、下平（細、叔）等。雖然在字的形體結構和偏旁搭配上的學問十分多，但想學好字、寫好字並不難，教師必須指導兒童清楚字的筆順，掌握好字的形體、結構、位置和偏旁搭配比例原則。

三、激發學生寫字的興趣

為能激發學生寫字的興趣，最好一開始就能讓學生寫得一手工整的字，而如何能讓學生一開始就能將字寫好，可以透過臨摹的方式，讓學生去模仿書中楷書的字體結構，即可將字寫得較為工整、美觀，且亦能順便將字的結構記住。在提升動機方面，老師可以適時獎勵，例如將不錯的字

圈起來，或是蒐集生字簿優點、積點換取獎勵品，亦可以不定時的進行硬筆字的書寫比賽等。寫字教學雖然是以教導學生能識字進而寫字溝通、表達為主，但其實寫字教學亦可以有修身養性的價值，所以激發學生寫字的興趣是十分重要的。另外識字與寫字的聯絡教學應該配合各科作業的習作，隨機指導學生。

第四節 作業指導原則與技巧

壹 作業的重要性

課後照顧服務旨在提供兒童學校作業輔導為主要的服務，以促進兒童健康成長、減輕父母負擔和使父母安心就業。我們所指稱的學校作業意指為家庭作業（homework），即教師指派給學生在課外完成的任務（Cooper, 1989）。質言之，課後照顧服務不僅僅是協助兒童完成家庭作業，更是一個全面支持兒童學習和發展的重要環節。

一、作業的功能

作業在教育過程中，具有多方面的功能，這些功能不僅對學生的學業發展有直接影響，還對其整體成長扮演關鍵作用。以下是作業的主要功能：

（一）鞏固和強化學習效果

作業提供了實踐和應用課堂所學知識的機會。透過練習或加強課業機會，學生能夠將抽象概念轉化為具體應用，加深理解，並將知識儲存到長期記憶中。這種反覆的過程不僅鞏固已學內容，還能揭示知識間的聯繫，

促進更深層次的學習。

（二）培養積極的學習態度

作業要求培養了學生對學習的責任感和紀律性。成功完成作業帶來的成就感能增強學生的自信心，激發學習動機。此外，面對具有挑戰性的作業，學生學會堅持不懈，發展出積極面對困難的態度。這種正面的學習態度不僅有利於當前的學習，還能影響學生未來的生活和工作方式。

（三）培養自主學習能力

獨立完成作業要求學生主動思考、規劃時間、解決問題。這個過程培養了他們的自律性、時間管理技能和問題解決能力。提高作業管理能力不僅有助於完成作業，還能培養學生的自主學習能力和終身學習技能（Xu, 2013）。隨著這些能力的發展，學生逐漸掌握自主學習的方法，為終身學習奠定基礎。

（四）提供學習評估和反饋

作業是教師評估學生理解程度的重要工具。透過分析學生的作業完成情況，教師可以識別共同的錯誤模式或個別學生的特定困難，從而調整教學策略或提供針對性的輔導。同時，學生也能透過作業反饋瞭解自己的學習進展，明確改進方向。

（五）促進親師合作與全面發展

作業為家長瞭解孩子的學習情況提供了窗口，促進親師溝通與合作。此外，多樣化的作業（如體育鍛鍊、藝術創作等）有助於學生的全面發展，培養他們在學術之外的其他重要技能和興趣。

總結來說，作業的功能涵蓋了認知、情感、社交和技能發展等多個方面。它不僅是鞏固學習的工具，更是培養全面發展人才的重要途徑。有效

的作業能夠幫助學生在學業和個人成長方面取得進步，為他們未來的成功奠定基礎。

二、作業的類型

（一）語文領域

語文領域以國語文為主，是兒童課後學習的核心，也是作業的主要來源。這些作業主要涵蓋課本配套的習作本、生字本、閱讀心得、作文練習等，這些作業旨在鞏固課堂所學，提升學生的閱讀、寫作和識字能力。

（二）數學領域

數學領域亦是兒童課後作業主要來源。除了傳統的教科書和習作外，學生們也需要動手在作業簿上完成練習。近年來也越來越多補充教材，如講義、學習單等，用來加強學生的學習成效。國小數學作業的設計，目的在於讓學生能從基礎的運算練習，逐漸進階到運用數學知識解決問題。

（三）體驗性作業

這類作業不僅包括生活技能的培養，還涵蓋了藝術創作、自然觀察、社會調查和體育鍛鍊等多個領域。透過親身參與和實踐，學生能夠將課堂所學與實際生活相結合，培養觀察力、創造力、溝通能力和身體素質。

貳 作業指導的原則

一、營造積極正面的學習環境，鼓勵學生主動完成作業

提供適當的學習空間、營造輕鬆愉快的氛圍，以及給予適時的讚美和鼓勵。良好的學習環境能夠激發學生的學習動機，提高他們完成作業的積

極性和效率。

二、尊重學生的個體差異，採取因材施教的方法

每個學生的學習能力、速度和風格都不盡相同，課後照顧教師需要根據學生的特點提供個性化的指導。這可能包括調整作業難度、提供額外的解釋或練習，以確保每個學生都能在自己的水準上進步。

三、培養學生的自主學習能力，逐步減少直接指導

教師不應該直接提供答案，而是引導學生思考問題、尋找解決方法。透過這種方式，學生可以學會如何獨立思考、解決問題，從而提高自學能力和學習效率。

四、與家長和學校教師保持良好的溝通與合作

教師應該瞭解學生在學校的學習情況，與家長和學校教師定期交流學生的作業完成情況和學習進展。這種三方合作可以確保學生得到全面、一致的支持和指導。

五、注重培養學生的時間管理能力

教師幫助學生合理安排作業時間，平衡學習和休息。這不僅能提高作業完成的效率，還能培養學生的自律能力，為將來的學習和生活打下良好基礎。

參 作業指導的技巧

一、運用積極引導的提問策略，激發學生思考

教師可以透過提出開放性問題，引導學生深入思考問題的本質，而非

直接給出答案。這種方法能夠培養學生的批判性思維能力，同時也能幫助他們更好地理解和記憶所學知識。

二、採用多感官教學法，以適應不同學習風格的學生

這包括視覺、聽覺和動覺等多種學習方式的結合，如使用圖表、口頭解釋和實際操作等。這種多元化的教學方法可以確保每個學生都能找到最適合自己的學習方式，從而提高學習效率。

三、實施漸進式的難度調整，以維持學生的學習動力

教師可以從較簡單的任務開始，逐步增加難度，讓學生在挑戰中獲得成就感。這種方法不僅能夠幫助學生建立自信，還能培養他們克服困難的毅力。

四、利用小組合作學習，促進同儕互助

教師可以組織學生進行小組討論或共同解決問題，這不僅能夠提高學習效率，還能培養學生的團隊合作能力和溝通技巧。此外，這種方法也能讓學生從不同角度理解問題，拓展思維。

五、運用及時反饋和鼓勵機制，強化學生的學習行為

教師應該及時指出學生的進步和不足，給予具體的改進建議。同時，適當的鼓勵和表揚能夠增強學生的學習信心，激發他們持續學習的動力。這種反饋機制有助於學生形成良好的學習習慣和積極的學習態度。

第五節 閱讀素養與作文指導

壹 閱讀素養的指導

一、國小閱讀教學的學習重點

十二年國民基本教育強調素養導向，國語文領綱更進一步將閱讀素養具體化為可觀察、可評量的學習表現。以下將從國語文領綱的觀點，深入分析閱讀素養。

OECD（2022）在PISA報告中提出閱讀素養為學生理解、運用、評估、反思和深入文本，以達到個人目標，增進知識和能力並貢獻社會。在21世紀，閱讀延伸到數位平臺，學生需要從多個不同的數位來源蒐集資訊，並將這些資訊相互比對，以找出最可靠的答案，學會區分事實和個人意見，進而將這些資訊整合起來，建立起屬於自己的知識體系。十二年國民基本教育國語文領綱國小階段的學習表現，其重點包含朗讀、標點符號、各類文本的閱讀理解、辨識各類文本的特徵、多層次的閱讀理解歷程、多元閱讀理解策略、圖書閱讀資源或科技工具的使用，及閱讀的興趣、態度與批判思考等（許育健，2020）。

具體而言，國語文領綱的閱讀素養著重於培養學生的基礎閱讀能力和興趣，學生學習辨識文本重點、理解結構和因果關係、文本解讀能力；並強調閱讀策略的學習，如預測和推論；鼓勵利用工具書和網路資源輔助理解。同時，培養主動閱讀習慣和分享閱讀心得的態度也是重點，為未來更深入的閱讀學習奠定基礎。

PISA的定義和十二年國民基本教育國語文領綱的閱讀素養目標有許多共通點，都強調閱讀的實用性和高階思考能力。然而，國語文領綱更注

重循序漸進的能力培養，而 PISA 則更強調閱讀在社會參與中的應用。

二、閱讀教學的指導原則

閱讀是奠定兒童良好學習習慣的基礎，而兒童閱讀習慣的利基，則應奠基於生活性、反省性、行動性和全民性的活動型態之中，以主動、自願為運作的核心，注重兒童閱讀能力的提升，才能真正養成兒童愛看書和喜歡閱讀的習慣，同時打好學習的根基，係有助於日後各方面的發展。

基本上，兒童閱讀運動不只在我國被列為重要的教育政策，其實聯合國教科文組織（UNESCO）早已積極推動與兒童閱讀運動有關的活動，國際兒童讀物聯盟，就是聯合國教科文組織下所設的一個專門推動兒童讀物發展和兒童閱讀讀物的機構，這個組織所提出的口號「建構兒童圖書的橋梁」，主要工作即在推動優良兒童讀物的出版，以及兒童讀物在全球的推展。每年的 4 月 2 日，即為全球的國際兒童圖書節。

據此而論，課後照顧辦理單位也應負起推動兒童閱讀運動的教育責任，在指導兒童閱讀的做法上，教師係可掌握下列八項原則：

1. 教師應當在教室內營造良好的閱讀環境，例如建置班級圖書櫃、圖書角、經營班級讀書會、推動好書交換活動，以及教師的以身作則等，讓教室充滿學習的文化和氣息。
2. 充實兒童圖書數量，並為兒童選擇適合其年齡和程度的優良讀本。
3. 重視兒童閱讀方法的指導，例如點評閱讀法、二重讀書法、創造讀書法、同時讀書法、5W1H（who、where、what、when、why、how）掌握文意法等，都是可資運用的閱讀方法。
4. 指導兒童如何找到讀本內容的重點，並在閱讀完後進行心得分享，方式可包括口頭報告、表演、繪畫或筆述等。表 7-7 為兒童閱讀學習記錄之範例。
5. 教師應鼓勵兒童嘗試閱讀不同類型的讀本，包括圖畫書、故事書、

表 7-7 ▪ 兒童閱讀學習記錄範例

閱讀書名		（認證章）
作者		
出版社		
出版日期		
書中人物		
發生的時間		
發生的地點		
書中大意		
你發現了什麼		
你遇到什麼難題		
優美詞句		
學習者簽名		
教師評語		

　　傳記、漫畫、小品文、兒童創作、有書圖書等，提高閱讀的理解能力，以及培養廣泛閱讀的習慣。

6. 教師應引導兒童將閱讀和寫日記、寫作文結合，認真體會生活就是一種閱讀，將自己的生活或心中所想的，透過先前所閱讀和學習過的字法、修辭、章法和優美詞句，來充實文章的內容。

7. 教師應指導兒童應用工具書的方法，讓閱讀能力和範圍能夠更加擴展。

8. 課後照顧辦理單位可研擬每年度的兒童閱讀智能發展計畫，豐富兒童閱讀運動的內涵，範例如表 7-8 所示。

表 7-8 ▪ 兒童閱讀智能發展計畫範例

壹、依據 　　一、依教育部全國兒童閱讀運動實施計畫辦理。 　　二、依本中心年度工作計畫重點辦理。 貳、目的 　　一、提供兒童豐富且快樂的學習環境。 　　二、培養兒童閱讀習慣，奠立終身學習的基礎。 　　三、建立兒童與他人分享、關懷他人的人文情操。 參、實施原則 　　一、以愛心、耐心引導兒童建立正確的閱讀方法。 　　二、以兒童自願參與為基礎，兼顧閱讀的質與量。 肆、主辦單位 　　本中心教保組。 伍、實施內容 　　本計畫的實施內容共分為以下六項： 　　一、兒童閱讀智慧挑戰手冊 　　　　每學年度分發一本，挑戰內容包括圖書閱讀、徵文、親子共讀、背誦唐詩及口語發表等五項，各項挑戰方式及獎勵制度，詳如兒童閱讀智慧挑戰手冊。 　　二、兒童讀書會 　　　　（一）對象：本中心所有參加課後照顧服務方案的國小兒童。 　　　　（二）時間：每月第一、三週的星期五下午 4:20 至 17:00，假各班教室進行。 　　　　（三）讀本：採共同讀本方式，由學生自行購買或借閱所需用書。 　　三、圖書交換日 　　　　以每個月的第一週星期三下午第八節課結束後進行，交換的對象以同學年為原則，所交換的圖書必須在下一次交換日時交還給原持有人，每次交換的圖書性質及交換對象必須有所不同，以達多元學習的效果。 　　四、班級圖書列車 　　　　以本中心現有書籍進行整理並適時增補所需圖書，將同性質的書依學生年齡加以歸類，巡迴各班供學生閱讀時使用，每類書籍每次停留一個月為原則。

（續下頁）

表 7-8 ▪ 兒童閱讀智能發展計畫範例（續）

> 五、建立兒童閱讀網站
> 　　以提供兒童閱讀最新資訊，以及推展兒童閱讀智慧的相關報導或活動，以及連結優良兒童網站為宗旨，讓更多的人瞭解本中心推動閱讀運動的情形。
> 六、印製兒童閱讀專刊
> 　　專刊內容以每學年度所推動的相關活動成果及檢討為架構，具體呈現一年來的努力成果。
> 陸、本計畫所需經費由本中心相關活動經費項下支應。
> 柒、本計畫經主任核定後實施，修正時亦同。

三、閱讀教學的引導策略

教師如何在課堂上進行有效的閱讀教學？專家學者提出許多建議，本書採用「PIRLS 閱讀理解四層次」一策略，藉由結合系統化「有效提問」和深化閱讀的閱讀理解教學，協助學生在閱讀過程中逐步提升理解深度，從表層的信息提取到深層的批判性思考。以下針對閱讀理解教學歷程說明（柯華威，2006；許育健，2015，2020；陳欣希等人，2011）：

1. 層次一（直接提取）：引導學生仔細閱讀，找出文中直接陳述的事實，回答如「誰」、「什麼」、「何時」等直接問題，這是建立閱讀理解的基礎。
2. 層次二（直接推論）：鼓勵學生連結文本不同部分，理解句子間關係。引導他們思考「為什麼」和「如何」，做出簡單推論。這有助於學生理解文本隱含意義，培養初步的分析能力。
3. 層次三（詮釋整合）：引導學生整合全文信息，找出主旨。鼓勵他們聯繫生活經驗，深入理解文本。透過討論和比較活動，培養學生歸納、分類的能力，提升對文本的整體理解。
4. 層次四（比較評估）：引導學生思考文本的可信度和作者觀點。鼓

勵他們表達個人看法，並說明理由，培養學生的批判思考能力，學習尊重不同觀點。

以下即以《小蝌蚪找媽媽》繪本為例，簡述教師的教學策略，如表 7-9 小蝌蚪找媽媽閱讀學習單。

表 7-9 ▪ 《小蝌蚪找媽媽》閱讀學習單

《小蝌蚪找媽媽》閱讀學習單
姓名：＿＿＿＿＿＿　日期：＿＿＿＿＿＿ 一、閱讀前思考（K-W） 　　我知道的（K）： 　　1. 關於蝌蚪：＿＿＿＿＿＿＿＿＿＿＿＿＿＿＿＿＿＿＿＿ 　　2. 關於青蛙：＿＿＿＿＿＿＿＿＿＿＿＿＿＿＿＿＿＿＿＿ 　　我想知道的（W）： 　　1. ＿＿＿＿＿＿＿＿＿＿＿＿＿＿＿＿＿＿＿＿＿＿＿＿＿ 　　2. ＿＿＿＿＿＿＿＿＿＿＿＿＿＿＿＿＿＿＿＿＿＿＿＿＿ 二、閱讀中 　　請一邊閱讀故事，一邊回答下列問題： 　　1. 小蝌蚪遇到了哪些動物？（列出三種） 　　　＿＿＿＿＿＿＿、＿＿＿＿＿＿＿、＿＿＿＿＿＿＿ 　　2. 為什麼小蝌蚪會認錯媽媽？ 　　　＿＿＿＿＿＿＿＿＿＿＿＿＿＿＿＿＿＿＿＿＿＿＿＿＿ 三、閱讀後 　　1. 我學到的新知識（L）： 　　　＿＿＿＿＿＿＿＿＿＿＿＿＿＿＿＿＿＿＿＿＿＿＿＿＿ 　　　＿＿＿＿＿＿＿＿＿＿＿＿＿＿＿＿＿＿＿＿＿＿＿＿＿

（續下頁）

表 7-9 ▪ 《小蝌蚪找媽媽》閱讀學習單（續）

2. 這個故事告訴我們什麼道理？   四、創意表達與深度思考 　　請在下面的空白處畫出故事中的一個場景並回答下面問題： 　1. 我畫的是哪個場景？為什麼選擇這個場景？   　2. 這個場景中的人物（小蝌蚪或其他動物）可能在想什麼？   　3. 如果將這個場景改編成一段對話，你會怎麼寫？   　4. 這個場景與故事的主旨有什麼關聯？

貳 作文教學的指導

一、國小寫作教學的學習重點

　　寫作不僅是一種語言技能，更是思維、創造、溝通和自我表達的重要工具。在國小階段培養良好的寫作能力，能為學生的全面發展和未來成功奠定堅實的基礎。課後照顧重視寫作不僅是對學校教育的延伸和補充，藉由提供更多元、靈活的學習機會，培養他們對寫作的興趣和熱情，提升學

生的寫作技巧。十二年國民基本教育國語文領綱所列寫作學習表現，揭示了學生不同面向的寫作重點，說明如下（教育部，2018）：

1. 寫作教學應引導學生閱讀、觀察周遭事物與活動，累積寫作材料，進而培養想像力、思維力、記憶力、感受力等寫作基本能力，以表達自身的經驗與感受。
2. 在教學過程中有效連結寫作與聆聽、口語表達、寫字與閱讀的學習。第一學習階段寫作，由口述作文開始引導，著重學生興趣的培養。第二學習階段由口述作文轉換成筆述作文，引導學生主動寫作並與他人分享。第三學習階段培養學生熟練筆述作文並樂於發表。
3. 指導學生就主題、材料、結構，配合語言詞彙的累積與應用，逐步認識各類文章，並依難易深淺，依序規劃，分類引導。
4. 能漸進引導學生蒐集材料、審題、立意、選材、安排段落、組織成篇、修改等寫作過程步驟與實踐，並依溝通情境（含數位媒體運用）與對象，恰當運用詞彙、文法修辭與標點符號，積極創作不同類型文章，以達成語文表達的目的。

教師在設計寫作教學時，可以根據這些學習表現逐步培養學生的寫作能力，並在實際教學中補充必要的寫作步驟和策略，以幫助學生更好的完成寫作任務。

二、寫作教學的指導原則

寫作能力的培養應該是循序漸進的過程。低年級主要是以口述作文為主，「寫好句子」是重要的目標，因低年級學生識字量尚不足，可以透過「看圖」進行口語表達或簡單的書寫活動（許育健，2020）。中年級可以開始引入更多的寫作技巧和文本類型，引導學生運用更豐富的詞語和句子來表達想法，可以設計主題寫作活動，鼓勵學生描述自己的觀察和感受。此外，開始介紹基本的篇章結構，如開頭、主體、結尾，幫助學生學習如

何組織一篇完整的短文；高年級則可以進一步深化各項能力，設計多樣化的寫作主題，鼓勵學生靈活運用詞語，豐富文章內容。同時，可以介紹一些簡單的修辭技巧，如比喻、擬人等，幫助學生提升寫作效果，並引入更複雜的文本類型，如議論文。教師在教學中應根據學生的年齡和能力水準，適當安排教學內容和難度，以確保學生能夠穩步提升寫作能力。

三、寫作教學的引導策略

課後照顧教師對兒童作文的指導，可以透過寫作引導、寫作綱要、學習重點、參考資料等方式循序漸進的指導及鼓勵兒童，將思考和文字有效的結合，成為一位會思考、會寫作的兒童。以下即以「上學途中」一題為例，簡述教師的教學策略（朱伊雯等人，無日期，頁 27-28）：

（一）寫作引導

1. 天天背著書包上學，從家裡到學校的路途上，你經過哪些地方？有沒有仔細觀察這些地方有哪些人、事、物？這些人、事、物有哪些特色呢？選出較具有特色的來當作寫作的材料。
2. 觀察人的時候，要注意他的穿著、動作或表情特色；例如：清潔隊員穿著反光背心，拿著掃帚打掃街道，使街道乾淨。
3. 觀察景色，可由遠而近，或由近而遠描寫，除了形狀的描寫，還要注意色彩的描寫。
4. 觀察物體，描寫它的外形、顏色以外，可加以聯想，讓文章產生變化。例如：看到椰子樹，可以聯想到辛苦的警衛先生，站著守衛校園。

（二）寫作綱要

1. 出門的情形。
2. 路上經過的情形。

3. 到學校時的情形。

4. 心裡的感想。

（三）學習重點

把上學路上，所看見印象深刻的人、事或物寫出來，再加上自己心理的感想。

（四）參考資料

1. 佳句

(1) 學生背起書包，心情愉快，哼著歌曲，輕輕鬆鬆的去上學。

(2) 路上的小花小草，真有禮貌，不停的點頭，向我打招呼。

(3) 來到學校，看到同學高高興興的打招呼，一天快樂的學習就開始了。

2. 美詞

(1) 輕風拂面、香氣彌漫。

(2) 熱鬧非凡、迎風搖擺。

除此之外，像指導學生照樣寫句子或接寫句子、看圖說故事和寫作文、作品欣賞，以及練習寫日記和寫信等，也是指導兒童作文時，可資運用的策略。至於教師在批閱兒童作文時，則應掌握下列數項原則，包括：錯別字的訂正；圈出文章中的美詞佳句，並給予學生正面的肯定和鼓勵；對文章的結構要給予回饋和指導；對文章應提出總評和具體的建議，亦可鼓勵兒童提出自己對所寫文章的看法，其中包含滿意和不滿意的部分；對於學生優秀作品，教師可影印張貼在公布欄，並鼓勵兒童投稿。有關作文評量的項目，可參考表 7-10。

表 7-10 ▪ 作文評量表範例

「在做到的項目裡打 ∨」

項目	掌握主旨	取材適當	段落分明	文筆流暢	內容充實	文思敏捷	見解正確	描寫細膩	引用名言	字跡端正	開頭新穎	結尾感人
學生												
教師												

註：引自小作家創意作文系列──觀察作文（頁68），朱伊雯、林淑卿、黃正宜，無日期，華祥兒童教育研究。

第六節 體育與團康活動設計

壹 體育教學的指導

一、素養導向體育教學的內涵

《十二年國民基本教育課程網要總綱》揭示：「為落實十二年國民基本教育課程的理念與目標，茲以核心素養為做為課程發展之主軸，以裨益各教育階段間的連貫以及各領域／科目間的統整」，並提出素養導向教學的四大原則（教育部，2021）：

1. 整合知識、能力與態度。
2. 重視情境與脈絡的學習。
3. 重視學習的歷程、方法及策略。
4. 強調實踐力行的表現。

素養導向教學重視情境化與脈絡化的學習，過去體育教學多以運動項

目及其技術為主要教材,或是以運動基本動作為學習流程的主軸,形成學生單向的接受,並非以學生為主體的安排。素養導向體育教學則是以學習者為中心,強調學生的完整學習經驗應具備的內涵為(林永豐,2019;鐘敏華,2020):

1. 教師能將學習表現、學習內容與合適的教學活動進行連結。
2. 從學生好奇的、有興趣的或是生活情境的角度切入。
3. 運用遊戲或比賽的實作練習、進攻或防守,讓學生經歷完整的學習體驗。
4. 善用特定運動技術或概念,增加小組互動、討論或分享等後設認知歷程,試圖朝向理解的、有意義的、可融會貫通應用的學習狀態。
5. 設計既像練習又像考試的遊戲、創作、賞析或其他情境式評量。
6. 在傳統的體育學科知能之外,也能達成跨學科素養的養成。

總而言之,素養導向體育教學強調以學生為中心的完整學習經驗,同時重視教師所營造的學習情境。兒童課後照顧期間,雖不若平日體育課,有完整、連續且紮實的課程安排,據以培育兒童運動知識與技能,但兒童每日定時在課後照顧服務機構,如能掌握素養導向體育教學內涵,設計優質情境及體驗課程,規劃增進兒童肌力或強化心肺功能之體能活動,長期累積的成效是值得期待的。

二、體能運動的重要性

隨著現代人的生活步調緊湊,從事運動的時間卻反而減少,造成成人肥胖與兒童體重過重的情形日益嚴重,甚至影響身體健康。然而運動習慣的養成必須從小扎根,融入各領域教學,包含對體能運動的知識性理解以及技術性的實作,讓兒童從小體驗到運動帶來的樂趣,進而能主動參與。

適度的體能運動不僅能維繫成人的健康,對於成長中的兒童也有很大助益。從事體能運動需要教師的引導,透過教師指導或遊戲安排的體能運

動，對兒童的身心發展具有全面性的助益（劉錞綺、劉嘉豪，2014）：

1. 強化粗大動作及大肌肉發展。
2. 增進小肌肉發展及精細動作。
3. 促進骨骼發育連接。
4. 增加肺活量與促進器官成長。
5. 調節身體機能與代謝發展。
6. 提高視覺、聽覺及其他知覺能力發展。
7. 運動技巧發展或改善。
8. 持續強化身體體能。
9. 促進語言及其他認知功能發育。
10. 穩定情緒與幫助社會行為養成。

除此之外，運動可以縮短躺下到入睡的時間，減少淺眠階段的時間，增加深度睡眠時間及總體睡眠時間，而睡眠對於人的神經發育、學習記憶、情緒調節、免疫功能和心血管代謝健康都至關重要（吳元暉，2021）；透過運動的社會化，可以讓兒童學習同儕互動、遵守運動規則、習得社會機制，並建立運動情境中的自信（章宏智、洪煌佳，2009）；兒童時期的體能運動能刺激大腦成長與整合，增進神經系統發展，也能增強身體機能與免疫力，為兒童打造健康的根基與建立自信的基礎（李俊昌，2023）。綜上所言，養成規律運動習慣對生理健康的正面效益甚多，同時在心理方面也能促進兒童積極參與、接受挑戰的學習態度。

三、課後照顧之體育教學指導原則

國民小學體育教學主要目的為瞭解運動基本知識和方法，建立正確運動觀念，進一步培養兒童運動的習慣與興趣，課後照顧之體育教學指導原則亦然。興趣乃是一種習得的動機，為驅使個人向一定的方向與目標行動的原動力。舉例來說：如果一位兒童對於田徑有濃厚的興趣，必定對上體

育課產生愉快的情緒反應，繼而產生積極的態度，在練習時也必能注意力集中而樂此不疲。

基本上，興趣不是與生俱來的，興趣也不是發現的，興趣是由學習經驗中發展而生成的。因此，課後照顧教師應協助兒童發展潛能，進而培養對運動的興趣，可從以下二大層面著手，茲分別說明如下：

（一）協助兒童發掘自己對運動的喜好與樂趣

在做法上，首重教師是否能善用觀察力，藉以瞭解兒童的興趣傾向，觀察的項目包括（國立編譯館，1984）：

1. 觀察兒童常常喜歡購買或蒐集些什麼物品。
2. 觀察兒童喜歡選擇哪些圖書。
3. 觀察兒童自主體能運動的內容。
4. 注意兒童時常提出有關哪方面的問題。
5. 注意兒童所關心的事物。
6. 注意兒童所欽仰之人物的特徵。
7. 記錄兒童在各項活動中的表現。

除此之外，教師亦可透過和兒童的對話內容或與家長的訪談中，瞭解兒童對運動相關事物的喜好，並進一步探詢喜歡的理由，藉以推斷兒童的興趣所在。抑或是運用興趣調查表，以及輔以訪談和觀察的紀錄，據以推求兒童的興趣傾向與原因。最後，教師可將結果和兒童分享，作為兒童對可能發展之興趣的參考。

（二）協助兒童培養自主運動興趣

有別於健康與體育的系統化領域課程，課後照顧教師指導兒童從事球類運動或其他體能活動，不以認知性或技術性的指導為主要目標，而是協助兒童培養運動的興趣，鼓勵兒童嘗試新奇的活動，提供兒童多元學習的

機會。希望兒童可以在學習活動中不斷擴充興趣的範圍，並能從中獲得滿足和成就感，進而建立終身良好的運動習慣與觀念。

貳 兒童團康活動的內涵

一、兒童遊戲行為的指導原則

　　遊戲的重要價值之一是從遊戲活動中發展兒童良好的社會行為，培養優良的品德（國立編譯館，1984）。遊戲也可以說是教師在課堂上最容易實施的教學方式，它不僅能有效引起學生的學習動機，也可以是設計教學活動時的主要策略。質言之，遊戲除了可以達成教學的目標，還可以對兒童的觀念、態度、情緒、行為發展、人際關係，產生正向的價值功能。

　　綜觀課後照顧服務方案的課程內涵，不論是興趣培養、團體活動、體能活動、生活智能、人際關係、社區認識等，都可以透過遊戲達到應有的成效。因此，擔任課後照顧服務方案的教師，可以善用遊戲的特質，並掌握以下五項原則，勢必可以活化課堂教學，讓學習變得更有樂趣。

（一）鼓勵兒童和同儕一起遊戲

　　遊戲是一種可以展現分工合作、發揮團隊精神的活動型態。因此，教師應當妥善規劃並鼓勵兒童參與團體遊戲；在過程中，指導兒童學習如何與同儕共同相處，並善盡個人守法互助的責任。

（二）鼓勵兒童要能兼顧操作性和益智性的遊戲

　　兒童遊戲的性質應以多樣、活潑、不呆板，並能引起兒童樂於參與為原則。除此之外，兒童遊戲的種類也應當配合兒童的年齡，從簡單的運用大肌肉或小肌肉的體能遊戲，到講求動作技巧，或具有益智性或創造性的遊戲活動。相對的，隨著遊戲性質的多元發展，兒童會逐漸從個人遊戲，

漸序進入複雜的、團體的、有組織的遊戲活動之中。

（三）鼓勵兒童勇於嘗試新的遊戲以獲得新的成功經驗

由於兒童在遊戲的過程中，因為個人身體健康、動作發展、智力、生活環境、家庭社經水準，以及性別等因素的影響，使得兒童遊戲的類型受到限制（國立編譯館，1984）。為此，課後照顧教師必須對學生的遊戲行為加以觀察記錄後，找出需要被鼓勵的兒童，激勵他們勇於嘗試新的遊戲，透過教師及同儕的協助，獲得新的成功經驗，係有助於兒童積極人生態度的培養。

（四）鼓勵兒童在遊戲中發展新的秩序與規範

每一項遊戲活動大多具有各自所屬的規則，這是遊戲是否能持續進行的關鍵因素，同時對於兒童優良德性和正確態度的養成也非常重要。如果從啟發兒童想像力，以及實踐品德教育二個層面加以思考，課後照顧教師係可鼓勵兒童在遊戲中，表現出獨立自主且維護團體紀律的行動，透過集體創意重新賦予遊戲新的秩序和規則，藉以促進兒童良好的社會行為。

（五）鼓勵兒童及父母親進行家庭共遊的計畫

遊戲指導不單只是教師的職責，家長更有其應盡的責任與義務。對父母來說，最好的方式就是將家庭共學融入在遊戲的概念與行動方案之中，尤其是家庭休閒或陶冶性情的遊戲活動，最能夠帶動家庭的學習氣氛，不但能增進親子之間的互動關係，也能妥善規劃兒童假日生活的正當休閒活動。

二、兒童團康活動的價值

團康活動是兒童遊戲的結構化延伸，系統整合遊戲元素，融入教育目標和社交互動。它保留遊戲樂趣，同時考慮兒童年齡特徵和發展需求，促

進多元智能和社會情感能力的發展。團康活動具有以下重要價值（曾榮祥、吳貞宜，2023）：

（一）平衡學習與休閒

團康活動提供了放鬆和娛樂的機會。透過遊戲和互動，讓兒童可以暫時放下學業負擔，達到身心平衡。

（二）發展多元智能

團康活動提供發展其他技能和才能的機會，培養兒童的多元智能，讓他們發現並發展自己的潛能。

（三）增進同儕互動

團康活動有助於兒童學習與不同背景的同齡人相處，建立友誼和社交支持網絡。

（四）培養團體生活適應能力

團康活動提供兒童學習如何在集體中遵守規則、分享資源、輪流使用設施等，這些經驗有助於培養他們的公民意識和團體生活適應能力。

（五）提供情感支持和歸屬感

團康活動透過與同伴的積極互動，兒童能夠獲得歸屬感和安全感，促進心理健康發展。

三、兒童團康活動的分類

蔡明昶（2005）提出兒童團康活動主要分為唱跳、遊戲和表演三大類。這種分類涵蓋了多元化的活動形式，能促進兒童的身心發展和社交能力。以下是對這三類活動的詳細論述：

（一）唱跳活動

唱跳活動結合了音樂、歌唱和舞蹈元素，是一種全方位的感官和身體體驗。這類活動有助於發展兒童的節奏感、協調能力和音樂素養。透過歌唱，兒童可以提升語言能力和表達技巧；而舞蹈則促進身體協調性和空間感知。唱跳活動能增強兒童的自信心和社交能力。

（二）遊戲活動

遊戲活動包括各種競技、益智和合作遊戲，是兒童學習和發展的重要方式。這類活動能激發兒童的想像力、創造力和問題解決能力。透過遊戲，兒童學習遵守規則、與他人合作，同時發展策略思維和決策能力。遊戲還提供了安全的環境，讓兒童嘗試不同角色，學習處理勝負，培養情緒管理能力。

（三）表演活動

表演活動如戲劇、朗誦、才藝展示等，為兒童提供了展示自我和創意表達的平臺。這類活動有助於培養兒童的公眾演說能力、自信心和創造力。透過角色扮演，兒童可以發展同理心，理解不同觀點。表演活動也鼓勵團隊合作，培養責任感和時間管理能力，同時為兒童提供克服舞臺恐懼、建立自信的機會。

四、課後照顧兒童團康活動之範例

課後照顧可以運用的兒童團康活動種類繁多，以下列舉一些活動作為範例。

（一）專注遊戲

1. 數人屈膝微彎圍圓圈，一位發號口令或發號道具皆可。

(1) 發口令拍球一下,其他人拍手一次。

(2) 發口令拍球兩下,其他人拍手兩次。

2. 發口令的人可以假裝往下拍球,球沒到地板,此時若其他人有拍手,則此人就淘汰。

3. 拍手也可以改方式,如:踏腳或跳躍等。

(二)動物叫聲大集合

1. 所有兒童圍成一個大圓圈。
2. 老師會喊出一種動物的名字,如「狗」、「貓」、「青蛙」、「大象」等。
3. 兒童要立即模仿該動物的叫聲和動作。
4. 最後一個反應的兒童要到圓圈中央表演一個自選的動物。
5. 其他兒童猜這個新動物是什麼。

(三)模仿能力大考驗

1. 每一組三人,面向黑板排一排。
2. 老師拿出國語課本,選一個生字。
3. 第一個人用手寫在第二個人的背部。
4. 接著第二個人用手再寫在第三個人的背部。
5. 最後由第三個人用粉筆把字寫在黑板上。

(四)忍者水果大亂鬥

1. 所有人圍成一個大圓圈站立。
2. 每個人選擇一種水果作為自己的代號。
3. 開始遊戲,由老師先喊一種水果開始。當老師喊出某種水果時,那個「水果」必須蹲下。
4. 這個「水果」的左右兩邊的人必須做出「切水果」的動作(向中間

揮動手臂）。

5. 反應最慢或動作錯誤的人要到圓圈中間，喊下一種水果。

（五）紅綠燈過馬路

1. 所有小朋友站在空地的一端，老師站在另一端。
2. 老師開始喊「綠燈」和「紅燈」。
3. 當老師說「綠燈」時，小朋友可以向前移動。
4. 當老師說「紅燈」時，小朋友必須立即停止不動。
5. 老師說「紅燈」後會迅速轉身，如果看到有人還在動，那個小朋友就要回到起點。
6. 第一個到達老師身邊的小朋友獲勝。
7. 可以加入不同的移動方式，如「青蛙跳」、「企鵝走」等。
8. 可以讓獲勝的人來當下一輪的「紅綠燈」。

（六）大風吹

1. 玩遊戲者中只有一個人沒有呼拉圈（稱為鬼），負責發號施令。
2. 其餘的人各自坐（站）在自己的呼拉圈內。呼拉圈的擺設是圍成一圈，也可任意擺放，將鬼圍在中間。
3. 離開呼拉圈方式可事先告知以走、跳、蹲走、滾、轉圈圈等。
4. 遊戲一開始，鬼會說「大風吹」，其餘的人問他「吹什麼」，鬼會說吹有〇〇〇的人，擁有〇〇〇的人要離開。和其他有〇〇〇的人互換位置（但不可以兩個人不停互換），鬼也要趁機找到一個呼拉圈坐（站）。
5. 最後沒有呼啦圈的人或是遊戲中聽錯指示的人就成為下一個鬼。

第七節　學習評量的功能與類型

壹　評量的基本概念

所謂學習評量係指教師對學生之評量，根據其評量結果，藉以瞭解學生的學習情形，適當的修正教學目標、調整教材教法或提供補救教學的依據。因此，教學評量工作的實施，對於課後托育的教師、學生，抑或是辦理單位的負責人或主管來說，尤其重要。在此值得思考的是，課後托育服務方案並非是正規教育的複製品，也不是國民小學教育的延續。因此，在教育過程中，課後托育服務方案所扮演的應當是一種協助和支持的角色，所以在教學評量工作上，必須要有正確的理念，以免因為對教學評量的誤用，造成學生在學習上的挫敗感。

檢視過去的相關文獻，評量的發展演進可由其所用的名詞與涵義，分為三個階段。美國在「八年研究」（The Eight-year Study）時代之前，強調的是測驗（measurement），即以量化的方法取得正確可靠的數據；到後來則認為應該從教育的目標、人格的發展各方面來進行評量，亦即除了客觀的數字之外，尚須有一些價值標準來加以衡鑑，而將測驗提升至評鑑（evaluation），可說是從客觀到主觀，因為測驗力求準確客觀，力求事項真相的準確認定，但是評鑑則必須依照某些主觀預定的條件來加以認定。晚近，學者們又將評鑑提升至評量（assessment），強調評量時應考量各種相關的整體情境，從各種可行的途徑，蒐集全面性、多元化的資料，再從各個角度和不同觀點加以比較分析與綜合研判，進行整合性詮釋，獲致充分的瞭解（劉安彥，2003；簡茂發，2002）。

整體來說，學習評量是多方面的、是綜合的，它包括了認知、情感，以及各種技能的瞭解和應用，唯有教學評量涵蓋上述各學習層面，才能真

正瞭解學生的學習情形，促進教學目標的達成。再者，教學評量是多樣性的，教師必須配合教材的內容、性質以及評量的目標，選取適合的評量方式，或採取多種方式進行評量，以獲得學生學習後的真實能力。另一方面，亦可確認教學評量是全程的，它不僅重視學生學習的過程，也關心學習的結果；除此之外，教學評量也強調學生的個別差異。職是之故，從時間的角度來看，教學評量包括了教學前、教學中和教學後的評量活動，教師必須力求課程、教學和評量的融合與相互檢證，才能有效提升教與學的品質。

貳 評量的類型

依據評量在教學上的功能，可分為安置性評量（placement assessment）、形成性評量（formative assessment）、診斷性評量（diagnostic assessment）、總結性評量（summative assessment）等四種，茲分述如下（教育部國民教育司，1992；陳春蓮，2000；Gagne et al., 1988; Gronlund & Linn, 1990）：

一、安置性評量

安置性評量通常在學期初舉行，用來判斷學生已獲得的知識、技能內涵，並藉由測驗結果呈現學生精熟與不精熟的領域，以利找出教學的起點，個別化教學方案的設計即需倚賴此種評量。換言之，安置性評量的功能旨在全盤瞭解學生學習的內在與外在因素，以利妥當而有效的安置。內在因素包括身體、才智、情緒和教育方面的因素；外在因素則指對學校環境和校外環境的瞭解。在工具使用上，包括一般性和特殊性的智力測驗、性向測驗、興趣測驗、人格測驗、標準化或教師自編的診斷性成就測驗。此外尚可利用調查表、問卷及行為觀察等方式。

二、形成性評量

形成性評量的實施係依據教學段落而設計的測驗，且大部分是教師自編、針對某些學習單元所施以的標準參照測驗。功能係在考查學生是否已達到教學目標，以提供教師回饋的資料，協助教師修正教材教法，隨時做補救教學，在工具使用上，包括評定量表、作業及其共同訂正，亦可以口頭問答和實際觀察等活動以評量之。

三、診斷性評量

診斷性評量最主要的目的在於確認持續性學習問題的原因，進而規劃補救教學活動。診斷性評量是相當專門的評量程序，用以處理形成性評量之矯正處方所無法解決的學習困難，例如在採取特殊教學處方後仍持續在閱讀、數學與其他領域遭受失敗的學生，即需透過此種較詳盡的診斷評量以瞭解問題癥結。所以診斷性評量在於診斷學生學習困難的原因，以實施補救教學和治療。所運用的方法，一般可分為測驗法、實驗法、一般法和綜合法四種。

四、總結性評量

總結性評量通常是在課程或學習單元結束之際實施，功能主要是在評定學生的學習成就，作為加深、加廣教材或升級進修之依據；因此總結性評量和形成性評量最大的差別，在於評量目的的不同。教師在選擇測驗工具或自編測驗試題時，應留心命題技術與方法，除紙筆測驗外，還可運用行為觀察、口試、訪問、晤談、作業考查、學生自省、同學互評、家長評量等方式。應著重在學生個人成長實績的評量。

參 素養導向評量

十二年國民基本教育之核心素養，強調培養以人為本的「終身學習者」，以成就每一個孩子為願景。學習評量模式也由傳統的審核評量轉變為前瞻評量，以多層次的評量模式調整學習者在習得經驗做有意義的重整與組織（曾靜雯等人，2018）；前瞻性評量係指學生需要從所學的知識中尋找線索，綜合運用所學的知識，解決更複雜或發掘新的問題（史美瑤，2013）；素養是個人為適應現在生活及面對未來挑戰，所應具備的知識、能力與態度，核心素養的培力是學習者在學習過程中不斷累積的歷程。是以，素養導向教學與素養導向評量在培育學生核心素養過程中缺一不可，而素養導向評量應具有以下特徵（史美瑤，2013；陳明聰、吳雅萍，2022；廖鳳瑞、張靜文，2020；諄筆群，2023；蕭和典，2020）：

一、評量設計重視真實性

核心素養的培養需要課程、教學與評量的有效連結，核心素養導向課程需要搭配課程本位的真實性評量以竟其功（廖鳳瑞、張靜文，2020）。換言之，命題要強調真實的情境與真實的問題，且真實情境中的問題往往是跨領域的，故評量設計強調應用知識與技能，解決真實情境脈絡中的問題。

二、評量過程是學習

評量是以幫助學生學習成長為出發點，在評量過程中給予學生最即時的回饋，或是透過要求學生閱讀其他同學報告的方式，及時給同學回饋、幫助學生嘗試自我評量，甚至能提升層次，以參與評量的方式，讓學生的表現更加投入。史美瑤（2013）將評量比喻為學習中的進行曲，而不是學習樂章的終止，視評量為學習過程中的一環。

三、評量內容回應需求

教師教學歷程中必須依學生的學習反饋做即時修正調整，同樣的，學習評量的內容也應適時回應學生學習需求與個別差異（陳明聰、吳雅萍，2022），學習評量不僅能幫助教師瞭解學生學習成效，更應進一步協助學生瞭解「學習如何學」以及「如何學得更好」。對學習成就高且學習動機強的學生，學習評量應能有助於加深加廣的自主學習；對學習動機不足且學習成就低的學生，學習評量除了能具備診斷或安置的功能，也應調整難易度，避免學生產生習得無助感。

四、教師角色調整

素養是一種動態且難以從單一測驗中得知的知識、技能與態度，在學習評量過程中，師生應有更複雜的互動、更多的討論參與，甚至是更深入的共同協商。素養導向評量屬於一種個人化評量，師生之間處於共享與相互探究的關係，且教師的專業更為關鍵，必須平衡考慮每一位學生的背景、機會、目標或喜好（諄筆群，2023；蕭和典，2020）。

第八節 多元評量的類型

受到多元智能理論的影響，從這幾年國內教育的發展現況可知，評量的策略已經有了明顯的改變（王文中，2000，頁 13-14）：

1. 由過去著重靜態評量（static assessments），定期舉辦評量，如段考、月考、期末考等，改為動態評量（dynamic assessments），關心學生學習的變化與成長。
2. 過去的評量大多為機構化評量（institutional assessments），目的

在於配合目前學校或教育行政單位的措施，如給學期分數、排名、選拔成績優良等。現在的目的則強調個人化評量（individual assessments），以學生個人為本位，評量其學習成果，進而量身訂作教學和學習計畫。

3. 過去的評量偏向單一評量（single assessments），只重智育，甚至只重視智育中較為低階的死背，忽略了高層次的問題解決和創意，評量方式也僅以筆試為主。現今的評量為多元評量（multiple assessments），不僅重視問題解決和創意，同時也兼顧情意、技能等學習成果。評量的方式也非常多元，不侷限於筆試，可以採用口試、實作、直接觀察學生、師生互動溝通等方式，多方面蒐集學生資料。

4. 過去的評量常為虛假評量（spurious assessments），使用虛假的測驗題材，並不重視題材的生活化與應用化，只重視表面技藝的習得，忽略內在深層智能與品格的發展。現今的評量強調真實評量（authentic assessments），希望能夠讓學生所學與其經驗相結合，因此測驗的題材與情境力求真實，而且評量的目的在於促進內在智能與品格的發展。

時至今日，多元評量已非新名詞，教育部在 2024 年 4 月 24 日修正公布的《國民小學及國民中學學生學習評量辦法》中明訂，國民中小學學生學習評量，應視學生身心發展、個別差異、文化差異及核心素養內涵，採取下列適當之多元評量方式：

(1) 紙筆測驗及表單：依重要知識與概念性目標，及學習興趣、動機與態度等情意目標，採用學習單、習作作業、紙筆測驗、問卷、檢核表、評定量表或其他方式。

(2) 實作評量：依問題解決、技能、參與實踐及言行表現目標，採書面報告、口頭報告、聽力與口語溝通、實際操作、作品製作、展演、鑑賞、行為觀察或其他方式。

(3) 檔案評量：依學習目標，指導學生本於目的導向系統性彙整之表單、測驗、表現評量與其他資料及相關紀錄，製成檔案，展現其學習歷程及成果。

此外，在《十二年國民基本教育課程綱要總綱》的「柒、實施要點」「三、學習評量與應用」指出，學生是學習的主體，教師的教學應關注學生的學習成效，重視學生是否學會，而非僅以完成進度為目標；為瞭解學生的學習過程與成效，應使用多元的學習評量方式，並依據學習評量的結果，提供不同需求的學習輔導。此外，108課綱並明確規範學習評量實施之六大重點：

(1) 學習評量依據各該主管機關訂定之學習評量準則及相關補充規定辦理。
(2) 學習評量應兼顧形成性評量、總結性評量，並可視學生實際需要，實施診斷性評量、安置性評量或學生轉銜評估。
(3) 教師應依據學習評量需求自行設計學習評量工具。評量的內容應考量學生身心發展、個別差異、文化差異及核心素養內涵，並兼顧認知、技能、情意等不同層面的學習表現。
(4) 為因應特殊類型教育學生之個別需求，學校與教師應提供適當之評量調整措施。
(5) 學習評量方式應依學科及活動之性質，採用紙筆測驗、實作評量、檔案評量等多元形式，並應避免偏重紙筆測驗。
(6) 學習評量報告應提供量化數據與質性描述，協助學生與家長瞭解學習情形。質性描述可包括學生學習目標的達成情形、學習的優勢、課內外活動的參與情形、學習動機與態度等。

再者，教學評量應伴隨教學活動進行。教學評量不宜侷限於同一種方式，除由教師考評之外，得輔以學生自評及互評來完成。其形式可運用如書面報告、口頭報告、聽力與口語溝通、實際操作、作品製作、展演、鑑

賞、行為觀察等實作評量，或是指導學生本於目的導向系統性彙整之相關紀錄，製成檔案，展現其學習歷程成果之檔案評量。例如，教學目標若為培養學生的問題解決能力，則可採用成品展示或工作報告的評量方式，而非純以紙筆測驗的方式做評量。

　　早在 1996 年前後開放教育的推行，就可窺見國民小學教師肯定多元評量對學生學習的正向價值，然長久以來，教學現場慣用紙筆測驗，使用坊間編印測驗卷非常普遍，尤其評量往往只偏重學習結果，忽略對學生學習過程的瞭解，即便國小學生沒有升學的壓力，但考試領導教學、考試次數太多、學生成績相互比較等現象，在當時依然可見。

　　職是之故，我們必須把評量過程完全融為課程的一部分，課程、教學與評量間具有密不可分的關係（許家驊，2020），而不是把評量視為一種孤立的事件或與教學毫不相干的事情。在表 7-11 裡，新的評量典範（paradigm）所提出的各項觀點，直接挑戰了既有評量典範所依據的基本假設，剛開始時，新舊典範似乎代表著完全不同且衝突的世界觀。不過實際上，破繭而出的新典範仍涵蓋舊有典範的真知灼見，於是在觀點上或許是戲劇化的轉變，但在實際生活中卻是延續的（陳怡安，2020；Lazear, 1999/2000）。

表 7-11 ▪ 新舊評量典範對照表

舊的評量典範	新的評量典範
所有的學生基本上都是一樣的，而且都用相同的方式來學習；因此，教學和測驗都以標準化。	沒有所謂標準的學生。每位學生都是獨一無二的，因此教學和測驗必須個別化和多元化。
常模參照或效標參照的標準化測驗分數，就是學生在知識和學習上最主要、最正確的指標。	採用以實作為基礎的直接評量方式，廣泛運用各式各樣的測試工具，以求對學生的知識和學習能提供一個更完整、正確和公平的描繪。

（續下頁）

表 7-11 ▪ 新舊評量典範對照表（續）

舊的評量典範	新的評量典範
紙筆測驗是評量學生進步的唯一有效工具。	學生所製作並持續記錄的學習檔案，描繪出學生進步的完整圖像，檔案中不僅包括紙筆測驗的成績，也包括其他評量工具。
評量和課程與教學分立；亦即，評量有其特定的時間、地點和方法。	課程與評量之間的界線並未刻意劃分；亦即，評量隨時存在並貫穿於課程與每日的教學之中。
外來的測量工具和代理機構提供學生知識與學習唯一真實且客觀的圖像。	人的因素，亦即那些主動和學生互動的人們才是正確評量的關鍵。
學生在學校中必須精熟一套清楚界定的知識體系，並且要能夠在測驗中展現或是複製。	教育的主要目標是教會學生如何學習、如何思考，以及如何盡可能在更多方面展現才智。
如果無法透過制式化與標準化的方式來測試的事物，就不值得教或學。	學習歷程和課程內容同樣重要；不是所有的學習都可以用標準化的方式來進行客觀的評量。
學生是被動的學習者；是有待填空的空容器。	學生是主動且負責的學習者，在學習過程中是教師的合作夥伴。
測驗和測試成績導引課程與學校目標，指考試領導教學。	課程和學校目標的設定是為了引發學生完整的才能和學習潛能。
依據常態分配曲線把學生分為成功、普通和不及格的做法，對於學生的知識和學習是一種可信的評量方式。	針對學生的知識和能力，J 型曲線是可以信任的評量依據。因為它以複合的方式呈現學生知識和能力的成長。
單一模式的做法是測試學生的唯一可行方式。	根據多元智能論的多元模式做法，都是測試學生的可行方式。
教育工作者應該採用行為學派的模式來理解人類的發展。	教育工作者應該採用人本／發展的模式來理解人類的發展。
所有的學生應該在同一時間接受同一種工具的測驗，而其評量採用相同的標準，提供教育工作者把學生成就和其他學生比較和對照的方式。	學生們的發展階段不盡相同，測驗必須個別化並配合個人發展，並提供教育人士有用的訊息以更有效地引領和教導學生，以培育更多成功的學生。

（續下頁）

表 7-11 ▪ 新舊評量典範對照表（續）

舊的評量典範	新的評量典範
發展測驗時，首要的考量是測驗方式的效率。	發展測驗時，首要的考量是對學生學習的助益；如果評量是為了因應學生的需求並幫助學生提升生活，則效率就不是考慮的因素。
評量應該用來指出學生的失敗、進行學生間的比較，並加以排序來決定學生在全校中的位置。	評量應該是用來強化和表彰學生的學習、加深理解，並加強他們將所學轉移到校外生活的能力。
教和學應該著重於課程內容和資訊的獲得。	教與學應該要難易適中，並以學習歷程、思考技能的培養，及能理解課程內容與實際生活的動態關係為焦點。
學業的進步與成功應該使用傳統的、事先決定的，以及標準化的效標和工具來測量。	以新近、有研究根據，並具有教育性的方式來評量學業的進步，這些方式考慮了個別的需求、差異、認知和心理的因素。
學習就是要精熟各式各樣的客觀事實資訊，像是日期、程序、公式、圖像等。	學習完全是一種主觀的事件，透過學習把對自己和世界認識加以改變、擴展、質疑、加深、更新和延伸等。
成功的教學就是讓學生有能力通過各種考試，這些考試是為了評量學生在不同科目中的知識。	成功的教學在於為學生日後能過充實的生活做好準備；所以重心在於教會學生能將所學應用到日常生活中。

註：引自落實多元智能教學評量（頁 26-27），D. Lazear（著）郭俊賢、陳淑惠（譯），2000，遠流。

總而言之，所謂多元評量不單只是評量方式上的多元，至少還須包括類型的多元、內涵的多元、人員的多元、情境的多元、計分的多元、結果的多元等六項，茲分別說明如下（李坤崇，2019；張清濱，2008；陳怡安，2020；Lazear, 1999/2000）：

壹 類型的多元

評量過程顧及安置性評量、形成性評量、診斷性評量、總結性評量，呈現教學與評量統合化、適性化。評量不僅是預測學生未來發展、評定學習成果，更要協助學生在教學歷程獲得最好的學習。有些教師應調整僅重視教學後實施總結性評量的做法，宜逐漸採取形成性評量，將評量納入教學，亦以評量結果作為改善教學的依據。雖然形成性評量漸受注視，但並非否定安置性評量、診斷性評量、總結性評量的價值，因為一個完整的評量歷程包括安置性評量、形成性評量、診斷性評量與總結性評量（李坤崇，2019）。

貳 內涵的多元

傳統的評量模式係以認知、情意和技能作為評量學生學習成效的主軸，此一做法往往只能看見學生學習後的結果。但是在多元評量的思考裡，學生在學習過程中是否學會了學習的方法、習慣的養成或問題解決的能力，更值得教師加以重視。除此之外，若從人與自己、人與社會和人與自然三個層面來看，學生個人的日常生活表現、如何與人相處，乃至待人接物處世，也必須納入評量的範圍。當然，如果教師從多元智能的角度切入，進一步豐富評量的內涵，也是不錯的做法。

參 人員的多元

為落實多元評量，評定學生學習成果的評量人員，應包括教師、學生個人及其同儕，以及家長等。在此其中，所有參與評量的人，可以透過充分的溝通、協調和分工合作，協助教師、學生和家長能更清楚瞭解學生的學習歷程與結果，進一步發現學生學習的問題並及時施予補救教學。

肆 情境的多元

評量的情境應包括教室內、外的情境，教師可善用校園或社區內的各項資源，選擇適切的評量方式相互搭配，係可讓評量工作發揮更大的功效，因為資料蒐集越齊全，其結果會越客觀正確，也越能符合教學評量的目的。

伍 計分的多元

評量計分可分為直接單一學習總分，或經由基本分數與加權分數合計而得的學習總分，一般教師較常使用直接給單一學習總分的方式，評定學生的學習成績。如果教師為鼓勵學生參與學習歷程，可運用基本分數與加權分數合計而得的學習總分幫助學生學習，即先給予基本分數，再視其學習歷程與結果給予加權分數，兩者合為個別學習的分數；在小組合作學習時，基本分數常為小組的分數，而加權分數則為組內個人的表現分數或組內人員互評所得的分數。

陸 結果的多元

有別於以往僅提供學生量化數字的學習成果，多元評量強調教師應對學生學習的特性，包括學習過程中的優、缺點、問題的可能成因，整體分析評量的結果，以提供家長和學生瞭解，並鼓勵學生和家長採取自我比較的方式，協助家長和學生擬定改進計畫。因此，評量結果的多元化，應兼具量化成績和學習情形的質性描述，才能真正幫助學生持續改善學習的成效。

以下介紹下列八種可供課後照顧教師運用的多元評量方法，包括紙筆測驗、實作評量、檔案評量等三大類，茲分別說明如下：

壹 紙筆測驗

紙筆測驗的命題方式，大致涵蓋選擇、是非、填充、簡答、配合等型態的題目。主要是由教師編製一份試卷，請學生根據試題上的情境做答，而且每題都有明確的答案，所以計分客觀、易於施測和計分、題數多、涵蓋面廣、適用範圍大、較符合經濟效益。

以下分別就一般試題命題的一般原則，以及是非題、選擇題、填充題、配合題和簡答題的命題原則，做一簡要介紹（余民寧，2022；李坤崇，2019；涂金堂，2013；曾建銘，2014）：

1. 試題命題一般原則。
2. 每個題目都測量一個重要的學習結果。
3. 對欲測量之特殊學習結果而言，每一題目類型是否適切。
4. 每一個題目代表一個清楚明確的主題。
5. 題目能以簡單扼要的語句來陳述，而且避免無關的干擾。
6. 題目能避免提供無關或使人混淆的線索。
7. 針對主題和測驗結果的使用，每一題目的難度適切。
8. 每一題目的答案只有一個，且正確性是經專家認可。
9. 針對每項推論有足夠的試題加以評量。
10. 題目是分別獨立，即不會影響到其他題目的作答。
11. 題目避免了人種、民族及性別之偏差。
12. 題目類型多樣化。
13. 題目生活化，避免直接抄錄課本或習作。
    (1) 是非題命題原則
        ①每題只能包含一個重要概念。
        ②題目的陳述文字精確，使得判斷正確答案時，不會引起爭議。

③題目陳述力求簡潔，且文字淺顯。
④謹慎使用否定陳述，且避免雙重否定的語法。
⑤有關意見的問題陳述，都可找著出處。
⑥避免使用具決定性的字眼（例如：總是、有時、可能）及其它線索。
⑦題目文句需重新組織，避免直接抄錄課本的文句。
⑧兩種答案的題數應有適當比例，且採隨機方式排列。

(2) 選擇題命題原則
①題目應能夠測量到重要的學習成果。
②題目不應中斷，避免被選項分割成兩個部分或兩個段落。
③題目意義應完整、清晰界定問題。
④題目應僅提出一個明確概念。
⑤題目以簡短、清晰用詞陳述。
⑥題目盡可能以正面、肯定字詞來敘述。
⑦題目若需採用否定句，宜強調否定字詞。
⑧所有選項語法應對力求一致。
⑨盡可能將各選項共同字詞放在題目中。
⑩標準答案必須是正確或最佳的答案。
⑪題目和選項中的敘述，避免有暗示正確答案的線索。
⑫選項提供誘答似真性與吸引力。
⑬選項長度接近以減少解題線索。
⑭盡量避免「以上皆是」或「以上皆非」。
⑮正確答案宜隨機排列，出現次數盡量相同。
⑯每個題目的選項數目應該保持一致。

(3) 填充題命題原則
①避免直抄課文，一題一個空格。
②所要填補的空白處應是重要概念。

③答案字數與空白處的長短不宜配合，以免暗示答案長度。

④答案要填充的應是一個概念、原理，而不是一長句話。

⑤空白處最好全部留在題目的最末端。

(4) 配合題命題原則

①每題的各選項具有同質性。

②題目盡可能簡短，且選項條列在右邊。

③選項及問題的長度互有長短，以提供一個隨機的組合。

④指導語清楚的說明配對方式。

⑤選項數目應多於題目，且指出選項被選次數。

⑥作答指導語必須明確規定和說明。

⑦選項宜邏輯順序排列。

⑧題目與選項序號不應相同。

⑨配合題一個完整題目應印在同一頁。

⑩配對題目以不超過十項為原則。

(5) 簡答題命題原則

①依據題目的陳述，是唯一且精簡的答案。

②題目盡可能以直接敘述的方式編寫。

③要求學生回答的字詞，為該題目的重點。

④空白的位置在陳述的最後。

⑤避免提供作答之線索。

⑥答案應簡潔、具體、明確。

⑦若題目答案為數字，指出要求之精確程度和單位名稱。

貳 實作評量

實作評量係指介於評量所學知識的紙筆測驗，和將學習結果應用於未來真實情境的實際活動之間的評量方式。原則上，受試者必須要將完成某

項作業所需具備的技能表現出來，而非僅用書面或口語的方式回答問題。其形式非常多元化，例如建構反應題、書面報告、作文、演說、操作、實驗、資料蒐集、作品展示等，都是實作評量的例子。整體來說，實作評量具有下列四點特性：(1) 讓學生在真實或虛擬情境中表現所學習到的知識或技能；(2) 要求學生證明其較高層次的思考與問題解決能力；(3) 重視學習的過程與結果；(4) 統整所學的知識與技能，較能從不同角度反映學生的個別差異。

實作評量的編製步驟包括下列五點（余民寧，2022；李坤崇，2019；楊銀興，2003）：

1. 確定評量的目的：實作評量的評量項目可以是評學生實作的「過程」或「成果（作品）」，甚至於「過程」或「成果（作品）」兩者兼具，編制測驗之前須先確定評量的目的，才能依據目的挑選適當的方法，進行客觀公正的評量。
2. 以工作分析法擬出實作或作品的重要元素，這些元素必須是具體可觀察的，評量時即針對這些項目進行評定。
3. 訂定實作表現評定的標準：當把實作表現（或作品）的項目列出之後，要為每個項目設定一個「作業標準」。這個「作業標準」是指此一項目通過的最低標準。
4. 提供實作表現的情境：發展出可供觀察的標準之後即應選擇或設計可供進行觀察學生行為表現或成果（作品）的情境，情境可以是自然發生的也可以是老師特別設計的模擬情境。
5. 評定實作表現的成績：根據先前訂定的「作業標準」，選擇計分和評定方法，評定學生的成績。

一、口語評量

從字面上來看，口語評量就是以口頭表達的方式，讓學生說出學習的

成果。與紙筆測驗相比較，教師較能在口語評量時評估學生學習概念的完整性；較紙筆測驗更能評量學生的認知與情意；適於評量較高層次的學習結果；立即診斷學生的學習問題；增進學生語言表達能力與組織能力；改善學生的學習方法與態度；較不受作弊影響（余民寧，2022；李坤崇，2019）。

為能發揮口語評量的效能，教師在使用上除了個人的口語表達能力外，還必須注意以下數點原則：口語評量必須事先建立客觀公正的評量標準；問題焦點必須明確；要給予學生充分的時間做答；以及考量教學目標和教材內容是否適用於口語評量等。

二、檢核表

檢核表是指提供一些特質或活動，依據兒童在某一段特定時間內的表現予以記錄，以作為診斷或自我檢討之用。有關檢核表的運用，教師應根據教學目標將學生應該表現且可觀察的具體行為和技能，依序列出並加以歸類後，以簡短明確的語句描述其評量指標，在學習過程中，教師根據觀察結果逐項劃記，以瞭解學生的學習現況。基本上，檢核表較適用於檢核學生操作行為或解題歷程的學習成果。

三、闖關評量

闖關評量是以實作評量的精神為基礎，將所欲評量的內容以實際操作的方式進行，過程生動活潑，是一種結合考試與遊戲於一體的評量方式；通常採分站的方式進行，每站由關主把關，依據考生實際的表現給予成績的評定（林怡呈、吳毓瑩，2008）。評量的方法採用觀察法，並於事前依據各關評量的內容設計評定量表或檢核表，以作為評定成績的依據及方便評分工作的進行。其原則包括下列九點（楊銀興，2003）：

1. 整個活動事先應妥善規劃。

2. 設計之活動不可與教學目標脫節。
3. 活動中所評量的需是重要的能力。
4. 活動中所評量的能力要能反映教材的內容。
5. 學生安全為最高原則。
6. 相關人員應事先溝通協調與分工合作。
7. 活動說明應清楚明確並以書面方式呈現。
8. 考慮學生年齡設計不同的活動。
9. 評量者及協助者應事前舉辦講習及模擬。

四、軼事紀錄

軼事紀錄係指教師觀察學生日常生活表現，詳細寫下重要而有意義的偶發個人事件和行為的紀錄（李坤崇，2019）。教師在記錄時應注意的原則，包括下列九點（李坤崇，2019；張郁雯，2013）：

1. 事先決定擬觀察的行為，並對異常行為提高警覺。
2. 分析與避免觀察記錄的可能偏見。
3. 詳細記錄有意義行為的情境資料。
4. 盡可能事件發生之後立即記錄。
5. 記錄事件應力求簡單明確。
6. 事件描述與解釋必須分開記錄。
7. 正面、負面行為事件均應記錄。
8. 推論學生典型行為前應蒐集足夠的軼事記錄。
9. 記錄前應有充分練習的機會。

五、學習單

學習單（worksheet）本來是指另一種形式的習作，當教師在教完一個單元之後，發現原有習作不敷使用或者不適合使用，為了使學生對這個

單元進行加深加廣的補充學習,或是為了補救教學,教師便設計此另類作業形式來加以因應。隨著教改工作的推行,學習單的實質意義已經變得更豐富而多元了（李新民,2001）。學習單所能扮演的角色多元而不受限,它可以是學習前、中、後的評量或是引發學習動機的媒介,也可以是課堂中的跨領域統整教材輔助或課後加深加廣的教材補充,更可以是學生學習歷程的紀錄。以下針對使用學習單的理念、學習單的設計原則以及學習單的設計類型等三個層面,做一概覽介紹（鄧運林,1995；鄭淵全,2007；鄭端容,1995）：

（一）使用學習單的理念

1. 學習單要以學生的學習為主體,因此教師要先確認學習單的使用對象,以作為學習單的問題思考層次和內容深淺取捨的根據。
2. 學習單並無固定的模式,但為便於學生學習,應以單一主題為設計的原則。
3. 使用學習單應先確立學習目標,在實施過程中亦可結合教學和評量活動,以發揮其綜效。
4. 學習單的使用應兼具多樣化的學習方法,引導學生進行觀察、操作、記錄、歸納、比較、判斷等學習活動。在過程中可採小組協力完成,或個別獨立完成的方式進行。
5. 學習單的使用應考慮學生完成的可行性和時間性,避免造成家長無謂的困擾與負擔。
6. 學習單的設計和使用應重視教師彼此間的資源共享和分工合作。每次實施完畢應適時檢核,並可搭配成果進行經驗分享,強化學習單的效果。
7. 學習單的使用除了要注意學生的安全,也應顧及環保生態。

（二）學習單的設計原則

教師在運用學習單時，除了要建立正確的設計理念外，也必須瞭解學習單的設計原則。因為學習單的運用具有彈性多元的特性，例如：以學習內容來分，就可搭配單元學習、主題學習，或兒童輔助性的自我導向學習（self-directed learning）來實施；依學習時間來分，可採取經常性或特定節令的方式進行；若依兒童參與的方式來看，則可運用獨立學習、合作學習或家庭共學的方式進行。正因為如此，教師更應當重視學習單的設計原則以確保其品質，避免學習單的使用過於浮濫又不具教學和學習上的效果。一般來說，學習單的設計應掌握下列四點原則（鄭端容，1995）：

1. 實務取向原則

學習單的設計必須在學習目標的導引下進行編寫，它是為教學活動所做的規劃設計，是一種基本能力的培養，也是一種評量。換言之，教師不能為設計學習單而設計學習單，應當站在實務取向的觀點，讓學習單和教師與學生之間，發生有教育意義的連結。

2. 適性學習原則

學習單的設計可作為學生加深加廣學習時使用；相對的，它也可以作為補救教學時的輔助教材，更可結合多元智能的理念，讓不同專長、不同程度的學生，獲得更為適切的學習資源。

3. 完整學習原則

學習是一個持續不斷的發展歷程，因此教師透過優良學習單的使用，在過程中要主動發現學生的問題，並透過適時的指導，讓學生的學習結果能獲得成功的喜悅。為此，教師在設計學習單時應同時考量學習的過程和結果，除此之外，為了讓學生樂於學習，教師亦可透過個人的巧思創意，讓學習單的表面效度獲得學生的喜愛，進而引起學生的學習動機。

4. 共同合作原則

教師在設計學習單時可採小組分工、共同討論的方式，集思廣義學習

單的目標、內容和類型,以及分頭尋找所需要的資源,再透過個人專長的發揮,例如:活動設計、美工及電腦排版、教學錄影等工作,建立不同主題或領域的學習單資料庫,厚實課後照顧教學的基礎。

(三)學習單的設計類型

學習單的設計類型包括感官學習、探索學習、問題導向、問題解決能力等四種(李新民,2001;辛治寧,1999;陳靖毅,2005;鄧運林,1995;Grinder & McCoy, 1985):

1. 感官學習的設計類型

此類學習單強調學生運用感官進行實物的學習,包括眼睛的觀察、動手操作或觸摸、味道的辨視、聲音的覺察等,並對其結果進行記錄、分類、比較、判斷,協助學生建立更清楚的概念。

2. 探索學習的設計類型

係指同一單元卻有各種不同的學習單,每種學習單都提供一種智能學習管道,學生按照自己的能力興趣選擇最適合自己的一種或多種學習單,進行補充性的學習或接受挑戰考驗。

3. 問題導向的設計類型

(1) 記憶性問題:此種形式的學習單通常是有正確的答案。
(2) 彙合性和總合性問題:學生根據所看到的事物、或是根據自己已經知道的事實,然後找出比較適合或是最好的答案。
(3) 分向性思考問題:學生能利用假設或已具備的知識來解決問題,在過程中應鼓勵學生做開放性的回答以及進行創造性的思考。
(4) 判斷性問題:學生能充分表達自己的看法和見解。

4. 問題解決能力的設計類型

此類學習單的設計原則係從最簡單一直到最深入的問題,主要涵蓋下列四個層次:

(1) 指基礎知識，即對於物體的事實陳述。
(2) 指觀念的認識。
(3) 從觀念到原理原則的知曉。
(4) 自行解決問題的能力，進而從解決問題中培養更深入的思考。

基本上，以問題作為主軸所設計的學習單，主要是在引導學生透過觀察、回憶知識、增進思考、喚起想像力、形成觀念和價值的根本，所以教師應當要考慮學生的基本能力，方能研擬出不同思考層次和類型的學習單。

參 檔案評量

檔案評量亦稱為卷宗評量，係指教師指導學生蒐集學習過程中所習得之知識與技能等相關資料、物件及成品，以瞭解學習的進步情形，教師並依一定的標準評定學生檔案蒐集的表現，以作為教學評量的依據。檔案評量具有下列數項優點，包括能提供學生明確的學習目標；讓學生清楚地看出自己進步的情形；學生可以比較自己學習成果的優缺點；促進學生高層思考的能力；激發學生的創造力。

教師在運用檔案評量時，需注意下列事項：明定檔案目標，學生參與目標之擬定，循計畫來執行，就檔案內容與學生共同檢核，預定日後評量時所用之準則、條件、打分數再加評鑑來完成。學生的學習檔案可以詳細保存其學習過程中的複雜事項和所學到的全部成果，也能夠由建檔來鼓勵學生學做決定與自我省思（劉安彥，2003）。

關於學生學習檔案評量的設計架構，可參考圖 7-2 所示，配合實際需求進行改編或直接引用。

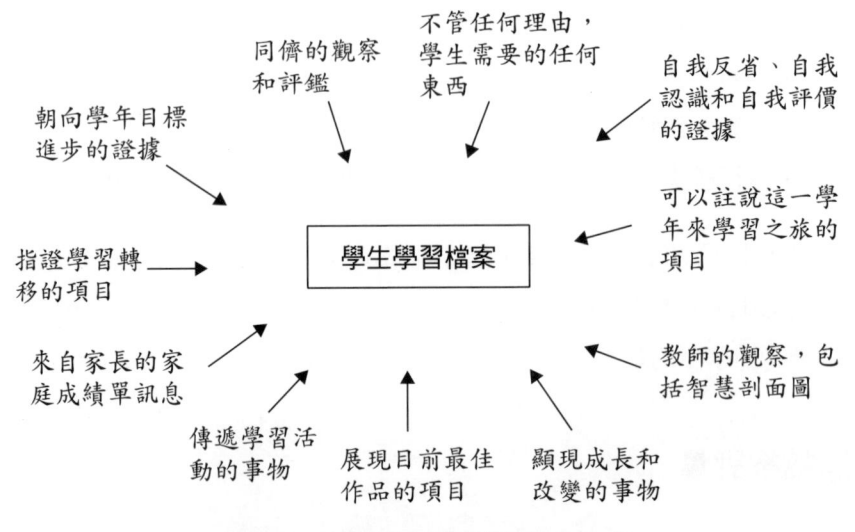

```
                        不管任何理由，
         同儕的觀察     學生需要的任何        自我反省、自我
         和評鑑          東西              認識和自我評價
朝向學年目標                               的證據
進步的證據
                                                可以註說這一學
                                                年來學習之旅的
指證學習轉                                        項目
移的項目          學生學習檔案

來自家長的家                                教師的觀察，包
庭成績單訊息                                括智慧剖面圖

      傳遞學習活    展現目前最佳   顯現成長和
      動的事物    作品的項目    改變的事物
```

圖 7-2 ▪ 製作學生學習檔案的模式

註：引自落實多元智能教學評量（頁 153），L. Lazear（著），郭俊賢、陳淑惠（譯），2000，遠流。

第九節　問題討論

在你讀完本章之後，你應該能回答下列與課後照顧服務方案與教學、評量等工作有關的問題：

1. 請試述十二年國民基本教育課程的基本理念、重要內涵、目標、核心素養和學習領域。並說明課後照顧教師應具備的知能有哪些？
2. 課後照顧服務方案的課程內容大致可包括哪些項目？請進一步針對每一個項目提出三種可資運用的教學方案。
3. 請提出國民小學低、中、高三個年段的課後照顧服務方案課程表。並請說明規劃的構想為何？
4. 請說明兒童遊戲的重要性。遊戲活動該如何融入課後照顧服務方案

的課程和教學之中？
5. 請試述注音符號的教學原則，以及應注意的事項。
6. 請試述識字和寫字教學的原則。
7. 請說明兒童閱讀的重要性。站在課後照顧班級導師的立場，規劃一份班級閱讀活動計畫。
8. 請說明作文教學的目的。課後照顧服務方案的作文教學該如何實施？
9. 請說明兒童體能運動的意義。
10. 請試述體育教學的教學原則。
11. 請說明兒童遊戲的重要性，遊戲活動該如何融入課後照顧服務方案的課程和教學之中？
12. 請說明兒童團康活動之價值。並設計三種以上團康活動。
13. 請說明興趣培養對課後照顧服務方案的重要性，並提出三種以上的具體做法。
14. 為什麼要對學生進行教學評量的工作？其目的為何？
15. 教學評量的類型有哪些？每一種類型適用的目的為何？
16. 請簡述多元評量的意義。為什麼教師要實施多元評量？
17. 請簡述多元評量的內涵。
18. 請簡述常用的多元評量有哪些？
19. 請選擇一學習領域的單元教材，試述可資運用的多元評量方法有哪些？
20. 請說明學生的學習檔案內容應包括哪幾個部分？為什麼？
21. 請試述課後照顧方案和多元評量之間的關係。
22. 何謂學習單？學習單的使用對學生的學習有什麼幫助？
23. 設計學習單應注意哪些原則？請試以一教學單元搭配學習單的類型設計一份學習單。

參考文獻

Lazear, D.（2000）。**落實多元智能教學評量**〔郭俊賢、陳淑惠譯〕。遠流。（原著出版年：1999）

王文中（2000）。擴展多元智能評量。載於郭俊賢、陳淑惠（譯），**落實多元智能教學評量**（13-15 頁）。遠流。

王順民（2004）。課後照顧服務概論。載於郭靜晃、黃志成、王順民（主編），**兒童課後服務訓練教材**（347-386 頁）。揚智文化。

史美瑤（2013）。評量也是學習。**評鑑雙月刊**，**43**，34-36。

朱伊雯、林淑卿、黃正宜（無日期）。**小作家創意作文系列——觀察作文**。華祥兒童教育研究。

余民寧（2022）。**教育測驗與評量：成就測驗與教學評量**（第四版）。心理。

吳元暉（2021）。運動的助眠效果。**健康世界**，**535**，19-20。

李坤崇（2019）。**學習評量**（第二版）。心理。

李俊昌（2023）。從兒童運動邁向健康人生。**台灣醫學**，**27**（6），727-732。https://doi-org.ezproxy.nptu.edu.tw:8443/10.6320/FJM.202311_27(6).0006

李新民（2001）。**課後托育理論與實務**。復文。

辛治寧（1999）。活動單設計初步與在博物館教育之應用。**科技博物**，**3**（1），27-29。

林永豐（2018）。延續或斷裂？從能力到素養的課程改革意涵。**課程研究**，**13**（2），1-20。http://doi.org/10.3966/181653382018091302001

林永豐（2019）。素養概念的不同內涵與特色。載於林永豐（編），**邁向素養導向的課程教學改革**（1-20 頁）。五南。

林怡呈、吳毓瑩（2008）。多元評量的活化、迷思、與神話——教學歷程

的個案研究。**課程與教學，11**（1），147-172。https://doi.org/10.6384/CIQ.200801.0147

林進材（2011）。**教學原理**。五南。

涂金堂（2013）。**教育測驗與評量**。三民。

柯華葳（2006）。**教出閱讀力**。親子天下。

洪智倫、陳永琳（2016）。臺中市課後照顧服務中心學生學習滿意度之研究。**長庚科技學刊，24**，55-70。https://doi.org/10.6192/CGUST.2016.6.24.4

孫扶志（2023）。教保領域——課程規劃與輔導。載於劉世雄（主編），**課後照顧服務**（4-1-27 頁）。華格納。

國立編譯館（1984）。**兒童發展與輔導**。正中書局。

國家教育研究院（2024a）。**十二年國民基本教育國民中小學暨普通型高級中等學校社會領域課程綱要課程手冊**（更新版）。國家教育研究院。

國家教育研究院（2024b）。**十二年國民基本教育國民中小學暨普通型高級中等學校數學領域課程綱要課程手冊**（更新版）。國家教育研究院。

常雅珍、林冠良（2013）。多元化記憶策略對大學生學習成效之研究。**長庚科技學刊，19**，53-73。https://doi-org.ezproxy.nptu.edu.tw:8443/10.6192/

張民杰（2014）。中小學生學習問題的預防與輔導：以家庭作業為例。**教育研究月刊，239**，5-18。http://doi.org/10.3966/168063602014030239001

張郁雯（2013）。情意評量。載於王文中、呂金燮、吳毓瑩、張郁雯、張淑惠（合著），**教育測驗與評量——教室學習觀點**（第八版）（327-335 頁）。五南。

張清濱（2008）。**學校教育改革：課程與教學**（第三版）。五南。

教育部（2011）。**國民中小學九年一貫課程綱要（國語文學習領域）**。

教育部（2018）。**十二年國民基本教育課程綱要（語文領域──國語文）**。

教育部（2021）。**十二年國民基本教育課程綱要（總綱）（修正版）**。教育部。

教育部國民教育司（1992）。**國民小學教學評量手冊**。

章宏智、洪煌佳（2009）。兒童運動價值觀及其相關影響因素之研究──以臺北市公館國民小學為例。**運動與遊憩研究，3**（3），144-159。https://doi-org.ezproxy.nptu.edu.tw:8443/10.29423/JSRR.200903_3(3).0010

許育健（2015）。**高效閱讀**。幼獅文化。

許育健（2020）。**聽，鯨在唱歌：素養導向國語文教學設計實務**。五南。

許家驊（2020）。核心素養導向之多元評量理念與實務。**師友雙月刊，623**，39-48。https://doi.org/ 10.3966/266336712020100623006

陳怡安（2020）。設計多元評量方式──發掘學生潛能與價值。**校園，62**（5），25-27。

陳明聰、吳雅萍（2022）。從法規談評量調整的內涵和做法。**雲嘉特教期刊，36**，10-18。

陳欣希、柯雅卿、周育如、陳明蕾、游婷雅（2011）。**問好問題！**。小魯。

陳春蓮（2000）。教學目標與評量。載於洪志成（主編），**教學原理**（159-192頁）。麗文。

陳盈宏（2017）。我國都會地區國民小學課後照顧班執行現況之研究：以弱勢群體學生為探討焦點。**教育研究與發展期刊，13**（3），1-30。

陳靖毅（2005）。南部地區國小教師在自然與生活科技使用學習單現況與理念之研究（系統編號：093NTNT5147031）〔碩士論文，國立臺南大學〕。**臺灣博碩士論文知識加值系統**。https://hdl.handle.net/11296/

wpccqt

陳麗如（2021）。**十二年國民基本教育教材教法：108 課綱素養教導**。五南。

曾建銘（2014）。選擇題命題原則與不良題範例。載於國家教育研究院，**測驗之編製：命題技巧與測驗資料之分析**（27-57 頁）。國家教育研究院。

曾榮祥、吳貞宜（2023）。**課後照顧理論與實務**（第六版）。華騰文化。

曾靜雯、許瑞強、陳璿文（2018）。學習評量與素養導向之關鍵能力。**教師專業研究期刊，16**，77-102。

黃政傑（2012）。創意多元課後照顧班——帶給弱勢兒童溫暖。**台灣教育，657**，43-44。https://doi.org/10.6395/TER.201206.0042

楊銀興（2003）。多元化評量。載於賴清標（主編），**九年一貫課程教師手冊**（70-76 頁）。教育部。

葉郁菁（2013）。課後照顧。載於葉郁菁（主編），**托育服務**（第二版）（191-214 頁）。心理。

廖鳳瑞、張靜文（2020）。真實性評量——看見每一個孩子，回應每一個孩子的評量。**台灣教育研究期刊，1**（4），65-89。

劉安彥（2003）。教學評量的理論與實用。**教育資料與研究，55**，100-108。

劉錞綺、劉嘉豪（2014）。**兒童體能活動設計**。心理。

蔡明昶（2005）。兒童體育與團康。載於郭靜晃、黃志成、王順民（主編），**兒童課後照顧服務訓練教材**（下）（343-375 頁）。揚智。

諄筆群（2023）。談素養導向評量，請先降低紙筆測驗的比重！**點教育，5**（2），27-28。

鄧運林（1995）。學習單的基本理念。載於鄧運林（主編），**開放教育新策略**（301-308 頁）。復文。

鄭淵全（2007）。**課程發展與教學創新**（第二版）。五南。

鄭端容（1995）。學習單的設計與應用。載於鄧運林（主編），**開放教育新策略**（309-316 頁）。復文。

蕭和典（2020）。學生素養導向評量對師生關係影響可能性之探究。**台灣教育，724**，39-44。

簡茂發（2002）。落實國小自然科多元教學與評量。**現代教育論壇，7**，189-197。

鐘敏華（2020）。素養導向體育教學之原則。**學校體育，181**，11-20。

Cooper, H. (1989). *Homework.* Longman.

Gagne, R. M., Briggs, L. J., & Wager, W. W. (1988). *Principles of instructional design* (3nd ed.). Holt, Rinehart, and Winston.

Grinder, A. L., & McCoy, E. S. (1985). *The good guide: A sourcebook for interpreters, docents, and tour guides*. Ironwood Publishing.

Gronlund, N. E., & Linn, R. L. (1990). *Measurement and evaluation in teaching*. Macmillan.

OECD. (2022). *Reading literacy*. https://www.oecd.org/en/topics/reading-literacy.html

Xu, J. (2013). Why do students have difficulties completing homework? The need for homework management. *Journal of Education and Training Studies, 1*(1), 98-105.

第 8 章

課後照顧班級經營與輔導

❖ 駱怡如

本章大綱

第一節　建立班級常規
第二節　教學情境的規劃
第三節　親師關係與溝通
第四節　兒童不良適應行為的類型
第五節　兒童輔導的基本技術
第六節　班級團體輔導
第七節　兒童輔導網絡
第八節　問題討論

學習目標

- 瞭解如何建立班級常規與規劃教學情境
- 瞭解班級經營與親師溝通的重要內涵
- 瞭解兒童輔導的基本技術
- 瞭解兒童輔導網絡與通報轉介方式

第一節 建立班級常規

教師在班級中建立良好的班級常規有助於營造穩定有序的學習氛圍，學生在有明確規範的教室與可預期的例行程序中獲得安全感與掌控感，可預測性與具結構性的學習環境有效降低班級混亂秩序的出現頻率，教師能投注心力於有效教學，學生更能專注於學習內容，有助於提高學習成效。

壹 班級常規的訂定原則

一、班級常規訂定重點

教師制定班級常規的最終目標是營造出彼此尊重信任、促進成長的教室環境，而非是充滿專制與控制的氛圍。訂定班級常規應考慮學生的年齡、認知發展與生理發展階段、個別差異，並考慮到不同情境下的調整與修正的彈性。班級常規必當與學校的校規、社會的規範、法律的規定一致，以避免混淆與矛盾。

二、班級常規訂定時機

教師新接班級時，即是訂定班級常規的好時機，班級常規不是僵固的教條，學期中可隨著學生的發展與班級的需求適時訂定或調整班級常規，當學生出現不當或干擾群體秩序行為時，亦是制定班級常規的好時機。在訂定過程中邀請學生參與以及清楚的說明和討論，有助於增加學生對於班級常規的認同感和遵守意願。

三、班級常規訂定方式

學齡前與國小低年級的學生年齡較小且認知發展較不成熟，大多由教

師先提出簡單明瞭、具體可行的班級常規，再清楚說明班規適用的時間與地點、分析制定此班規的原因，並且透過實際的示範與持續的提醒來協助學生瞭解與遵守班規。例如：走廊慢慢走、說話輕輕說等，並可搭配師生的默契口令「老師說：大眼睛；學生說：看老師」來提示學生遵守，透過反覆的練習讓學生養成習慣。

國小中高年級學生的認知與心智逐漸成熟，對於學校規定與班級規範也有一定的熟悉，因此教師可適度開放讓學生共同討論與制定班級常規。班級常規應具普遍性、合理性、一致性、公平性與可行性，因此在討論過程中，教師必須從旁引導學生進行道德思辨與深度探討班級常規的合法性與適切性，不可針對特定對象、避免不符合比例原則的處罰（例如：沒交作業就要將整課課文抄寫 10 次），或是窒礙難行（例如：上學遲到就一整個學期不能下課）。班級學生對於班級常規形成共識之後，可讓學生親手設計與製作班規海報張貼於教室中，來鼓勵學生遵守規則。制定班級常規後，教師應經常利用機會教育與學生討論並彈性修訂常規，以確保符合班級需求。教師亦可結合獎勵制度與鼓勵技術，激發學生的榮譽感，以增進學生遵守班級常規的內在動機。

貳 班級常規的實例

在班級常規的用字遣詞上，建議減少使用不當行為的描述甚至是負面詞句，最佳的方式是以正向語言具體列出希望學生做到的好行為，讓學生在耳濡目染中養成好習慣。例如：以「走廊慢慢走」來取代「走廊不要奔跑」；以「輕聲細語慢慢說」來取代「不要大吼大叫」。以下列舉低、中、高年級三個年段於不同情境的班級常規實例，作為教師制定班級常規的參考：

一、低年級

(一) 課堂學習

1. 見到老師和同學時,禮貌問聲好。
2. 聽到上課鐘聲響,要準時進教室。
3. 安排規律的作息時間,準時上學。
4. 每天都要完成回家功課和準時繳交。

(二) 整潔與秩序

1. 走廊慢慢走,安全跟著我。
2. 進出教室時,請輕輕的關門。
3. 用餐前要洗手,用餐後要潔牙。
4. 放學時要打掃座位、桌子排整齊,椅子靠進去。

二、中年級

(一) 課堂學習

1. 上課時尊重老師和同學的發言,發言前請先舉手。
2. 愛護學校公物,愛惜教室內的桌椅。
3. 生氣時,深呼吸,先冷靜,再說話。

(二) 整潔與秩序

1. 輕聲細語,口說好話。
2. 在圖書館時要保持安靜,緩步慢行。
3. 在走廊排隊時,請保持距離、安安靜靜。

三、高年級

（一）課堂學習

1. 上課要專心聽、專心看，認真作筆記。
2. 參加課堂討論時，發言要有禮貌、有條理。
3. 尊重他人的意見，想法不同時依然要保持友善態度。

（二）整潔與秩序

1. 課間休息時，遵守遊戲規則，注意安全。
2. 參加集體活動時，遵守秩序，聽從師長的引導。
3. 使用圖書或公用學習資源時，要依照規定借用和歸還。

　　班級常規的制定和落實，需要教師的智慧和耐心，也需要學生的積極參與和合作。透過合適的班級常規，學生能夠養成良好的行為習慣，班級也能夠形成良好的學習氛圍。

第二節 教學情境的規劃

　　教師專業素養可體現於教室物理環境與教學情境布置，教師應以學生學習與需求為中心進行整體考量與細部規劃，創造出有利於學生學習與身心健全發展的環境。良好的教室物理環境提供學生安全、舒適的學習環境，有助於提升學生的專注力與學習動機；與學生學習相呼應且具班級特色的教室情境布置能夠建立學生的歸屬感、激發學生的好奇心、促進師生間的互動與合作等，不僅有助於知識的深化，也能凝聚班級的向心力。

壹 教室物理環境

教室的物理環境對於學生的學習效果與教師的教學品質有顯著的影響，良好的教室環境不僅有助於提高學生的專注力和學習動機，也能促進學生的身心健康發展。因此教室內的通風、光線、座位安排、溫度、濕度、整潔衛生等因素都需要教師仔細考量和妥善規劃。

一、通風

教室內的空氣品質對於學生的健康與學習影響相當大，教室空氣中過高的二氧化碳濃度亦會導致師生昏昏欲睡、專注力不佳、呼吸困難甚至噁心想吐，影響學習成效。良好的教室通風可以提供新鮮空氣，減少空氣中的二氧化碳濃度，降低教室內細菌和病毒的濃度與傳播，增進師生的健康。為了達到良好的通風效果，教室設計應考慮到自然通風的原理，師生進到密不透風的教室後，應該先打開窗戶與適當的使用風扇，以利於空氣流通。在「班班有冷氣」的政策下，班級常常是緊閉門窗吹冷氣，然而在享受涼爽溫度時卻也導致教室內二氧化碳濃度過高的情況，因此教師須特別留意教室內是否有良好的通風。

二、光線

充足的光線是影響學生學習效果的重要因素之一，充足的光線可以提高學生的專注力和學習效率，並減少眼睛疲勞。而刺眼的眩光、閃爍的光線及照度不足等，則會造成眼睛不適、視線模糊、視力衰退或損害。教師可請學校行政單位協助定期檢測教室內的人造光源是否符合規定，確認教室天花板的電扇與燈具有保持適當距離，以避免電扇葉片擋住燈具或電扇轉動時導致燈光閃爍的現象。教師要留意教室應有充足的窗戶以讓自然光照入室內，並搭配可調節的窗簾，以便在強烈太陽光直射進入教室內時進行調節，特別是有太陽東晒與西晒的教室內更是需要加裝窗簾。如需要使

用電子教學媒體時，亦要留意教室內的光線，避免學生整日都處在昏暗的教室內觀看螢幕同時又進行抄寫。

三、溫度和濕度

　　教室內的溫度與濕度對學習環境的舒適度有直接影響，過高或過低的溫度和濕度會讓學生感到不適，影響注意力和學習效率。雖然教室溫度的舒適度取決於個人對環境溫度的主觀感受，但教室內溫度過高將導致師生感到疲倦、心跳加速、呼吸急促，影響思考能力與學習效率。建議教師可依照「公立國民中小學班級冷氣使用及管理注意事項」，教室內溫度超過28度以上即可開啟冷氣，為兼顧舒適與節能，冷氣溫度宜設定在26度至28度之間，並輔以電風扇或循環扇，以提升教室溫度的舒適度。在教室濕度方面，潮濕的環境容易在牆壁、天花板、地毯、置物櫃等地方滋生黴菌，造成師生出現過敏、呼吸道感染、胸悶、皮膚疾病的健康問題。因此教室最好能夠安排在通風明亮的位置，打開門窗讓空氣流通有助於降低教室濕氣。校舍若是有漏水滲水的情況也須立即修繕以防止潮濕問題。在雨季期間，打開門窗無法改善教室內潮濕的情況時，可考慮使用除濕機來有效降低濕度。

四、整潔衛生

　　教室的整潔與衛生是維持良好學習環境的最基本條件，班級的師生皆須負起教室環境清潔的責任。教室應每日進行清潔打掃，確保地面、桌椅、黑板、餐車、書櫃、走廊等處皆保持整齊清潔。垃圾桶可加蓋以避免吸引蚊蟲、異味溢出或垃圾飛散，並應及時清理以保持乾淨。維持教室的整潔衛生不僅有助於預防疾病的傳播，亦能帶給師生感官上的舒適與愉快的學習情緒。

貳 教室情境布置

教室情境布置是教師專業素養的展現，符合教育目標、具有教育意義的教室情境布置在靜默中能傳達出正向積極的訊息，邀請學生投入學習氛圍，可提升學生的學習動機與成效。

境教可視為學校潛在課程的一環，在潛移默化中影響著學生，教室情境布置可產生境教的效果，教師在進行教室情境布置時需以學生為中心進行規劃，以整體性與教育性為教室情境布置基本原則。

一、以學生為中心

教室布置的最基本原則即是以學生為中心，著重學生的安全、學習需求與舒適感受，讓學生喜歡進到教室學習，教室彷彿是學生另一個家一般的感到安心。教室規劃應當依照學生的學習階段與需求的不同而做合宜的調整。舉例來說，低年級學生身高較為嬌小，視線所及的高度較低，教室內張貼的文件資料或作品應配合學生的視線高度；高年級學生因為身形較大，其座位間隔與座位間通道勢必需要較低年級學生的間隔要來得大。座位間的通道要保持暢通，通道寬度要方便師生自由走動而不會因過於窄小而導致撞到桌椅或撞翻物品。

教師可以帶著學生一起進行教室的美化與綠化，例如學生動手布置教室公布欄、認養教室小盆栽、集思廣益討論教室的主題區規劃等，如此可凝聚班級向心力、學生更有歸屬感、班級布置更符應學生需求與期待，更能突顯出班級特色。

二、整體性

教師著手進行教室情境布置時，要先有整體規劃的藍圖，例如考量動線流暢度與不影響秩序與學習專注的原則，區隔出：上課區、取餐餐車區、閱讀區、學習成果展示區、訊息公告區、掃具區、活動交流區、冷靜

區、作業簿本區、學生置物櫃區、教師辦公桌區等，明確的區隔有助於建立班級秩序感，學生也較能夠有所依循以及依照需求選擇到不同的區域進行活動。

在教室布置風格與內容方面，可根據課程主題的不同，適時調整教室布置，使其與課堂內容相呼應，具有變化性可持續吸引學生的興趣與好奇，但建議要保持簡潔有條理，避免雜亂無章的恣意張貼、不放置過多裝飾物分散學生注意力，例如在黑板上方擺設娃娃公仔、在教室內懸掛風鈴等，都會影響學生上課的專注力。

三、教育性

適當的座位安排應考慮到課程的性質，常見的座位安排方式有：傳統直排式座位、馬蹄形或圓形座位、小組並排式座位等，座位安排應根據課程需求進行調整，彈性調整的座位安排能促進學生之間的互動，以及進行不同的教學模式。

傳統直排式座位適合於講授式教學，同學之間的交流與干擾的產生較小；馬蹄形或圓形座位可促進學生之間的互動和討論，適合進行討論、座談與表演等；小組並排式座位增加小組學生的交流互動，適合實施分組討論與合作學習等。

座位的安排需要考量學生需求，教師應根據學生的身高、視力狀況、身心特質進行座位調整，確保每個學生都有清楚的視線和舒適的學習姿勢。建議定期調整座位（例如每次定期評量後即更換一次座位），可增進同儕間更多的認識交流，亦可避免有些座位被安排在距離黑板較遠或是偏向教室角落的學生，容易因此而分心或感覺被忽略。

教室情境布置是教師專業以及教育愛的展現，秉持著以學生為中心的初衷，打造溫馨舒適、適合學習的教室情境，良好的教室情境布置不僅能提升學生的學習動機與成效，更能促進學生對於學校與班級的認同感與歸屬感。

第三節　親師關係與溝通

當教師與家長成為教育合夥人時，能夠更全面的瞭解孩子的需求，提供適切且即時的支持和幫助，良好的親師關係將是教育工程獲致成功的重要關鍵。

壹　親師關係

非洲諺語說：「It takes a village to raise a child.」要教養一個小孩，需要集結全村的力量（Clinton, 1996）。對學生的教育來說，家長與教師就是需要集結在一起的重要力量，因此良好的親師關係與親師溝通扮演著至關重要的角色。

良好的親師關係立基相互尊重、接納、關懷與信任的態度，仰賴積極有效的親師溝通以瞭解學校的教育目標和教學方法、掌握學生的學習成效與個別差異，及時解決學生在學習過程遇到的問題，適時調整教學方法，幫助學生順利學習。

常見的親師溝通管道包含聯絡簿、通訊軟體（例如：LINE）、社群媒體（例如：臉書社團）、手機與家用電話、班親會、當面晤談、家庭訪問等，教師需要因著學校的地理位置、家長的背景及溝通習慣、資訊科技的發展，選擇合宜的溝通管道，只要能夠發揮良好溝通效果即是好的選擇。無論選擇何種溝通管道，仁慈的態度、正向的語言與親師生三贏的目標是建立親師關係與溝通的共同關鍵。

一、仁慈的態度

教師與家長進行溝通時，態度要仁慈、溫和、尊重，帶著同理與善意去溝通，縱使是棘手的問題依然保持著不指責與不交惡的原則。當溝通不

如預期順利時，教師可先安穩住自己的情緒，放慢說話速度以避免產生咄咄逼人的感覺，讓語調和緩平穩些，先給彼此臺階下再尋找更好的溝通與解決策略。畢竟每個人的成長背景不同，對於事情的做法與觀點必然不同，達成共識與改變需要時間，教師願意持續帶著仁慈的態度與家長進行溝通，可協助家長逐漸放下心防或防衛，共同為孩子的成長而努力。

二、正向的語言

　　心理學家 Rudolf Dreikurs 說：「A child needs encouragement like a plant needs water.」（孩子需要鼓勵，就像是植物需要水。）（Dreikurs & Soltz, 1987），其實不僅是孩子，家長也需要鼓勵。教師可在平時觀察孩子與家長的亮點和進步，孩子的態度或行為有微小的正向改變都是值得鼓勵的，教師透過聯絡簿或通訊軟體即時向家長表達感謝或是肯定，有助於建立良好的親師關係與信任感。當有需要改進的事項需要溝通時，由於每個人對於文字訊息的解讀不同，容易產生誤解，因此建議透過手機電話或是當面晤談以做完整深入的陳述與雙向交流。

　　正向語言的使用不僅適用於表揚優良事蹟，溝通需要改進的問題或事項時，依然可以使用正向的語言，在客觀清楚的陳述問題或事件後，提出具體的建議或期待，讓家長感受到教師的用心，例如：

　　不宜：「曉杉今天在走廊奔跑，非常危險，屢勸不改，請貴家長嚴加管教。」

　　可改成：「曉杉今天下課時在走廊奔跑，老師已和曉杉聊過希望學生都在走廊慢慢走是要保護大家的安全。曉杉說他瞭解且願意遵守，只是常會忘記需要師長多提醒。因此請曉杉爸媽幫忙和老師一起提醒孩子要遵守走廊慢慢走的約定，感謝您們的協助。」

三、親師生三贏的目標

　　親師溝通的目標是希望交流想法、形成共識、親師成為教育合夥人共

同協助孩子，達成親師生三贏。因此當親師之間的認知有落差時，教師與家長硬碰硬或極力打擊對方、捍衛與證明自己的觀點與做法一定是正確的，不僅親師雙方皆輸，夾在中間的孩子往往受害最深。

親師之間觀點不同時，放下對彼此的糾結與成見，每件事情都可以有不同的樣貌，每個人都可以有不同的可能，回到教育孩子的初衷去思考，嘗試站在孩子的立場，用孩子的眼去看、用孩子的耳去聽、用孩子的心去感受，以孩子的健全成長需求為目標共同努力，縱使未必能立即達成親師生三贏局面，至少也是往正確的方向而努力著。

貳 溝通阻礙與有效的溝通方式

一、常見的溝通阻礙

良好的溝通在取得合作與協調衝突上具有明顯成效，反之則可能造成更多誤解或對立。效能訓練協會創辦人 Thomas Gordon 發展用以溝通與解決衝突的「高登模式」，提出 12 項溝通阻礙，包含命令式溝通、貶抑式溝通以及迂迴式溝通，教師可用以自我檢視於親師溝通、師生溝通中，是否曾誤用造成溝通阻礙的對話而產生誤解或關係對立，覺察便是改變的開始。溝通阻礙包含（Gordon, 2000/2012; Gordon, 2003/2013; Humphreys, 1993/2000）：

1. 命令、控制、指揮：要求對方聽從指示來做，例如：我不在乎其他班級怎麼做，我這個班就是這樣規定！
2. 警告、威脅：威脅對方若做出某行為將會導致某些負面後果，例如：如果你真的那樣做，你就給我出去！
3. 訓誡、說教：用外在權威指導對方應如何做，例如：妳要知道學生的責任是來學校唸書的，不是來玩的！

4. 建議、忠告：直接提供對方解決辦法或建議，例如：成績沒有起色，你還是幫孩子換個學校吧！
5. 責備、批評：給予對方負面的評價，例如：孩子根本就是懶惰、家長本身就不負責任。
6. 命名、歸類：以挪揄或不尊重的方式為對方取綽號或貼標籤，例如：哇！妳是一個被寵壞的小公主！
7. 邏輯論證、推理：以邏輯觀點推理事情，忽視對方的情緒和想法，例如：同學不想跟你玩，你就要尊重他，況且你朋友很多，也不缺這個朋友。
8. 評價式的讚美：在讚美的語句中隱藏著掌控、論斷或批評，意圖使人聽從，例如：你一直是位好學生，我知道你一定會聽師長的話的，快去做吧！
9. 分析、診斷：分析對方的動機或是想法，診斷或是論斷對方，例如：你這些都是藉口！我看你根本就是要逃避家長應該負的責任！
10. 詰問、盤問：過多或不當的探問對方的隱私或與現下問題無關的事情，例如：你的媽媽一個月可以賺多少錢？
11. 安慰、同情：提供美好的圖像，企圖使對方好過一點，例如：孩子很有潛力，成績會很快進步的，放心啦！
12. 轉移話題，故作幽默：企圖轉移對方的注意力到其他事情，讓對方不陷入情緒或面對問題，例如：不要再談這件煩心的事，我們來聊快樂的旅遊經驗吧！

二、Satir 五種溝通型態

　　美國家族治療先驅 Virginia Satir 提出五種常見的溝通型態，包含四種因自我保護而採取的方式：討好型、指責型、超理智型、打岔型，以及一種真誠且有助於溝通的方式：一致型。茲彙整 Satir（1988/2015）五種溝通型態說明如下：

1. 討好型：討好者總是以討好或逢迎的方式試圖取悅對方，委屈自己，像個犧牲者或是拍馬屁的人。
2. 指責型：指責者總是展現優越，忽視對方的感受與權益，認為錯在對方而處處攻擊或批判，像個吹毛求疵或是獨裁的人。
3. 超理智型：超理智者強調極端客觀與理想化的解釋分析，態度單調冰冷的提出長篇大論，認為自己充滿智慧且分析得非常有道理，像是臺電腦或機器人。
4. 打岔型：打岔者在與人互動時常突然轉移話題，在溝通過程中常掌握不到重點，難以聚焦在人與情境的需求上進行討論，像是不停兜圈子轉動的陀螺，漫無目的不知要轉向何方。
5. 一致型：一致型溝通者對自己與對他人皆是真誠一致，尊重與接納雙方的感受，願意彈性面對外界對於改變的要求，建立人與人之間自然舒服的相處關係，像是開放完整的人。

在上述五種溝通型態中，當教師們僵化在討好型、指責型、超理智型與打岔型的溝通型態中，較容易出現溝通問題，一致型溝通者比較能夠穩定住自己並且考量整體情境後，真誠面對問題並適當的進行溝通，是眾人皆可以學習的方式。

三、反映式傾聽與我訊息

溝通是雙方傳達與接收想法的過程，更是雙方「建立連結」的時刻，每次對話都影響著「我」和「你」之間的關係，良好的溝通將能夠建立起雙方良好的連結，從「我」和「你」的關係變成「我們」，因此良好的溝通技巧就顯得十分重要。

（一）溝通前進行現況評估

在進行溝通前，教師可以先評估以下幾點，再進行對話：

1. 對方的生理狀態：當人感到疲累或是飢餓的時候，生理的匱乏會影響到專注力與理性決策，因此要避免在生理狀態不佳時進行重要或冗長的對話，若是必須進行對話，盡量簡單扼要的陳述重點。
2. 檢視慣用溝通模式：檢視自己平時展現的溝通型態以及是否常使用溝通阻礙的話語，溝通是雙面鏡，對自己現有的溝通模式有更多的覺察與瞭解，在溝通過程能夠更有意識的進行對話與適時調整。
3. 選擇合宜的溝通環境：外在環境會影響到溝通的成效，如果雙方處在吵雜混亂或不安全的地點（例如：在車水馬龍的大馬路旁，有其他家長正等候著要提問），建議換個地方再進行溝通，將有助於雙方提升專注力，聚焦於彼此所傳遞的訊息。

（二）反映式傾聽的基本技巧

在溝通過程中，教師先扮演好良好傾聽者的角色，有助於讓家長或學生知道教師明白他們想要表達的意思與情感，良好傾聽的重點在於多聽少說，因此教師可以藉由反映式傾聽達到有效傾聽。

想要有效運用反映式傾聽，首先要展現出積極傾聽的姿態，包含眼神的接觸與專注的肢體姿態（例如身體轉向說話者、頭部略微前傾、點頭、情感同步等），真誠一致的對於說話者的談話內容與感受表示興趣或關切，並且會盡量避免立即給予指導或建議，鼓勵說話者願意繼續表達。

此外在說話者的談話過程中，可以運用反映式傾聽的基本技巧（Dinkmeyer & McKay, 1997），包含：

1. 重複技巧：如同鸚鵡學話一般或是彷彿山谷回音，如實的覆誦說話者的話語，或是將說話者的話語做前後順序的對調後再重述，幫助說話者有機會聽到自己說出的話。但要留意不需要每句話都重述，只需要在關鍵或需要回應的部分做出回應，以免干擾對話的流暢度。

2. 摘要技巧：如同畫重點般，將說話者的話語內容做重點摘要或換句話說，不僅能夠聚焦談話內容，亦有助於說話者回顧與釐清思緒及感受，達到彼此正確的理解。
3. 提問技巧：以好奇、客觀且帶著善意的適時提問，嘗試深入瞭解說話者的想法與意見，避免用封閉式問句而要多運用開放式問句，好讓說話者有機會完整表達、進一步說明或澄清修正。
4. 核對技巧：溝通過程中很容易因為每個人的各自解讀或斷然的判定而發生誤會，因此適時做確認與核對可以減少溝通誤解。傾聽者可以將自己聽到的內容反映出來，以疑問句的方式來詢問說話者，讓說話者確認這是否是他想要表達的意思，若是有認知上的落差即有機會立即補充或澄清。

（三）我訊息的基本技巧

進行表達陳述時，許多人習慣使用以「你……」當作是主詞，特別是處在負面情緒中更常如此，例如：「你這樣講話很沒禮貌、你為什麼每天滑手機到半夜還不睡？」以「你」作為主詞的句型稱為「你訊息」，「你訊息」容易使對方感覺受到指責而出現防衛或是反擊行為、想要反駁或是乾脆充耳不聞，此對話方式也容易損害彼此的關係，成為雙方的「溝通阻礙」。

想進行有效的溝通，除了可以運用反映式傾聽，「我訊息」亦是相當有效的技巧。

適時運用以「我」作為語句開頭的「我訊息」（I-Message），既可表達自己的情緒、感受與期待，亦可降低對方感到被指責的負面情緒，幫助對方可以清楚的接收到我們的訊息並且促成理解，致使問題可獲得妥適的解決。「我訊息」是以「我」為語句主詞，客觀的描述對方的行為與帶來的影響，並且表達個人的感受與期待，具體而言，可以包含三個部分（Dinkmeyer & McKay, 1997; Ginott, 1972/2001）：

1. 事實——描述行為：教師以不帶批評與責備的語氣與態度，適時做出客觀的陳述，焦點集中於實際或特定狀況或行為，少用「一直」、「總是」、「每次」、「永遠」。
2. 感受——陳述感受或影響：教師說出自己對於學生或家長的行為所產生的感受為何、這些行為對於班級經營或教學的影響為何。
3. 期待——表達期待：教師真誠友善的提出自己的期待或是邀請家長或學生一起共同商討解決策略。

在實際的運用上，提供兩則對話作為參考：

舉例一：師生對話

- 事實——描述行為：我看到你進到教室 20 分鐘後，才拿出回家作業開始寫，
- 感受——陳述感受或影響：我會擔心你無法在回家前完成作業，
- 期待——表達期待：我希望你到教室後可以立刻寫功課，若需要幫忙也要讓我知道。

舉例二：親師對話

- 事實——描述行為：孩子這陣子在學校上課時常打瞌睡，我聽孩子說她是因為每晚玩手機到凌晨一兩點才睡，
- 感受——陳述感受或影響：我會擔心孩子長時間使用手機會影響到她的視力、睡眠以及學習成效，
- 期待——表達期待：我想是不是可以請家長和孩子一起訂出手機使用規則，我們一起來督促孩子，若有效改善將對孩子的成長與學習會有很大的幫助。

特別要注意的是，並不是用「我」當作句子的主詞就是使用「我訊息」，若是言語與態度帶著批評責備，對方依然會產生防衛或反駁，例如：「我覺得你的孩子真的是教不會」。使用「我訊息」，說話的時候要有溫和的口氣與態度，目標在於讓對方理解、取得對方的合作或是促成雙

方共識以共同解決問題。

運用「我訊息」並沒有太制式、太刻意的公式，只要能夠抱持仁慈的善意，清楚表達個人的真實感受、具體客觀的描述事實、提出正向的期待或建議，促使對方理解或是願意合作，即是成功的溝通。

第四節 兒童不良適應行為的類型

處理校園中兒童的問題行為是教師主要壓力源之一，尤其是隨著社會環境變遷與科技日新月異發展，兒童的問題行為樣態更顯得複雜與棘手。當兒童出現問題行為時，教師可能會感到苦惱甚至對兒童產生負面觀感，但教師需要理解要解決的並不是兒童而是問題，如何和兒童一起建設性的因應問題才是關鍵。

壹 兒童不良適應行為的成因

每個兒童與其成長背景都具有獨特性與差異性，因此教師必須要謹慎且不預設立場的理解兒童的適應困難，兒童出現不良適應行為的成因可能相當錯綜複雜，需要將問題行為放在整體脈絡中檢視，必要的時候諮詢學校輔導行政處室或是專業輔導人員，共同評估兒童不良適應行為發生的強度、頻率、持續性與影響層面，以利擬訂有效輔導策略。以下從生理因素、家庭因素、學校因素與社會因素四個層面提供教師判斷可能導致兒童產生適應困難的原因（梁培勇等著，2015；陳金定，2007；Kauffman & Landrum, 2013; Rice & Dolgin, 2002/2004）：

一、生理因素

1. 生理發展：此處所指稱的生理發展包含身體的生理發展成熟度以及

身體外觀。在身體的生理發展成熟度方面，人類大腦前額葉皮質是負責高階認知功能的關鍵區域，與個體的行為管控、決策、計畫和衝動控制密切相關，但前額葉皮質在兒童期尚未完全成熟，因此兒童在自我控制、情緒調節、注意力集中等的行為控制能力較為有限，教師需理解並且有效的教育與引導，幫助兒童發展其行為調節能力。此外青春期兒童因為性荷爾蒙以及大腦神經傳導物質多巴胺的影響，表現出較高的衝動性和冒險行為，若缺乏適時的引導可能會導致兒童不良適應行為的出現。

在身體外觀方面，兒童對於個人的外貌與身材的主觀認定可能會影響到自我概念的發展，例如兒童不滿意自己的身材太高、太矮、太胖、太瘦，可能會感到自卑或因為被同儕取綽號而容易產生人際衝突，逐漸惡化為偏差行為；或是兒童認為自己的外貌不符合主流的審美觀而對自己感到不滿意或自卑，發展出負面身體意象的兒童，容易形成低落的自我概念，成為出現偏差行為的高危險群。

2. 先天性疾患：先天性疾患指的是兒童出生時即具有的生理或心理疾病，先天性疾患可能會造成兒童在學習、人際互動、日常生活功能等層面出現限制與困難，導致兒童長期累積挫折經驗與自卑感，形成負面的自我概念，出現不良適應行為。依據《特殊教育法》定義因生心理障礙經專業評估及鑑定具學習特殊需求的類別，例如：感官障礙（如：視覺障礙、聽覺障礙等）、認知障礙（如：智能障礙、學習障礙）、情緒行為障礙與自閉症等。

二、家庭因素

1. 早年經驗與依附關係：依附關係由 John Bowlby 的依附理論而來，是指個體於嬰兒時期與主要照顧者之間建立的情感連結，對個體的社會、情感及行為發展有著深遠的影響。Mary Ainsworth 再將依附關係可分安全依附、焦慮抗拒依附、焦慮迴避依附，以及

Mary Main 提出第四種為紊亂依附，其中後三者屬於不安全依附（Ainsworth & Bell, 1970; Main, 1999）。在安全依附中，兒童感受到主要照顧者的支持與關懷，培養出對他人的信任和對自己的安全感，能夠發展出較高的自我調節能力、情緒管理技巧及社交技巧。然而，在不安全依附中，兒童可能會經歷焦慮、不信任或混亂的情感，較容易在壓力情境下產生行為失常，導致偏差行為的出現。

2. 家長管教風格：依據 Baumrind 教養風格理論（Baumrind, 1978），可將家長管教風格分為開明權威、寬鬆放任、專制權威和忽視冷漠四種類型，採取開明權威的民主式教養風格的家長對於兒童有高度的情感關懷並且設定合理的限制，讓兒童學會自主與負責，親子關係和諧，因此與兒童的錯誤行為呈現低度相關。寬鬆放任、專制權威和忽視冷漠三類型的家長教養風格過度以家長為中心或過度溺愛兒童，較易造成親子關係疏離或衝突，影響兒童的人格偏向負面發展，導致適應不良行為的發生。

3. 童年逆境經驗：童年逆境經驗（adverse childhood experiences）指的是兒童在成長過程中經歷極具壓力或痛苦的事件，如身體虐待、性虐待、情感忽視、家庭暴力或重大失落經驗等。童年逆境經驗與兒童偏差行為之間具有高度相關。童年逆境經驗對兒童的情緒調節和壓力管理能力有顯著影響，特別是與情緒管理相關的區域如杏仁核和前額葉皮層，產生長期的負面影響，使得兒童可能會表現出易怒、焦慮、恐懼或抑鬱等情緒問題，這些情緒問題常轉化為外顯的偏差行為，例如攻擊性、反抗權威或破壞性行為、逃避學習、自傷自殺等行為（Chapman et al., 2004; Harris, 2018/2018）。

4. 學習模仿：根據 Albert Bandura 的社會學習理論（張春興，2007），兒童不僅會模仿家長的行為，還會模仿他們處理情緒和社會關係的方式。此外大腦中的鏡像神經元讓人類可透過觀察他人的行為來進行模仿與學習，因此兒童不是做大人所說的，而是做大人所做的。

當家庭中經常表現出暴力、攻擊性或消極應對情緒的方式，兒童可能會透過學習模仿這些行為而惡化為偏差行為，如打架、霸凌等。家長若是對法律規範或社會秩序抱持輕視態度，兒童可能會認為違反法律與社會規範是可接受的而出現偏差行為，例如偷竊、傷人或破壞公共財物。

三、學校因素

1. 師生關係：美國歷史學家 Henry Adams（Adams & Nadel, 1907/2009）曾說：「A teacher affects eternity; he can never tell where his influence stops.」（教師的影響力無遠弗屆，他永遠不知道這影響力遠至何處。）良好的師生關係是降低兒童偏差行為的保護因子，與教師建立安全、信任關係的兒童，在學校表現出較高的自我調節能力、學習動機和較少的行為問題。反之，當師生關係為冷漠不具情感、緊張與衝突、放任或疏離時，學生可能會感受到受漠視、不安全感、被打壓或被傷害而產生反叛心理，從而增加違規、挑戰權威、懼學或拒學等偏差行為的可能性。

2. 同儕關係：同儕關係在兒童學習社會化的過程扮演著重要角色，良好的同儕關係對兒童的心理健康和行為有正面影響，而受到同儕排擠或不良同儕關係的兒童可能會感到孤立受挫而以破壞性（例如攻擊他人或違反校規）、競爭性（例如排擠他人、競爭班級人氣或地位），或逃避性（例如拒學、沉迷網路遊戲）的方式來回應同儕壓力與衝突。此外，兒童亦可能想獲得同儕團體的認同而模仿或強化同儕間的不良行為，而導致偏差問題的產生。

四、社會因素

1. 網路的負面影響：科技的進步與普及，現代兒童可謂是生長在數位科技時代的數位原住民，透過網路學習、遊戲、社交、獲取資訊與

滿足生活所需已是日常生活常態。但使用網路成癮的兒童會導致學習動機與成效降低，甚至產生日夜作息顛倒、缺課、拒學的情況。若長時間沉迷於網路世界、社交媒體和線上遊戲，缺乏適當的監督和引導，可能會導致兒童適應不良行為的產生。例如：暴露於性與暴力遊戲或影片中的兒童，將會建立錯誤的性觀念，以及容易模仿暴力行為導致在現實生活中表現出更多的攻擊或挑釁行為。此外，網路霸凌亦是網路的負面影響，網路霸凌意指霸凌者在網路世界透過文字、影音圖像對被霸凌者進行騷擾、威脅恐嚇或人身攻擊等（刑事警察局預防科，2016；吳明隆、簡妙如，2009），由於網路訊息的傳播迅速且範圍廣泛，往往帶給受網路霸凌者極重大的精神傷害與心理創傷，霸凌者亦須面對衍生而來的法律問題與身心影響。網路世界的負面影響必然延伸到現實生活，導致兒童適應不良行為的產生與惡化。

2. 社會事件：社會事件諸如經濟危機、疫情、戰爭、政治動盪等整個社會大環境的外在壓力會透過家庭、學校和社區，對兒童的認知、情緒與行為帶來不同程度的影響，甚至可能造成適應不良行為。例如 2020 年初爆發新冠疫情後，社會隔離導致兒童缺乏與同儕和教師的實體互動，使得兒童缺乏實際的人際互動、溝通表達的學習機會，長期的社會隔離產生的孤立感會增加焦慮、壓力和憂鬱的風險，影響兒童的心理健康發展，並引發適應不良行為問題，例如網路成癮、學習動機與成效低落。亦例如當新聞媒體過度大幅報導社會事件時，例如自傷與自殺事件、恐怖攻擊傷人事件等，將使得兒童過度暴露在負面新聞當中，而出現替代性創傷經驗或是出現模仿效應，這些危險因子會提高兒童不良適應行為發生的機率。

總結來說，兒童的問題行為反映出兒童在生活中遇到了困難才會出現適應不良的情況，因此教師需要運用有效的輔導策略並結合家庭的力量，

提供適當的心理支持和輔導，幫助兒童學習情緒調節、壓力管理、自我控制的能力，以減少偏差行為的發生，協助兒童獲得健全的發展。

貳 學生不良適應行為的目的與背後需求

阿德勒心理學派認為每個孩子都想要擁有社會歸屬與個人定位，當孩子無法以利社會行為來獲得內心渴望的歸屬感與價值感時，常會感到氣餒挫折，因適應不良而發展出錯誤的行為。因此教育人員若能專業的猜測出孩子錯誤行為背後的目的，以及理解孩子內心的渴求，將有助於有效因應孩子的偏差行為。茲就阿德勒心理學派的兒童錯誤行為目標與心理需求說明如下（Bettner & Lew, 1989; Dreikurs & Soltz, 1987）：

一、引起注意

當大人看到孩子出現煩人或干擾的行為時，常會做出提醒、勸告或指責，當孩子因此而短暫停止行為但很快故態復萌，使得大人得要時時叮嚀或是感覺好像常繞著孩子忙得團團轉時，孩子的錯誤行為目標很有可能是在「引起注意」。因為孩子內心渴望被注意、被服務、被愛，孩子內心渴求的是獲得「連結」，但因為無法以正向行為獲得連結，轉而寧願獲得負向的連結也不要被忽視。建議大人可以在平時多與孩子聊天、讓孩子適度的幫忙、建立正向連結，使用語言或非語言訊息讓孩子感受到被愛與歸屬感。

二、爭奪權力

當大人對於孩子的錯誤行為感到生氣、惱怒或受到挑釁、想要展現出師長的權威來強迫孩子服從或就範時，孩子卻不理會大人的指責而持續行為，甚至變本加厲或是挑釁式的順從，這時孩子的錯誤行為目標很有可能是在「爭奪權力」。因為孩子內心渴望擁有選擇權、可以自主、有掌控

權，孩子內心渴求的是獲得「能力」，但是在生活中卻感受到似乎都被迫要聽從指令，自己並無法選擇或是支配，因此感到挫折而出現對抗行為，藉此證明自己才是主導者。建議大人覺察到自己正在與孩子進行權力爭奪戰時，不要硬碰硬的跟孩子做權力的拉扯，要很有意識的穩住自己的情緒，運用友善且有效的方式讓孩子覺得有所選擇。

三、尋求報復

當大人對於孩子的錯誤行為感到憤恨、受傷、想給孩子重重的教訓時，孩子卻破口大罵、回擊或是採取報復行動，這時孩子的錯誤行為目標很有可能是在「尋求報復」。因為孩子內心深深感到自己被傷害、不被愛、不被接納，孩子內心渴求的是擁有「意義與價值」，一個傷得很重的孩子會以反擊的行為來嘗試讓別人也感受到痛苦的滋味。建議大人此時不要再做出傷害孩子的行為，要解決的是孩子的挫折，而不是挫折的孩子。先修補關係或是重新建立關係，讓孩子有貢獻的機會以培養生命意義感與自我價值感。

四、自暴自棄

當大人對於孩子的錯誤行為感到無助、絕望、無計可施而想放棄時，孩子也自我懷疑、無動於衷、展現無能為力或是自我放棄，這時孩子的錯誤行為目標很有可能是在「自暴自棄」。因為孩子內心認為自己無能、感到自卑自貶，此時孩子需要的是發展面對人生挑戰的「勇氣」。建議大人安排機會讓孩子獲得成就感，將任務拆解成可循序完成的步驟，不要幫孩子做他能力可及的事情，運用鼓勵策略滋養孩子的勇氣。

心理學家 Alfred Adler（1930/2016）曾說：「孩子是最佳的觀察者，卻也是最差的詮釋者。」孩子有良好的觀察與感受能力，但因不夠成熟的大腦發展以及尚待學習的合宜因應策略，使得孩子嘗試用錯誤的方式來獲得內心渴望的連結感、能力感、價值感與勇氣。Alfred Adler（1930/

2016）認為孩子犯錯時便是可教時機，若是孩子沒有犯錯，教育幾乎不可能發生。因此教師理解孩子錯誤行為背後的渴求，在學校情境中讓孩子有機會建立歸屬感、培養能力感、發展價值感、激發勇氣，將是有效將迷途的孩子導回正軌、幫助每個孩子都能成功的關鍵。

第五節 兒童輔導的基本技術

教師具備基本輔導技術對於班級經營與輔導有著極為重要的影響與助益。具備輔導技術的教師更能理解學生的認知、行為與情緒狀態，使學生感到被支持和理解，教師能更有效的處理學生的問題行為與經營友善接納的班級氛圍。

壹 基本晤談技巧

晤談技巧是指教師在與學生或其家長進行交流時可運用的各種技巧，以促進彼此間的理解和信任。教師於輔導工作中常用的晤談技巧如下（吳武典等人，2010；張進上，1999；Corey, 2017/2022）：

一、尊重接納

尊重接納是晤談技巧中的基礎，教師不帶有任何批判或偏見，尊重每個人都是獨立個體，無條件的接納個體所表現出之認知、情緒與行為。尊重接納並不意味著認可或贊同對方所有的認知與行為，但仍願意承認每個人皆具有獨特性和價值。當對方感受到被尊重和接納時，會更願意放下防備，表達內心的真實感受，進而促進問題的解決和個人成長。

二、真誠溫暖

　　來自於教師發自內心、表裡一致無條件的關心，展現於外且讓對方能感受到真心誠意的關懷和仁慈的態度。真誠溫暖不侷限於言語上的表達，也包括非語言訊息，如眼神接觸、面帶微笑和適度的肢體語言。當教師表現出真誠溫暖時，對方會感受到被重視和關愛，有助於建立信任關係，拉進彼此的距離。

三、積極傾聽

　　積極傾聽是指教師在晤談中，運用整體知覺系統專注於對方的口語和非口語表達，展現出對其所說內容的興趣和理解。積極傾聽不僅是用耳朵去聽，更是需要用心去感受對方真正的心意，並透過眼神接觸、點頭、回應、提問等方式，讓對方感受到被重視和理解。積極傾聽有助於增進彼此信任、把握談話焦點與問題核心，並可適時運用「喔」、「嗯」、「是這樣嗎」、「你能不能對於這一點說得更詳細些」、「後來呢？」等回應或開放性提問，鼓勵對方繼續說下去。

四、同理

　　同理是指教師能夠彷彿自己身歷其境般，站在對方的立場去貼近、去瞭解對方內心的主觀世界，對方因此會有「被信任、被關心、被理解」的感受。同理並不是同情，不需要憐憫對方，展現同理技巧的同時，教師不能也不需迷失在對方的感受與行為中。運用同理技巧有助於建立更真誠和深厚的關係。例如當學生表示因故被家長罵，教師可以先同理學生難過或委屈的感受，再討論事情原由。

五、鼓勵

　　鼓勵是指教師在晤談中運用語言或非語言訊息給予對方正向回饋、支

持或理解，增進對方的能力感、價值感、勇氣與信心，促使對方發揮潛能或願意繼續克服困難。在運用鼓勵時，教師應注意真實性和具體性，鼓勵強調的是平等的關係而非上對下的評斷，並且要避免過度誇張或空泛的讚美。

六、摘要

摘要是教師在晤談過程中，將對方的陳述進行歸納摘要整理後再簡明扼要地回饋給對方，以確認自己的理解是否正確。摘要能夠幫助教師梳理對方的想法與感受，也讓對方有機會重新審視和進行反思，同時亦能夠讓談話更為聚焦。

七、澄清

當教師對於對方的表達感到不確定或模糊時，教師可以表示對於對方所表達的意思感到不明白或不確定，透過提問或試著重述，讓對方可以深入詮釋或補充說明來進行澄清，有助於避免談話的誤解和認知的落差。

八、自我揭露

自我揭露是教師在晤談中，適度的將自身的經歷、感受或想法與對方分享，能夠使教師顯得更加真實和親切，使對方減少防衛或產生共鳴，感受到自己並不孤單，有助於拉近雙方心理距離，增進信任關係，促進更深層的談話。自我揭露需要適度，且必須與對方的需求相關，避免將焦點轉移到教師自身。

貳 媒材與工具

在輔導過程中，教師可以運用媒材與工具來幫助學生更明確具體的表達自己、促進溝通互動、催化自我覺察等，特別是兒童可能因詞彙量、

語言表達能力與抽象推理能力尚未發展成熟，而難以清楚明確陳述想法與情感時，更需要運用媒材與工具作為溝通表達媒介。以下介紹常用的輔導媒材與工具及其應用方法，作為教師進行輔導工作的參考（Kissel, 1990/2008; Kottman & Meany-Walen, 2016/2019; Landreth, 1991/1994）：

一、遊戲

　　遊戲與遊戲中的語言就是孩童的現實生活處境與生命風格的展現，透過布偶、紙偶、扮家家酒、角色扮演、牌卡等，都能夠用來建立關係並且促進學生的自我探索與表達。例如：教師可以讓學生從情緒牌卡中選擇最能代表他們當前處境或情緒的卡片，再運用晤談技巧引導學生以選擇的情緒卡片為主題進行討論，增進學生對於情緒表達的詞彙量，幫助學生更具體的描述內心感受。

二、藝術

　　藝術包括繪畫、黏土雕塑、著色、撕畫、摺紙、拼貼等形式，教師可以提供不同的藝術媒材，如畫筆、顏料、黏土、花草樹枝、木框等，讓學生透過藝術創作以非語言的方式表達內心的情感和想法，在形式上可分為指導性、非指導性或是兩者折衷方式。以繪畫來說，指導性的方式為教師以有創作的主題與討論的方向，例如請學生在紙上畫出一個人、屋樹人或家庭動力圖，來瞭解學生的心理狀態與家庭互動。非指導性的方式則是由教師提供多元媒材，由學生自主選擇媒材與主題進行自由創作。雖然指導性與非指導性的形式不同，但學生在藝術創作過程中的放鬆與專注，被允許運用藝術媒材安全表達與宣洩內在的衝突與壓力，促進自我探索與反思，以及治療性對話，皆是一致的目標。

三、音樂或影片

　　音樂與影片亦可作為情感表達的媒介，可以在輔導過程中用來舒緩情

緒和促進溝通。教師可以根據學生的情緒狀態，播放適合的音樂以引導他們進入放鬆的狀態，或是感受與表達難以言說的感受。例如教師希望學生能夠溫和的說話和做事，便可播放一首和緩的曲子，引發學生的具體感受與共鳴，讓學生知道老師所說的溫和的感覺就像是這首曲子一樣。亦可選擇適合學生的影片，共同欣賞後再引導學生討論影片中的主題和情感，從而促進自我反思和行為改變。音樂與影片皆是豐富多樣的媒介，能有效提升輔導過程的互動性和對談深度。

四、閱讀

閱讀在輔導中可以用來引發學生的思考和啟發，教師可以選擇適合的繪本書籍、故事或文章，透過故事中的角色和情境來幫助學生瞭解某些心理現象、產生共鳴或解決問題的方法，培養學生應對生活挑戰的能力。尤其是學齡前與學齡期的孩子特別喜歡看繪本、聽故事，一本圖文並茂的繪本往往可帶領學生投入故事情境中，教師透過閱讀作為媒介促使學生獲得領悟，進而有效的解決問題，達到輔導成效。

第六節 班級團體輔導

班級團體輔導是以班級為單位進行團體輔導活動，協助兒童在班級團體情境中透過個人覺察與省思、人際互動與討論、知識提供與價值澄清、團體回饋與支持等方式，促使兒童個人與班級團體成長與正向改變。

壹 班級團體輔導的功能與實施時機

一、班級團體輔導的功能

　　班級團體輔導以兒童的身心健全發展為目標，班級團體輔導必然以兒童為中心進行設計與執行。當教師希望能夠營造良好班級氣氛、凝聚班級向心力與歸屬感、減少兒童不良行為的發生或解決班級內具共通性的問題行為時，可實施發展性班級團體輔導以提升兒童的良好適應與心理健康。班級導師是學校環境中與兒童關係最為緊密，亦是最瞭解兒童與其班級需求的重要他人，是適合進行發展性班級團體輔導的學校人員。

　　當班級中發生危機事件、重大違規事件，或班級內具共通性的問題行為嚴重程度已超過班級導師專業能力範圍時，則可結合學校輔導人力或校外諮商輔導資源進行介入性或處遇性班級團體輔導，以帶領班級兒童共同面對與解決問題。班級團體輔導具有團體療效功能，但教師應具備高敏銳度的辨識與篩選出持續出現生活與學習適應困難的學生，並轉介至學校輔導處室。因此班級團體輔導與個別輔導、小團體輔導應是相輔相成的學校輔導工作。

二、班級團體輔導的實施時機

　　當班級兒童有共同的輔導需求時，即是教師可規劃班級團體輔導的介入點，班級團體輔導實施時機為（王麗斐，2020）：

1. 當班級多數學生同時發生某些類型違規問題。
2. 當班級學生發生人際衝突事件（例如：肢體或言語衝突、霸凌、排擠）。
3. 當班級發生危機事件時（例如：有師生受傷、生病、去世）。
4. 當教師覺察危機徵兆時（例如：節慶活動、新聞社會議題或災難事件）。

5. 促進心理健康知能。

貳 班級團體輔導的實施內容與範例

一、班級團體輔導的實施內容

在實施班級團體輔導前，教師應針對學生的需求訂定輔導目標、規劃適切的輔導活動，並可與學校教師同儕或輔導教師共同研討輔導方案，做好帶領團體的準備。教師在實施班級團體輔導過程中可多運用輔導技巧以引導班級同儕間的互動、參與及討論，催化兒童產生正向改變與成長，以達到輔導目標。班級團體輔導方案的基本設計架構包含暖身活動、發展活動和綜合活動三個階段，說明如下：

1. 暖身活動：暖身活動具有放鬆心情、引導情緒、促進互動、建立信任感、說明活動主題等功能，暖身活動的設計要能引起興趣並呼應主題，以幫助學生進入輔導情境，銜接發展活動。
2. 發展活動：發展活動是班級團體輔導的核心階段，活動根據輔導的具體目標並連結兒童的需求與生活情境做設計，主題範疇可能包含生活輔導、生涯輔導、學習輔導等，進行方式可以相當多元但仍需依照兒童的認知與生理發展成熟度做選擇與調整，例如：角色扮演、繪本閱讀、腦力激盪、影片欣賞、分組討論、心理劇、書寫、藝術創作等，旨在促進班級兒童進行反思與學習，提升自我覺察與問題解決能力。
3. 綜合活動：綜合活動階段目的在方案結束前帶領兒童回顧活動中的經驗與感受，透過分享與反思深化學習成果。教師可引導學生發表心得與體會、討論活動意義與習得的新知或能力，催化與鼓勵學生將學習成果應用到日常生活中。

二、班級團體輔導的方案範例

當教師希望增進班級學生的溝通表達能力時，本章第三節的「我訊息」溝通技巧便很適合作為班級團體輔導的主題，茲以「我訊息」溝通技巧練習作為班級團體輔導方案範例，具體說明班級團體輔導實施方式，如表 8-1 所示。表 8-2 則為我訊息溝通技巧練習學習單。

表 8-1 ■ 班級團體輔導方案範例

方案名稱	「我訊息」溝通技巧練習	
團體目標	1. 能覺察到人我之間在訊息傳遞和接收過程可能會有落差與誤解。 2. 學會以我訊息進行溝通，以明確的表達自己的想法、感受與期待。	
所需時間	1-2 節課	
準備器材	每人一張色紙或是 A4 白紙、「我訊息」學習單	
活動階段	活動流程	輔導技巧
暖身活動	1. 教師發給兒童每人一張色紙，說明現在要進行「我說你做」的體驗活動，教師強調這個活動很安全，請兒童在活動過程中放心閉上眼睛並保持安靜，不可以看其他人或提問。	解釋、同理、真誠溫暖
	2. 教師依序說出指令，例如：「請將紙對摺」、「撕下右上角的一小塊」、「再對摺一次」、「撕下左上角的一小塊」、「將紙完全打開」、「將紙的正中間……」，每個步驟教師說出指定而不解釋，兒童需各自理解並按照指令操作。	同理、支持、尊重接納
	3. 完成幾個摺紙和撕紙步驟後，教師請兒童停止動作並睜開眼睛。兒童打開摺好的色紙，會發現每人的色紙形狀和撕紙痕跡不同。這時教師可引導兒童討論，為何按照相同指令操作卻產生不同結果。	簡述語意、澄清、給回饋

（續下頁）

表 8-1 ▪ 班級團體輔導方案範例（續）

活動階段	活動流程	輔導技巧
暖身活動	4. 教師引導兒童反思活動，強調訊息傳遞和接收過程中的落差，討論順利將訊息傳達給對方所需要的技巧以避免或改善溝通的誤解。	積極傾聽、情感反映、摘要
發展活動	1. 教師詢問兒童在日常生活中是否常聽到「你訊息」的表達方式，並舉例說明「你訊息」，邀請兒童分享自己聽到的感受為何？「你訊息」參考句型如： (1)「你這樣講話很沒禮貌！」 (2)「你為什麼每天滑手機到半夜還不睡？」 (3)「你每次都說話不算話都不守規則，你不是我們這一隊的。」	積極傾聽、真誠溫暖、探問、情感反映、摘要
	2. 教師介紹「我訊息」的基本句型（請參見本章第三節），透過教師自己的生活實例以及班級的溝通衝突，舉例說明協助兒童將我訊息的句型與日常的溝通困境作結合。	真誠溫暖、自我揭露、情感反映、重述、解釋
	3. 教師發下「我訊息」學習單，透過團體腦力激盪或是分組討論，引導兒童練習使用「我訊息」在生活情境中。	積極傾聽、角色扮演、示範、鼓勵、重述、澄清
綜合活動	1. 教師總結本次活動並邀請兒童分享活動的心得與心情。 2. 教師鼓勵兒童可在生活情境中運用我訊息技巧進行溝通，若在運用上有心得或是遇到困難都可以向教師提出來討論。	摘要、設定目標、鼓勵

表 8-2 ▪ 班級團體輔導方案範例附件——「我訊息」學習單

「我訊息」溝通技巧練習
各位小朋友，你在生活當中是否有聽過類似以「你」為開頭的話呢？例如：「你這樣講話很沒禮貌！」「你每次都說話不算話都不守規則，你不是我們這一隊的。」 這些話聽起來的感覺如何呢？我們來學習「我訊息 123」溝通方式，清楚表達自己的觀察、感受、想法與期待，做個溝通達人吧！
★「我訊息 123」句型： 1. 事實：我＋（看到／聽到／發現）＋（發生的事實） 2. 感受：我覺得＋（感受） 3. 希望：我希望＋（對方可以做出的好行為）
★★「我訊息 123」舉例： 發生的事情：（老師看到小朋友上課沒舉手就說話，班上會變得亂哄哄的）；要溝通的對象：（全班小朋友） 1. 事實：我＋（看到／聽到／發現）＋（發生的事實） 　→我看到班上小朋友上課的時候會忘記先舉手就直接說話， 2. 感受：我覺得＋（感受） 　→我覺得班上的秩序變得亂哄哄的，我也沒辦法聽不清楚每個小朋友所說的話， 3. 希望：我希望＋（對方可以做出的好行為） 　→我希望我們班的小朋友可以先舉手再說話，我們一起成為懂得發言禮貌的人。
★★★「我訊息 123」換我做做看： 發生的事情：（　　　　　　）；要溝通的對象：（　　　　　　） 1. 事實：我＋（看到／聽到／發現）＋（發生的事實） 　→ 2. 感受：我覺得＋（感受） 　→ 3. 希望：我希望＋（對方可以做出的好行為） 　→

第七節 兒童輔導網絡

在學生輔導工作中，若能夠連結輔導網絡，即時引進適切的資源來協助教師、學生與其家庭，將能降低單打獨鬥的挫敗感。此外在學生輔導過程中，教育人員與保育人員等皆屬於法定責任通報人員，當知悉疑似涉及法定通報事件，必須在第一人知悉疑似法定通報情事開始算起的 24 小時之內，完成整個法定通報流程，若有延遲通報或未通報皆有相關罰則，必須嚴謹處理。

壹 系統與資源

《學生輔導法》第 7 條第 4 項載明：「學校執行學生輔導工作，必要時，得結合學生輔導諮商中心、特殊教育資源中心、家庭教育中心、學生校外生活輔導會、少年輔導委員會等資源，並得請求其他相關機關（構）協助，被請求之機關（構）應予配合。」教師可視學生的身心狀況及需求，尋求學校行政處室協助申請與整合系統資源，學生輔導網絡中，教育輔導系統、衛生醫療系統與社會工作系統常需要緊密的合作，共同協助學生輔導工作。

一、學校教育系統──學校內部行政處室

依據《學生輔導法》規定，學校全體教師與行政單位應共同推動及執行三級輔導工作，為學生安排輔導相關課程或活動。因此教師應於班上實施發展性輔導，並具備專業敏銳度以辨識和評估需要轉介接受介入性與處遇性輔導的學生，以及須立即進行法定通報的學生，即時聯繫學校內部行政處室協助。學校行政組織與職責編配會因學校規模不同而有所差異，教師可主動瞭解學校各項通報窗口與資源聯繫窗口，針對學生的生活、學

習、管教與心理健康等個別需求,尋求行政處室的協助。

二、諮商輔導系統——學生輔導諮商中心

當教師在輔導與管教學生持續一段時間後,發現學生仍持續出現適應困難的狀況,且已超出教師的專業能力範圍所能處理時,教師可以尋求專業輔導人力的協助,包含轉介個案輔導、召開個案會議、安排親師諮詢、辦理教師增能研習等,學生輔導諮商中心即是可提供學校與教師們上述輔導支持的專業力量。

三、特殊教育系統——特殊教育資源中心

當教師在輔導學生的過程中,發現學生疑似需要特殊教育服務資源介入,以及學生已是經專業評估及鑑定具學習特殊需求的身心障礙學生或是資賦優異學生,皆可申請特殊教育資源中心的資源與服務。

四、家庭教育系統——家庭教育中心

教師在輔導學生的過程中必然常發現學生許多問題源自於家庭,亦常需要和家長工作與合作,教師可視需求申請家庭教育中心服務共同協助家長有效經營家庭,或是提供家庭教育中心資源給家長,例如:家庭教育諮詢專線 412-8185(手機請加 02),舉凡親子溝通與教養、家庭關係經營、家庭資源與管理等相關問題均可諮詢。

五、社政系統

舉凡兒童與少年福利、婦女福利、身心障礙者、生活扶助、社會救助、家庭暴力與性侵害防治等事項,均屬於社政系統的範圍。普遍而言,學齡前與學齡期階段的學生較常因為兒童與少年福利與保護事件、家庭暴力與性侵害事件、脆弱家庭而被通報與協助,因此幼教教師與國小教師在學校中接觸到的社政系統常是家庭暴力與性侵害防治中心。

六、衛生醫療系統

當學生有自傷行為或自殺意念與企圖、出現疑似精神疾患的情緒與行為、需安排心理衡鑑進行整體身心評估，或是出現藥物濫用或使用毒品的情況時，教師須依法進行責任通報或是轉介衛生醫療系統進行評估。當學生有自傷行為或自殺意念與行動時，學校須進行校安通報之外，還需評估自殺風險程度後進行自殺防治通報。當學生出現疑似精神疾患的情緒與行為、需安排心理衡鑑進行整體身心評估時，學校可轉介至各縣市醫療機構身心科或精神科，以獲得專業醫療資源協助。當學生出現藥物濫用或使用毒品的情況時，學校需進行校安通報外，可聯繫各縣市毒品危害防制中心提供戒毒資源。

七、警政及法務系統

為促進學生身心健康發展，學校可申請警政及法務系統資源到校進行法令相關教育宣導，例如：預防校園暴力宣導、交通安全宣導、反詐騙宣導等。當學生的偏差行為已觸法或危及校園安全時，學校可聯繫警政及法務系統共同合作，學校較常合作的警政與法務系統包含：學校所轄地派出所、婦幼警察隊、少年隊、少年輔導委員會、少年法院（庭）等。

貳 教育人員責任通報相關規定

在校園當中，教師往往是最先發現兒童與青少年有遭受到不當對待、照顧不周或生活適應困難需協助的人，教師瞭解教育人員責任通報相關的法規與作為，不僅可以在第一時間透過法定通報以整合外部資源協助學生，亦可避免因違反通報相關規定而受罰。茲就校園內最常進行的三項責任通報說明如下。

一、校園安全暨災害防救通報（簡稱校安通報）

校安通報依據《校園安全及災害事件通報作業要點》辦理，依照通報事件的屬性可區分為應於知悉後 24 小時內於校安通報網完成通報的「依法規通報事件」，以及應於知悉後 72 小時內於校安通報網完成通報的「一般校安事件」。若屬緊急事件者則須立即應變處理並於 2 小時內通報主管教育行政機關。當教師知悉學生疑似發生上述事件時，應立即以口頭或是書面方式告知學校之校安通報作業窗口，以利及時協助與進行通報。

二、社會安全網——關懷 E 起來（簡稱社政通報）

教育人員為社政通報法定責任通報人員，法定通報時限至遲不得超過 24 小時。教師在任教期間，較常執行與學生相關的社政責任通報，大致可分為兒童及少年保護事件、脆弱家庭以及性別平等相關事件三大項。當教師發現學生疑似有遭遇上列情事時，應立即以口頭或是書面方式告知學校之社政通報作業窗口，從第一人知悉的時間開始算起到完成通報程序為止，必須於 24 小時之內完成。再則當學校進行社政通報的同時，亦須同時評估該事件若需同步進行校安通報，則依照校安通報流程進行之。

三、自殺防治通報

教師若知悉學生有自傷行為或是自殺意念（指有自殺的想法但未有具體計畫與行動），雖非屬責任通報的範圍，但學生可能已屬於自殺高風險等級，建議教師立即以口頭或是書面方式告知學校之自殺防治通報作業窗口或是行政處室，以盡快進行自殺風險評估與輔導需求評估。

教師知悉學生有自殺企圖（指有具體計畫與實際行動，但並未自殺身亡）或自殺死亡（指實際執行自殺行動並以自殺身亡），為掌握救援時效性，緊急情況直接撥打 110 報案，由警政機關啟動緊急救援機制。教育人員另須於 24 小時內以口頭或是書面方式告知學校之自殺防治通報作業窗

口,進行通報。

參 教育人員保密義務相關規定

　　教師在教導與輔導學生過程中,經常接觸到學生及其家庭的敏感資訊,如學習狀況、家庭背景、心理問題等。因此教育人員除了負有法定通報責任之外,亦負有相關的保密責任法規,教育人員除因調查之必要與事涉公共安全考量之外,應恪守保密義務,以維護學生的權益和福祉。保密義務是保障學生及其家庭隱私權的作為,違反保密義務不僅可能對當事人造成心理傷害、損害學校聲譽與教育工作者專業形象、教師受到相關法規處罰,更可能因洩密而影響事件的處理與調查,不得不慎。

第八節 問題討論

　　在你讀完本章之後,你應該能回答下列班級經營與輔導和課後照顧有關的問題:

1. 建立班級常規的時機與方式為何?並請舉例說明合宜的班級常規。
2. 教學情境規劃的物理環境與教室情境布置重點有哪些?
3. 為提升親師關係與溝通,請舉例應避免的溝通阻礙與有效溝通的方式?
4. 兒童適應不良行為的背後目的與需求有哪些?請舉例說明之。
5. 兒童輔導的基本技巧以及可運用的媒材有哪些?
6. 依據任教班級兒童需求,設定輔導目標與擬定一份班級團體輔導方案。
7. 兒童輔導網絡中,請以兒童需求為中心舉例有哪些可運用的系統與

資源？

8. 教育人員為責任通報人員，知悉兒童疑似遭遇哪些情事時，需進行法定通報，通報時限至遲不得超過 24 小時？

參考文獻

Corey, G.（2022）。**諮商與心理治療：理論與實務**（第四版）〔修慧蘭、鄭玄藏、余振民、王淳弘譯〕。雙葉書廊。（原著出版年：2017）

Ginott, H. G.（2001）。**老師如何跟學生說話：親師與孩子的溝通技巧**〔許麗美、許麗玉譯〕。心理。（原著出版年：1972）

Gordon, T.（2012）。**P.E.T. 父母效能訓練**〔張珍麗、張海琳譯〕。新雨。（原著出版年：2000）

Gordon, T.（2013）。**教師效能訓練**〔歐申談譯〕。新雨。（原著出版於年：2003）

Harris, N. B.（2018）。**深井效應：治療童年逆境傷害的長期影響**〔朱崇旻譯〕。究竟。（原著出版年：2018）

Humphreys, T.（2000）。**教師與班級經營**〔曾端真、曾玲珉譯〕。揚智。（原著出版年：1993）

Kissel, S.（2008）。**策略取向遊戲治療**〔陳碧玲、陳信昭譯〕。五南。（原著出版年：1990）

Kottman, T., & Meany-Walen, K.（2019）。**遊戲中的夥伴：阿德勒取向的遊戲治療**〔程翼如、萬光珊、蔡美香、鍾巧鳳譯〕。心理。（原著出版年：2016）

Landreth, G.（1994）。**遊戲治療——建立關係的藝術**〔高淑貞譯〕。桂冠。（原著出版年：1991）

Rice, F. P., & Dolgin, K. G.（2004）。**青少年心理學**〔黃俊豪、連廷嘉譯〕。學富。（原著出版年：2002）

Satir, V.（2015）。**家庭如何塑造人**〔吳就君譯〕。張老師文化。（原著出版年：1988）

王麗斐（主編）（2020）。**國民小學學校輔導工作參考手冊**（第二版）。

教育部。

刑事警察局預防科（2016年2月15日）。**什麼是網路霸凌？**。內政部警政署刑事警察局。https://www.cib.npa.gov.tw/ch/app/faq/view?module=faq&id=18233&serno=167606f4-a743-4ead-916c-44edb94fe072

吳明隆、簡妙如（2009）。青少年網路霸凌行為探究。**中等教育，60**（3），90-109。https://www.airitilibrary.com/Article/Detail?DocID=10180230-200909-201001190064-201001190064-90-109

吳武典、洪有義、張德聰（2010）。**團體輔導**。心理。

張春興（2007）。**教育心理學──三化取向的理論與實踐**（重修二版）。東華。

張進上（1999）。**輔導理念與課程設計**。五南。

梁培勇、張如穎、薛惠琪、李筱蓉、陳韻如、吳文娟、鄭欣宜、許美雲、劉美蓉（2015）。**兒童偏差行為**（第三版）。心理。

陳金定（2007）。**青少年發展與適應問題理論與實務**。心理。

Adams, H., & Nadel, I. B. (1907/2009). *The education of Henry Adams*. Oxford.

Ainsworth, M. D., & Bell, S. M. (1970). Attachment, exploration, and separation: Illustrated by the behavior of one-year-olds in a strange situation. *Child Development, 41*(1), 49-67. https://doi.org/10.2307/1127388

Alfred, A. A. (1930/2016). *The education of children 1st edition*. Routledge.

Baumrind, D. (1978). Parental disciplinary patterns and social competence in children. *Youth & Society, 9*(3), 239-267. https://doi.org/10.1177/0044118X7800900302

Bettner, B. L., & Lew, A. (1989). *Raising kids who can: Using family meetings to nurture responsible, capable, caring and happy children*. Harper/Collins.

Chapman, D. P., Whitfield, C. L., Felitti, V. J., Dube, S. R., Edwards, V. J.,

& Anda, R. F. (2004). Adverse childhood experiences and the risk of depressive disorders in adulthood. *Journal of Affective Disorders*, *82*(2), 217-225. https://doi.org/10.1016/j.jad.2003.12.013

Clinton, H. R. (1996). *It takes a village*. Simon & Schuster.

Dinkmeyer, D., & McKay, G. D. (1997). *The parent's handbook: Systematic training for effective parenting*. Ags Pub.

Dreikurs, R., & Soltz, R. N. V. (1987). *Children: The challenge*. Dutton.

Kauffman, J. M., & Landrum, T. J. (2013). *Characteristics of emotional and behavioral disorders of children and youth*. Pearson Education, Inc.

Main, M. (1999). Mary D. Salter ainsworth: Tribute and portrait. *Psychoanalytic Inquiry*, *19*(5), 682-736. https://doi.org/10.1080/07351699909534273

第 9 章

學校行政組織與資源

❖ 黃暐睿、邱世杰

本章大綱

第一節　不同學校規模與類型的學校行政組織編制
第二節　各處室的工作任務
第三節　學生家長委員會的組織與功能
第四節　國民小學學校志工團的組織與功能
第五節　問題討論

學習目標

- 瞭解不同學校規模與類型的行政組織編制和工作任務
- 瞭解學生家長委員會、學校志工團的組織與功能

第一節 不同學校規模與類型的學校行政組織編制

壹 國民小學班級編制及教職員員額編制

學校班級數編制方面，根據教育部（2023b）所訂《國民小學與國民中學班級編制及教職員員額編制準則》，規定現行國民小學班級編制以每班學生數以 29 人為原則，山地、偏遠及離島等地區之學校每班學生人數，得視實際情形予以降低，並以維持年級教學為原則。教育部（2023c）修正發布的《國民教育法》則是規定公立學校以採小班制為原則，每班置導師一人，由教師兼任。另從教育部（2024）公布統計資料可知，臺灣 112 學年度公立國民小學共計 5,1921 班，學生數 1,190,123 人。

學校教職員編制方面，依據教育部（2024）的統計資料，可知 112 學年度全國公立國民小學教師人數共 99,119 人、職員數 9,176 人。依據教育部（2023b）訂定之規範，每校人員編制和員額如下：

1. 校長：1 人，專任，綜理校務。
2. 主任：因學校規模而不同設置若干處、室，各處、室及分校置主任 1 人，均由教師兼任。
3. 組長：因學校規模而不同設置若干組，各組設置組長 1 人，學校之組長主要由教師兼任，而文書、事務及出納三組組長得由職員兼任。
4. 教師：教育部（2023b）訂定每班至少置教師 1.65 人；全校未達九班者，另增置教師 1 人。
5. 專任輔導教師：班級數 24 班以下者，置 1 人；25 班至 48 班者，置 2 人；49 班以上者以此類推。
6. 其他編制人員：幹事、助理員、管理員及書記、圖書館專業人員、

營養師、護理師、住宿生輔導員、運動教練、人事及主計人員等，不同縣市政府依循教育部法規來編制學校人力。

由表 9-1 可知，不同縣市政府係依據教育部所訂之規範，針對其縣市實際需求，訂定其所轄不同規模大小學校的教師員額編制。綜觀而言，不同縣市對每班配置教師數之總平均值，均達教育部所訂之每班至少置教師 1.65 人以上；而總班級數較少之學校，其教師員額編制都會有比較高的人數比例配置。

表 9-1 ▪ 三個直轄市之不同學校規模配置教師員額編制統計表

縣市別 班級數	臺北市 （人）	高雄市 （人）	臺中市 （人）
6 班以下	1.9	2	1. 班級數 9 班以下： (1) 每班置教師至少 1.65 人。 (2) 全校未達 9 班者，另增置教師 1 人。 2. 班級數 10 班以上： (1) 22 班以下每班置教師 1.75 人。 (2) 22 班以上每班置教師 1.7 人
7～9 班	1.9	1.9	
10～12 班	1.9	1.75	
13～33 班	1.9	1.7	
34～47 班	1.9	1.65	
48～57 班	1.9	1.6	
58～71 班	1.9	1.57	
72 班以上	1.9	1.55	

註：研究者自行整理。

貳 不同規模之國民小學

學校的規模大小是以全校總班級數來界定，規模較小的學校，全校總班級數可能低於六班，規模較大之學校，全校總班級數可能達到一百班以上。經查不同規模學校之分類，筆者發現在中央和地方的政策上或是學術論文並無統一劃分之標準。而我們可從教育部 2002 年「國民中小學組織再造及人力規劃方案」得知，學校的規模的劃分有下列三類型：

1. 小型學校：12 班以下。
2. 中型學校：全校共 13 至 48 班。
3. 大型學校：全校共 49 班以上。

而從教育部（2024）《國民中小學校概況統計》（112 學年度）資料中，則將國民小學之班級數由小到大區分成 6 組，各組之班級總數和所占整體比例如下：

1. 12 班以下：55.0%。
2. 13-24 班：16.1%。
3. 25-36 班：11.8%。
4. 37-48 班：6.3%。
5. 49-60 班：5.6%。
6. 60 班以上：5.6%。

由上可知，我國目前國民小學之規模小型學校（12 班以下）所占比例為最高、中型學校（13～48 班）次之，大型學校（49 班以上）較低。

參 不同類型之國民小學

一、直轄市、縣（市）政府公立國民小學

依教育部頒布《國民教育法》之規定，各直轄市、縣（市）政府辦理國民教育，可視都市計畫及社區發展需要所設立之公立國民小學，公立國民小學是目前臺灣最多、也最分布最廣的學校。國民教育階段前六年為國民小學教育，提供滿 6～11 歲之國民接受義務教育，以養成德、智、體、群、美五育均衡發展之健全國民為宗旨，近年因少子化的影響，總學校數呈現逐漸減少之趨勢。

二、學校型態實驗教育國民小學

教育部（2014）為鼓勵教育創新與實驗，保障學生學習權及家長教育選擇權，制定「實驗教育三法」，分別為《高級中等以下教育階段非學校型態實驗教育實施條例》、《學校型態實驗教育實施條例》和《公立高級中等以下學校委託私人辦理實驗教育條例》，以落實教育基本法鼓勵政府及民間辦理教育實驗之精神。

從《學校型態實驗教育實施條例》（教育部，2018）所規範之學校型態實驗教育，主要是依據特定教育理念，以學校為範圍從事教育理念之實踐，並就學校制度、行政運作、組織型態、設備設施、校長資格與產生方式、教職員工之資格與進用方式、課程教學、學生入學、學習成就評量、學生事務及輔導、社區及家長參與等事項，進行整合性實驗之教育。王如哲（2017）認為臺灣的實驗教育相當於國外另類教育（alternative education）、在家自行教育（homeschooling），以及甚至於教育實驗（educational experiment）、教育創新（educational innovation），強調透過課程與管理措施的鬆綁，以提供家長更多元的教育服務。

臺灣實驗教育學校型態可分為公立和私立等兩類，其中公立實驗教育學校，又可分為公辦公營（公立學校辦理實驗教育）和公辦民營（公立學校委託私人經營）等兩種形式。目前實施學校型態實驗教育的公立國民小學（不含國民中小學），由104學年度7校，至112學年逐年增加至81校（教育部，2023a），可見學校型態實驗教育現處於蓬勃發展之趨勢。

三、公立師資培育大學附設實驗國民小學

教育部（2023c）《國民教育法》：「公立師資培育之大學為辦理教育實習、實驗及研究，得設附設實驗國民小學、國民中學」，其學校之組織規程、編制及預算由所屬師資培育大學擬定，其他與國民教育法所定相關法規，則比照學校所在地之縣、市政府主管之公立學校，並受所在地縣

市政府監督。

第二節 各處室的工作任務

　　從教育部 2002 年起推動「國民中小學組織再造及人力規劃方案」，及修訂《國民教育法》第 20 條：「學校為辦理教務、學生事務、總務及其他事務，應視規模大小，分別或合併設一級單位或二級單位。」鬆綁學校原定各處、室和組的行政組織編制，學校可在總數量不變的原則下，每校可因學校的規模大小、學校特色、所處位置和教學需求等，進行校本行政組織需求來改名、整併、縮編或增設，使學校行政組織編制更具有彈性。

　　從表 9-2 可知，學校行政組織編制數額會因不同縣、市的規範而異，綜而觀之，學校班級數在 25 班以上者，行政組織編制最高為 4 處室和 13 組；而學校班級數在 6 班以下者，最低則為 2 處和 2 組。

　　由表 9-2 可知不同縣、市政府依照《國民教育法》規範，所屬國民小學的行政組織編制訂定不同的數額規範，而各校可在總數不變的原則下，進行校本組織編制的安排，以適應各校的差異和需求。以下依教育部（2023d）《國民教育法施行細則》之規範和筆者的學校實務經驗，以設

表 9-2 ■ 不同縣市之國民小學一、二級行政單位數額編配表

縣市別 班級數	臺北市	臺中市	高雄市
6 班以下	12 班以下設 3 處、3 組	2〜3 處室、2 組	2 處、2 組
7 班至 12 班		3 處室、4 組	2 處室、3 組
13 班至 24 班	4 處室、8 組	3〜4 處室、8 組	4 處室、7 組
25 班以上	4 處室、13 組	4 處室、13 組	4 處室、12 組

註：研究者自行整理。

置 4 處室 13 組規模編制的學校為例，進行組織編制和工作任務做說明。

壹 教務處組織編制與任務

教務處設主任 1 人和組長 4 人，分為教務主任、教學組長、註冊設備組長、課程研發組長和資訊組長。

教務處的行政業務主要是以學校的課程和教學相關之任務，例如：學校行事曆、課程發展、課程編排、教學實施、學籍管理、註冊、獎助金補助、成績評量、語文競賽、學校刊物、核發證明和證書、教學設備管理、資訊業務、網路設備管理、教具圖書資料供應、教學研究、教師專業、教學評鑑等教務相關工作，並與輔導單位配合實施教育輔導及其他相關事項。

貳 學生事務處組織編制與任務

學生事務處設主任 1 人和組長 4 人，分為學務主任、學生活動組長、生活教育組長、體育組長和衛生組長。

學生事務處的行政業務主要是以學生為主的相關任務，例如：學校慶典和活動、寒暑假營隊、公民教育、道德教育、戶外教育、學生才藝舞蹈音樂表演和比賽、模範生選拔和學生表揚、校際活動和比賽、學生偶發事件處理、校園安全事件、生活教育、交通安全教育、學生獎懲、導護輪值、政令宣導活動、體育競賽、運動場地與設備、學生體適能、衛生保健、學生午餐、學生團體活動及生活管理等學生事務工作，並與輔導單位配合實施生活輔導及其他相關事項。

參 總務處組織編制與任務

總務處設主任1人和組長2人,分為總務主任、事務組長和出納組長。

總務處的行政業務主要是以學校庶務工作為主,例如:校園環境、營繕工程和採購、校園災害防救、年度預算計畫執行、門禁管理、技工友督導考核、校產管理、校舍維護與安全、物品管理、水電管理、校園場地管理、校園保全、學校文書收發和保存管理、重大會議紀錄、校長交接彙辦、出納事項及其他相關事項。

肆 輔導室組織編制與任務

輔導室設主任1人和組長2人,分為輔導室主任、輔導組長和資料組長。另外,如學校具有一定規模之特殊教育班級數及學生數,則增設特殊教育組長1人,由教師兼任之。

輔導室的行政業務主要是以學生的輔導工作為主,例如:學生輔導與諮商、學生資料蒐集與分析、學生智力、性向、人格等測驗之實施、學生興趣成就與志願之調查、家庭訪問、認輔工作、畢業生調查事項、家庭教育、親職教育、學校志工、特殊教育及其他相關事項。

伍 人事單位和主計單位

《國民教育法》第20條第3項之規定:「學校應設人事及主計單位,規模較小未設專責單位之公立學校……,學校之專任人事、主計人員或經有關機關辦理相關訓練合格之職員兼任之。」人事單位的行政業務有教職員工任免、遷調和敘薪、差勤管理、成績考核、獎懲事項、各項補助、文康活動、退休資遣及撫卹等人事相關業務;會計單位的行政業務有

年度預算事項、收支統計、各項會計報告、年度決算、帳簿憑證保管和內部審核處理等會計相關業務。

第三節　學生家長委員會的組織與功能

壹　國民小學學生家長委員會的組織

《教育基本法》第 8 條第 3 項規定：「國民教育階段內，家長負有輔導子女之責任，並得為其子女之最佳福祉，依法律選擇受教育之方式、內容及參與學校教育事務之權利。」《國民教育法》第 48 條第 1 項：「國民教育階段內，家長為維護其子女之權益，應相對承擔輔導子女及參與家長會之責任，並為保障學生學習權及人格權，有參與教育事務之權利。」以及同法第 48 條第 2 項：「學校設學生家長會，應由在學學生之家長為會員組織之，並冠以該校之名稱；其組織章程、任務、委員人數、委員產生方式、任期、選舉罷免、議事規範、經費來源、財務管理、運作及其他相關事項之自治法規，由學校所在地之直轄市、縣（市）主管機關會商家長團體後定之。」由此可見，隨著社會民主化發展，家長參與校務權益逐漸受到重視，並依法取得正式之參與校務地位。

家長委員會係家長參與校務之正式法定組織，依各縣市政府訂定之自治辦法條例，家長委員會成員係由班級家長代表大會選舉產生，而班級家長代表係由全校各班級於班級家長會所推選，其運作方式由各縣市主管機關訂定，以《臺北市中小學校學生家長會設置自治條例》、《臺中市中小學學生家長會設置辦法》及《高雄市高級中等以下學校學生家長會設置自治條例》為例，均有規定班級家長會及家長代表大會之召開時機與人數，以確保家長委員會之委員能如期選出。

表 9-3 ▪ 不同縣市之家長會組織和運作方式對照表

	臺北市	臺中市	高雄市
班級家長會召開時機	開學後 21 日內	開學後 20 日內	開學後二週內
班級家長代表人數	1～3 人	1～3 人	1～3 人
家長代表大會召開時機	開學後 35 日內	開學後 30 日內	開學後一個月內
家長委員會組成人數	7～25 人（48 班以上者，每增加 10 班得增置家長委員 2 人）	5～25 人（25 班以上者，每增加 3 班得增置家長委員 1 人）	3～41 人
保障特殊族群權益之規定	1. 特教生家長 2. 幼教生家長 3. 原民生家長	特教生家長	1. 特教生家長 2. 幼教生家長

註：研究者自行整理。

由表 9-3 可知，每學年 8 月底開學後，學校導師先召開班級家長會（或稱為班親會），從班級家長中推選出一至三名班級家長代表，再依規定期限內召開全校班級家長代表大會，由班級家長代表中再選出家長會委員；俟召開家長委員會後，再選出家長會常務委員、家長會副會長及家長會會長。依各縣市之期程規定略有不同，大約在開學後一個月左右，即能組成新學年度的家長委員會並辦理會務交接。

另外，為兼顧校內不同學生族群家長意見與權益，各縣市政府均規定學校有身心障礙學生者，應至少有身心障礙學生家長一人為委員；高雄市及臺北市則規定，國民中小學有附設幼兒園者，應至少有幼兒園學生家長一人為委員；臺北市另有關於保障原住民學生家長權益之規定，每校原住民學生超過五人者，由原住民家長互推一人列席。

貳 國民小學學生家長委員會的功能

家長委員會（以下稱家長會）應依各項法令規定，推派代表參與學校會議並行使職權。如《國民教育法》第 19 條規定，家長會代表為校務會議成員之一；《高級中等以下學校教師評審委員會設置辦法》第 3 條規定，家長會代表為當然委員；《高級中等以下學校教師解聘不續聘停聘或資遣辦法》第 12 條規定，家長會代表為五人校事會議代表之一。校務會議為議決校務發展或校園規劃等重大事項之會議，教師評審委員會及校事會議為審議教師初聘、續聘、長期聘任；解聘、不續聘、停聘及資遣等攸關教師重大權益之會議，換言之，家長會成員具有在學校重要會議表達意見之法定權利，在校務運作過程中扮演重要角色之一。

除了參與校務重大會議之外，《家庭教育法》第 13 條第 1 項規定，學校應會同家長會對學生及其家長、監護人或實際照顧學生之人辦理親職教育，亦是家長會參與校務之管道。依各縣市政府訂定之自治辦法或條例，家長會的主要任務功能為協助校務發展及推動家長會會務二大層面：

1. *協助校務發展*
   (1) 參與學校教育發展及提供改進建議事項。
   (2) 協助學校處理重大偶發事件及教師、學生、家長間之爭議。
   (3) 協助辦理親職教育及親師活動。
   (4) 選派人員擔任法令規定之家長代表或家長會代表。
2. *推動家長會會務*
   (1) 審議會員及會員代表之大會提案。
   (2) 依會務發展之需要，設若干工作小組。
   (3) 研擬會務計畫及收支預算案，報告會務及收支事項。
   (4) 選舉及罷免常務委員及遴聘顧問。
   (5) 執行家長會組織章程所規訂定之事項。

長久以來，因政府經費預算相當有限，家長會資源一直是學校校務發展之重要環節，隨著家長的教育參與權日趨法治化，家長會不單只是經費上的挹注，而是透過參與學校重大會議，成為校務經營的重要關鍵之一，學校校務推動與家長會之關係可謂相輔相成，彼此應以共創雙贏為目標。

　　總而言之，家長會應有功能為（汪耀文，2019；林水木，2003；陳麗珠、與葉宗文，2004；Fitriani & Istaryatiningtias, 2020; Karsidi et al., 2013）：

一、校務參與者

　　家長會依法參與校務，是近年來發展之趨勢，其最終目標為增進對學生受教權益之保障。如校務會議中，經由家長會成員的參與，表達身為學生家長的意見，以確保學生學習權、家長參與權及教師專業自主權能取得平衡；在教師評審委員會中，對於教師之聘任、停聘或解聘等重大事項，家長會代表能以學生家長的角度表達意見，並參與投票表決。

二、資源提供者

　　家長會財力物力的提供，一直是提升學校教育品質的重要關鍵，透過資源的有效運用與分配，使學生能更直接受益。不論是班級教學活動、全校性校務活動或是對外競賽交流，家長會經費的投入，能補充公務部門預算之不足，同時確保活動品質，以及師生在活動過程無後顧之憂。

三、溝通協調者

　　親師溝通是班級經營的重要關鍵，家長會的積極運作對於親師溝通及親師合作，是重要的組織力量，若家長會組織凝聚力和歸屬感增強，發揮正向的功能，對於學校教育的整體發展將是一大利基。家長會不僅是家長與學校之間的溝通橋梁，同時也是學校與社區合作之重要管道，現代化的教育必須學校、社區與家長密切合作，才能發揮最大的教育成效。

第四節 國民小學學校志工團的組織與功能

壹 國民小學學校志工團的組織

早期在學校無償志願服務者，通常以義工、志工、愛心爸爸、愛心媽媽等稱之，2001 年公布實施之《志願服務法》將其統一稱為志工，代表擔任志工雖為義務性，但仍有其應遵守之規範與應有權利。依《志願服務法》規定，志願服務係指「民眾出於自由意志，非基於個人義務或法律責任，秉誠心以知識、體能、勞力、經驗、技術、時間等貢獻社會，不以獲取報酬為目的，以提高公共事務效能及增進社會公益所為之各項輔助性服務」者；學校屬《志願服務法》規定之志願服務運用單位，應遵守《志願服務法》所規定之志工教育訓練課程、保險、獎勵及倫理守則等相關規範。

《志願服務法》同時明訂志工應遵守倫理守則、遵守志願服務運用單位規章、參與志願服務教育訓練、妥善使用志願服務證、尊重受服務者之權利、保守因服務而取得或獲知之秘密、拒絕向受服務者收取報酬等義務，以及應有保險、接受足以擔任所從事工作之教育訓練、一視同仁、確保在適當之安全與衛生條件下從事工作、獲得從事服務之完整資訊、參與所從事之志願服務計畫等權利。換言之，不論是以個人名義或是以學校志工團組織投入服務，只要是在學校擔任志工，都應遵守法令規範，而學校也必須盡到志願服務運用單位之職責。

為落實各機關管理與運用志工，提高志工之服務績效及保障志工權利，各縣市政府主管機會均訂定相關辦法，如《臺北市政府所屬各機關志願服務管理及運用原則》、《臺中市中小學教育志工大隊設置要點》、《高雄市政府教育局志願服務人員實施要點》等。以臺北市之《臺北市政

府所屬各機關志願服務管理及運用原則》為例，即明訂新進志工應接受一定時數之基礎訓練及特殊訓練，志工服務年資滿三年，且服務時數達三百小時以上，得檢具證明文件申請核發志願服務榮譽卡，憑卡可免費或優惠進入部分文教休閒場所、風景區，而運用單位也應定期填報前年度推展志願服務志工人數及服務成果報表。

貳 國民小學學校志工團的功能

國民小學學校志工團的服務對象為全體師生，舉凡班級領域教學課程、全學年體驗課程或是全校性活動，都可能需要志工的協助，以維護學生安全與提升活動品質。以投入工作內容做區分，國民小學志工團常以分組方式提供學校所需服務，如《臺中市中小學教育志工大隊設置要點》明訂，依師生實際需要服務項目得設交通導護組、圖書管理組、教具管理組、園藝服務組、課業輔導組、認輔關懷組等任務組別，以維護學生上下學安全、管理學校圖書教具、協助校園綠化美化、實施低成就學生補救教學、輔導適應困難及情緒困擾學生等。

一般而言，國民小學學校志工團應有五大項功能（林佳瑩，2021；高淑美，2002；張宗義，2007）：

一、強化學生校園生活及上放學安全

國民小學志工在學生上放學的導護工作承擔十分重要角色，一方面是因為學童的年齡低，對於交通安全的意識尚在成長學習階段，一方面是家長接送比例高，學校附近的交通會亟需人力疏導；志工也能在平時學生上課時間協助校園安全巡邏，檢視校園的死角，提高校園安全的品質。

二、提高學生校園活動量能及品質

校園中學生週會、晨光活動、義賣活動、校慶運動會或是畢業典禮等

重要活動，在志工的加入與協助下，服務量能有效提升，且提高整體活動品質，對於承辦活動的老師或行政人員是不可或缺的助力。

三、深化學生課程學習扶助成效

利用晨光時間對學習進度落後的學童進行課業輔導，有別於正式課程教學與課後學習扶助，志工所提供的課業輔導內容以協助學童完成作業或課程習作為主，也可能與學童有更多對話機會，瞭解學童校園生活所遭遇困難或所需要協助之處。

四、優化學校整體行政服務效能

在學校行政人力有限的情形下，國民小學志工的人力支援，從圖書管理、教具管理、資源回收、美化綠化、社區聯誼到防疫疫苗施打，都能發揮優化學校行政服務效能，讓行政管理的效率提高。

五、增進社區民眾家長對學校認同感

隨著更多志工投入校園師生活動，社區家長對於校園運作及活動有更多的認識，無形中在社區即能達到有效宣導，進而提高社區民眾對學校的認同感。

第五節　問題討論

在你讀完本章之後，你應該能回答下列學校的組織編制與工作內容的問題：

1. 國民小學的教職員組織編制和員額有哪些？
2. 國民小學可分為哪幾種類型？

3. 學校各處室的行政組織編制和工作任務有哪些內容？
4. 國民小學學生家長委員會參與校務的法源依據有哪些？
5. 在校務推動過程中，國民小學學生家長委員會應該具有哪些功能？
6. 國民小學學校志工團的功能為何？

參考文獻

王如哲（2017）。從國際觀點剖析實驗教育的發展趨勢。**台灣教育，704**，12-18。

汪耀文（2019）。我國中、小學學生家長會費相關議題之初探——兼論該階段家長會協辦親職教育活動之實施。**學校行政，123**，133-146。

林水木（2003）。多元社會變遷下學校家長會組織運作之展望。**學校行政，28**，125-139。

林佳瑩（2021）。家長擔任志工動機及其對子女影響之探究——以「新北市飛鳥國小」為例。**台灣教育，730**，123-130。

林勝義（2017）。**志願服務與志工管理：做快樂的志工及管理者**。五南。

高淑美（2002）。社區群組夥伴與學校合作關係之探討——以台北市公館國小為例。**學校行政，21**，78-85。

高雄市政府教育局（2011）。**高雄市國民小學教職員工員額設置標準表**。https://outlaw.kcg.gov.tw/Download.ashx?FileID=625&id=GL000485&type=LAW

張宗義（2007）。家長參與學校志工之研究：動機、影響因素與發展現況——以網溪國小志工為例。**學校行政，52**，193-207。

教育部（2002）。**教育發展新契機——實驗教育三法**。https://www.edu.tw/news_Content.aspx?n=9E7AC85F1954DDA8&s=C5AC6858C0DC65F3

教育部（2018）。**學校型態實驗教育實施條例**。https://law.moj.gov.tw/LawClass/LawAll.aspx?pcode=H0070060

教育部（2023a）。**112 學年度學校型態實驗教育學校名單**。https://www.k12ea.gov.tw/files/common_unit_id/d8533636-0498-4fd6-b456-2bcda3a8b4d9/doc/112%e5%ad%b8%e5%b9%b4%e5%ba%a6%e5%af%a6%e9%

a9%97%e6%95%99%e8%82%b2%e5%ad%b8%e6%a0%a1%e5%8f%8a%e6%a9%9f%e6%a7%8b%e5%90%8d%e5%96%ae.pdf

教育部（2023b）。**國民小學與國民中學班級編制及教職員員額編制準則**。https://law.moj.gov.tw/LawClass/LawAll.aspx?PCODE=H0070006

教育部（2023c）。**國民教育法**。https://law.moj.gov.tw/LawClass/LawAll.aspx?pcode=H0070001

教育部（2023d）。**國民教育法施行細則**。https://law.moj.gov.tw/LawClass/LawAll.aspx?pcode=H0070008

教育部（2024）。112 **學年度國民中小學概況統計**。https://stats.moe.gov.tw/files/ebook/basic/112/112basic.pdf

陳麗珠、葉宗文（2004）。莫教學校淪為教師與家長團體的競技場——論家長參與學校事務的適當性。**學校行政**，**32**，129-141。

彭懷真（2016）。**志願服務與志工管理**。揚志文化。

臺中市政府教育局（2023）。**組織編制及常見案例**。https://www.tc.edu.tw/cms-file/656428da4ec0eb73bb48ace2.pdf

臺北市政府（2018）。**臺北市國民小學教職員員額編制基準**。https://www.laws.taipei.gov.tw/Law/LawSearch/LawArticleContent/FL009495

Fitriani, S., & Istaryatiningtias. (2020). Promoting child-friendly school model through school committee as parents' participation. *International Journal of Evaluation and Research in Education*, *9*(4), 1025-1034.

Karsidi, R., Humona, R., Budiati, A. C., & Wardojo, W. W. (2013). Parent involvement on school committees as social capital to improve student achievement. *Excellence in Higher Education*, *4*(1), 1-6. https://doi-org.ezproxy.nptu.edu.tw:8443/10.5195/ehe.2013.81

第 10 章

當前學校重要法令的重點分析

❖ 吳子宏

💡 本章大綱

第一節　性別平等教育法
第二節　兒童及少年福利與權益保障法
第三節　校園霸凌防制準則
第四節　校園性別事件防治準則
第五節　學校訂定教師輔導與管教學生辦法注意事項
第六節　問題討論

💡 學習目標

- 當前學校重要法令的沿革
- 當前學校重要法令的內容
- 當前學校重要法令的評析
- 瞭解當前學校重要法令對課後照顧辦理單位的實務應用價值

第一節 性別平等教育法

壹 性別平等教育法的發展沿革

　　《性別平等教育法》立法的社會背景脈絡可從 1996 年彭婉如慘遭殺害，到 2000 年高樹國中學生葉永鋕死於學校廁所的事件，讓社會大眾從以上事件中驚覺，我國對於性別平等教育觀念缺乏。另外，經由婦女運動團體的努力，女權意識逐漸抬頭，男女平等的觀念已被認同，再加上教育改革，教科書的開放、課程的鬆綁，國民中小學課程內容較以往多元而富有彈性，在 1998 年所公布的「國民中小學九年一貫課程綱要」中，便將兩性教育列為六大重要議題之一，藉由兩性教育課程的融入領域課程內實施，希望學生能學習接納差異與尊重多元的態度，落實性別平等教育（顏國樑、簡安茹，2006）。

　　《性別平等教育法》在 2004 年制定，嗣後歷經 2010 年、2011 年、2013 年、2018 年、2022 年、2023 年，共進行六次的修正，主要內容如下。

一、2004 年 6 月制定之主要內容

　　《性別平等教育法》的訂定，開始於教育部 1999 年決議委託學者專家研擬「《兩性平等教育法》草案」，惟因當時發生屏東縣高樹國中葉永鋕同學事件，爰建議將法案名稱改為《性別平等教育法》（陳惠馨，2005；楊昌裕，2019）。

二、2010 年 5 月第一次修正

　　基於「性別主流化」原則，修正第 34 條將「兩性工作平等法」修正

為「性別工作平等法」，第 36 條增列學校違反第 16 條（學校考績會、申評會、教評會及中央與地方主管機關之教師申評會之組成，任一性別委員應占一定比率），應處新臺幣 1 萬元以上 10 萬元以下罰鍰（立法院，2010）。

三、2011 年 6 月第二次修正

此次修正背景，起因於立法院 2010 年 11 月修正《教師法》第 14 條之 3 時，通過附帶決議：「校長、主任明知校園性侵害事件，因故意或過失隱匿事證、不為通報、虛偽或延遲通報者，應負刑事責任。教育部應會同相關主管機關於 6 個月內提出相關法律修正草案，報行政院後，函請立法院審議。」（立法院，2011）。

四、2013 年 12 月第三次修正

該次修正第 25 條第 1 項為：「校園性侵害、性騷擾或性霸凌事件經學校或主管機關調查屬實後，應依相關法律或法規規定自行或將加害人移送其他權責機關，予以申誡、記過、解聘、停聘、不續聘或其他適當之懲處。」明示懲處的方式，以增嚇阻的效果（立法院，2013）。

五、2018 年 12 月第四次修正

將學校任用教育人員或進用其他專職、兼職人員前，應依《性侵害犯罪防治法》，查其有無性侵害之犯罪紀錄，或經主管機關或學校性別平等教育委員會調查有性侵害、性騷擾或性霸凌行為屬實並核准解聘或不續聘者（第 27-1 條），修正擴大到所有進到校園服務的人員。

六、2022 年 1 月第五次修正

增訂違反《兒童及少年性交易防制條例》、《兒童及少年性剝削防制條例》之行為者，經學校性別平等教育委員會查證屬實者不得聘任、任用

進用或運用，及依學校聘任、任用教育人員或進用、運用其他人員前，應依性侵害犯罪防治法之規定，查詢其有無性侵害之犯罪紀錄，及依第七項所定辦法查詢是否曾有性侵害、性騷擾、性霸凌、違反兒童及少年性交易防制條例、兒童及少年性剝削防制條例之行為；已聘任、任用、進用或運用者，應定期查詢。

七、2023 年 8 月第六次修正

明訂校園性騷擾事件之適用範圍依《性別平等教育法》規定處理，因當事人身分關係不在該法規定之適用範圍者，視其情形分別適用《性別平等工作法》或《性騷擾防治法》。並將軍事學校、預備學校、警察各級學校及少年矯正學校納入該法適用範圍。為確保性別平等教育委員會於性別平等教育相關議題之決策過程中，保障學生參與權利，以符合兒童權利公約之精神並保障其表意權，爰增列學生代表。此外，明定校長及教職員工與性或性別有關專業倫理事項及主動迴避陳報事項及「校長或教職員工違反與性或性別有關之專業倫理」行為樣態，為保護學生權益，定明校園性別事件之行為人為學校校長、教師、職員或工友，學生因該事件受有損害者，應由該行為人負損害賠償責任（教育部，2023）。

貳 性別平等教育法的內容評析

以立法院 2023 年 8 月 16 日所通過《性別平等教育法》為例，其修法重點如下（教育部，2023）：

一、擴大適用範圍的學校類型及將教師、職員、工友、學生定義等列入本法

為完善教育機關之監督體制，本次修法特將軍事學校、預備學校、警察各級學校及少年矯正學校納入性平法適用範圍。將教師、職員、工友、

學生定義提升至本法位階,並將實習場域之實習指導人員納入教師定義,且將學生事務創新人員納入職員、工友定義。

二、將校長與教職員工在性或性別有關之專業倫理行為及事項納入性平法規範

明確定義「校園性別事件」內容,並增訂納入「校長或教職員工違反與性或性別有關之專業倫理行為」。考量校長及教職員工具有權力不對等情形,自應遵守專業倫理,不得與學生發展有違專業倫理的行為,並授權中央主管機關於防治準則當中,增加訂定與性或性別有關專業倫理事項、主動迴避陳報事項。

三、加強校園性別事件防治教育宣導及提供學生保護與協助措施

增訂「實際照顧者」以因應實務需求,若當事人之法定代理人若不能或難以行使親權或監護權,則可協助當事人進行權益主張。學校應積極推動校園性別事件防治教育,提升校長、教職員工及學生尊重他人與自己性或身體自主之知能。學校調查處理校園性別事件期間需保障當事人之受教權或工作權,亦可藉由法律協助及社會福利資源轉介服務,提供心理輔導、保護措施等其他協助。

四、精進學校與主管機關調查處理機制,避免權勢不對等關係影響

處理校園性別事件時,調查小組成員得一部或全部外聘,若行為人為校長、教師、職員或工友者,則調查小組成員應全部外聘,以健全調查機制。

五、強化主管機關對學校提供諮詢輔導與適法監督

行為人為校長或教職員工,申請人或被害人得選擇逕向主管機關申

復，若學校性平會有未依法召開相關會議、審議、調查等情事，主管機關得再請學校性平會審議，若學校性平會屆期未依法審議、審議結果仍有不當或違法之虞，主管機關得敘明理由並直接由所設性平委員會審議，其決議視同學校性平會決議。

六、當事人得請求懲罰性賠償金

行為人若為學校校長及教職員工，學生因校園性別事件受有損害者，行為人應負損害賠償責任，法院得因被害人之請求，依侵害情節，酌定懲罰性賠償金。

參 性別平等教育法的案例與分析

一、案例（依新聞案例及教學現場見聞進行情境改編）

小傑是在某縣市的一所小學五年級的學生，每天在課後留下來參加課後照顧班。他的性格溫和，喜歡靜態的活動如畫畫和閱讀。然而，這些興趣卻成為了課後班裡幾名男生嘲笑的對象，他們經常對小傑說：「你這樣不像男生，應該去和女生玩才對。」他們會模仿他的行為，並用尖酸刻薄的語言對他進行取笑。

起初，小傑選擇默默忍受，認為這些只是玩笑話。然而，這種攻擊每天都在持續，讓他感到越來越壓抑與孤立。終於有一天，他回到家告訴了媽媽這些事情。小明的媽媽聽後非常氣憤，認為這些言語已經構成了性別歧視和霸凌。她立刻聯絡了學校，希望能為兒子討回公道。

接到通報後，學校性別平等教育委員會依規定成立調查小組迅速展開性別平等事件的調查。調查過程中，找來小傑和那幾名男生進行詢問，瞭解事情的經過。委員會認為，這些學生的言語攻擊不僅傷害了小傑的自尊，也構成性騷擾，違反《性別平等教育法》第3條第3項第3款之規

定：「性霸凌：指透過語言、肢體或其他暴力，對於他人之性別特徵、性別特質、性傾向或性別認同進行貶抑、攻擊或威脅之行為且非屬性騷擾者。」

最終，學校決定要求涉事學生接受心理輔導，並參加性別平等教育的課程。這些學生的家長也被邀請參加座談會，以促進他們對性別議題的理解與重視。為了防止類似事件再度發生，學校進行了全校性的性別平等宣導活動，幫助學生認識性別多樣性和尊重他人差異的重要性（曹馥年，2019）。

二、案例分析

（一）家長作為

依據《性別平等教育法》第 31 條之規定，向學校申請調查。

（二）學校的作為

1. 依據《性別平等教育法》第 22 條之規定，於 24 小時內主動向縣（市）主管機關進行通報。
2. 接受家長申訴後，依據《性別平等教育法》第 33 條之規定，由性別平等教育委員會成立調查小組開始進行調查。
3. 調查後屬實，因當事者均為學生，學校應依據《性別平等教育法》第 26 條之規定善用修復式正義或其他輔導策略，促進修復關係。
4. 依《性別平等教育法》第 28 條之規定建立校園性別事件之檔案資料。
5. 並依《性別平等教育法》第 25 條依被害學生之需求，提供心理諮商與輔導等各類專業服務。

第二節 兒童及少年福利與權益保障法

壹 兒童及少年福利與權益保障法的發展沿革

　　1924 年國際聯盟通過的全球「日內瓦兒童權利宣言」，有了國際兒童保護規定的開端。1959 年聯合國大會頒布「兒童權利宣言」，呼籲世界各國重視兒童福利與確保其應有權利。到了 1989 年，聯合國大會將兒童權利宣言轉為《兒童權利公約》，其主要宗旨在於：「保護全球 18 歲以下兒童，確保每一位兒童自出生後無論種族、膚色、宗教或意識型態的差異，皆可享有姓名權、國籍權、思想自由與宗教自由，並且受到應有的保護、照顧與教育。」

　　我國於 1973 年已制定《兒童福利法》，並於 1989 年公布《少年福利法》，鑑於兒少的保護、福利措施與相關需求應有一致性跟延續性，故於 2003 年完成《兒童及少年福利法》之立法施行。2011 年公布兒少福利法修正條文，並更名為《兒童及少年福利與權益保障法》（以下簡稱兒少保）。至此，我國兒少福利更趨完整，周延的維護兒少權益，更展現我國落實聯合國《兒童權利公約》的決心與努力。因此，兒少法即成為推動兒少福利與權益保障相關業務的主要法規。

貳 兒童及少年福利與權益保障法的內容評析

　　聯合國《兒童權利公約》作為各簽約國重視兒少基礎權利準則。我國 1995 年向國際社會宣示遵守公約後，兒少保的訂定與推動事項已成為國家福利政策中的重要一環，如條文規定的兒少年齡標準符合國際社會認定，落實兒少福利服務的連貫性，並將兒童及少年的相關資源做結合。透

過檢視兒少權益法條文內容,有幾點方向可供思考(葉肅科,2012,頁36-38):

一、兒少權益保障網絡整合與建構

兒少保第 23 條規定:直轄市、縣(市)政府,應建立整合性服務機制,並鼓勵、輔導、委託民間或自行辦理……各項兒童及少年福利措施。但從兒少主管機關的職責分工來看,相關服務網絡涉及社政、衛生醫療與教育等單位。主管機關需思考如何持續透過相關會議、正式組織、非正式或訓練活動等方式來促進在專業部門與人力間進行服務整合與網絡建構,是有待克服的難題與挑戰。

二、設立兒少權益保障專責單位

衛生福利部 2013 年 7 月 23 日成立社會及家庭署專責負責規劃與執行老人、身心障礙者、婦女、兒童及少年福利、家庭支持等事項。然而,以當前社會及家庭署多樣的業務與既有的編制似乎難以周全妥善處理所有兒少福利業務,加上基礎單位遲遲未見成立兒少福利的專職單位,實需政府與民間團體共同面對與商議在兒少權責主管機關業務量能是否足以負擔、各主管機關間該如何協定、分工與整合,將是落實兒少福利時一大挑戰與重要關鍵。

三、提升兒少家外安置質量

由衛生福利部社會及家庭署兒少統計專區資料可知,受虐與其他需要緊急安置的兒童有逐年增加的趨勢,需要大量家外安置服務,但大多數縣市的家外安置面臨兩大難題,一是家外安置的數量不敷需求且徵求標準不同,以致於接受寄養的家庭品質參差不一。其二是主管機關因礙於財力與人力,致使對家外安置家庭的輔導與訓練相當有限,因此對接受家外安置之兒童的特殊需求,也難以發揮照顧與輔導的功能。所以除了增加設立妥

善的安置處所外，也應加強現有的安置處所之設備與服務。

四、強化強制親職教育的功效

對於處於單親家庭與低收入戶等兒童而言，強化親職教育有其重要性，父母能否有正確的教養觀念，也將決定可否能適當的幫助其子女克服環境困境。在兒少保護案件中，施虐者約有八成以上是父母、監護人與照顧者，就施虐因素分析，又以缺乏親職教育知識而造成不當管教為最多，常認為子女可恣意體罰、管教、支配與控制。

五、充實專業人力

專業人力不足造成兒少福利與權益業務難以落實，當前兒少專業人力流動率偏高，尤其是第一線的社工人員。主要原因是高工作負荷與低薪資結構無法吸引專業人力入職，故也難以提升專業素質。因此，為了維護兒少健全身心發展，並因應兒少福利服務日益多元化的需求及兒少福利與權益保障工作之落實，應著重於專業人力的充實與素質的提升，政府需提供或創造良好的工作條件與環境、降低流動率，並且編列經費，補助專業人力的訓練或在職進修。

參 兒童及少年福利與權益保障法的案例與分析

一、案例（依新聞案例及教學現場見聞進行情境改編）

2013 年 6 月的一個炎熱的下午，某縣市的某課後照顧中心內，小明和其他幾個孩子正在戶外庭院遊戲器材區中溜滑梯，但這個滑梯已經多年沒有經過維修，表面生鏽，滑道部分出現明顯的損壞情形。孩子們輪流滑著滑梯，當輪到小明時，他像往常一樣爬上滑梯，準備從上面滑下來。突然失去了平衡，重重地摔到了地上無法動彈，老師立即聯絡小明的父母，

將他送到在附近的醫院處置。醫生診斷後發現，小明的右臂骨折，需要立即進行石膏固定和後續的復健治療。到家後，小明的父母決定向當地教育主管機關提出申訴，要求對托育中心進行徹查。

經過調查，主管部門發現該家照顧中心的遊樂設施多年來未進行定期檢查和維修，滑梯多次不符合安全標準。明顯違反了《兒童及少年福利與權益保障法》第 83 條第 1 項第 3 款規定：「兒童及少年福利機構或兒童課後照顧服務班及中心，不得提供不安全之設施或設備，經目的事業主管機關查明屬實。」調查結果出爐後，主管機關立即對照顧中心做出處罰決定。中心的負責人因疏忽職責，被處以罰款，並被要求參加兒童安全管理的專業培訓（古芙仙、張國聖，2013）。

二、案例分析

（一）家長作為

可以向照顧中心所在之縣（市）主管機關提出申訴。

（二）主管機關的作為

1. 依據兒少保第 9 條之規定，辦理兒童及少年福利機構之設立、監督及輔導事項，到該照顧中心進行安全查核。
2. 查核後屬實，依據兒少保第 107 條之規定，由設立許可主管機關處新臺幣六萬元以上六十萬元以下罰鍰，並命其限期改善，屆期未改善者，得按次處罰；情節嚴重者，得命其停辦一個月以上一年以下，或停辦並公布其名稱及負責人姓名。

第三節　校園霸凌防制準則

壹　校園霸凌防制準則的發展沿革

有關校園霸凌防制，早在 2006 年「教育部改善校園治安——倡導友善校園，啟動校園掃黑實施計畫」已訂有各級學校防制校園霸凌執行計畫。2010 年桃園市八德國中肢體霸凌案受媒體關注，因此教育部於 2011 年發布「各級學校防制校園霸凌執行計畫」、「維護校園安全實施要點」及「修正各級學校防制校園霸凌執行計畫」，將霸凌事件與一般暴力偏差行為區隔，且明訂霸凌事件之教育宣導、處置發現、介入輔導等分工。

2011 年 11 月 9 日《教育基本法》第 8 條修正，於第 2 項增加禁止校園霸凌規定，新增第 5 項責成教育部制定準則。因應本次修法，教育部研擬《校園霸凌防制準則草案》，並於 2012 年 7 月 26 日公布《校園霸凌防制準則》，同年函布各級學校防制校園霸凌執行計畫。

2020 年再次配合教師法修正，重新修正準則內容，增列電子通訊、網際網路等網路霸凌態樣，將教師霸凌學生納入規範，霸凌定義擴大範圍至校長、副校長、教職員工生對學生，並增列教職員工對學生霸凌事件受理、通報、調查及救濟程序。使教師不當行為態樣由現行體罰、不當管教及違法處罰等，增列霸凌一項，並確定其定義及防制規定（張金章，2022）。

2023 年初，一名臺中市豐原高中學生疑遭校方霸凌，最後選擇輕生，讓校園霸凌事件的嚴重性再次受到重視，促使教育部著手進行《校園霸凌防制準則》第二度大幅修法修改法規，於 2023 年 8 月預告《校園霸凌防制準則草案》，為使霸凌防制更重視輔導，而非類司法處理程序，且明確定義準則的判準，以免造成現場學校執行困難，在草案中增加 16 條

新條文，並於 2024 年 4 月 17 日公布最新版的《校園霸凌防制準則》，此次修正內容將「教師對學生」及「學生對學生霸凌」兩種樣態分軌處理，高中以下學校師對生案件，改由《高級中等以下學校教師解聘不續聘停聘或資遣辦法》規範，教師若設霸凌成案，最嚴重可遭解聘，另生對生霸凌若情節輕微，則可進行調和（潘乃欣，2023）。

貳 校園霸凌防制準則的內容評析

《校園霸凌防制準則》於 2012 年 7 月 26 日訂定發布，施行至今，歷經 2020 年、2024 年二次修正發布。教育部因考量現行實務，針對「校園霸凌」、「體罰」、「不當管教」與「違法處罰」事件之處理，在申請調查時處理程序及受理管道不易分辨，在師對生案件調查繁雜，而生對生案件處置又重調查輕輔導，以及「校園霸凌」持續性定義之爭議等問題，且為解決學校面對校園霸凌事件之通報、調查及處理等困境及需求，建立更友善、有效及可信賴之處理機制，故修正準則，其修正方向如下（教育部，2023，頁2）：

1. 將「師對生」與「生對生」調查處理機制分離，高級中等以下學校「師對生」適用或準用《高級中等以下學校專任教師解聘不續聘停聘或資遣辦法》（後下簡稱解聘辦法），「生對生」及專科以上學校「師對生」調查機制則依本準則辦理，另增訂本準則與解聘辦法之適用關係規定。

2. 納入輔導先行概念，清楚說明各級主管機關及學校應以預防及輔導為原則，事先採取防制機制及措施，每學期辦理防制及輔導知能等相關在職進修活動，以及於調查或調和階段學校即可提供當事人心理輔導及其他協助。

3. 明確化處理機制，明定受理、調查、審議階段，生對生霸凌事件分

別由審查小組、處理小組與防制委員會處置,並於本準則明定各小組組成、資格與審議方式。

4. 建立「調和」制度規範,包含規範調和的進行程序,以及應遵守之原則。明定調和成立後,應做成紀錄,調和與調查互換程序與機制,以及調和不成時,調和程序中所為的不利陳述,不得作為調查報告之基礎。

5. 增訂調查小組進行調查的規範,調查時,學校應全程錄音或錄影、接受調查時行為人應親自出席、學生接受訪談時應以保密方式為之,以及當事人無正當理由拒絕配合調查的法律效果。

6. 明確規範調查程序,訂定調查報告內容應包含之事項,以及得對行為人採取予以輔導、採取適當管教措施、移送權責單位懲處與請求警政、社政或司法機關協助之相關決議。

7. 增訂相關人員陳情與救濟機制,規定行為人與被行為人對學校終局實體處理之陳情途徑與行為人救濟途徑。

8. 增訂主管機關應設校園霸凌事件審議委員會,及該委員會之任務、決定之類型及委員組成。

9. 增訂學生之故意傷害行為,學校應準用本準則之規定調和、調查處理。

參 校園霸凌防制準則的案例與分析

一、案例(依新聞案例及教學現場見聞進行情境改編)

在 2019 年 2 月,某縣市某國小的課後照顧班發生了一起網路霸凌事件,當時,學校允許學生在課後休息時間短暫使用電腦、平板和手機等資訊設備。小萍是一名六年級的女學生,由於性格內向且不善交際,班上幾名五年級的女學生經常對她冷嘲熱諷。然而,這些言語上的欺凌並不僅限

於面對面，在課後時間，這些學生開始利用手機和社交媒體進行網路霸凌。她們在群組裡發表不當評論，嘲笑小萍的外貌，甚至編輯並分享小萍的照片，加上侮辱性的文字。起初小萍並沒有向家長和老師透露這些問題，但她的情緒開始變得低落，學業成績也隨之下滑。一天，小萍的母親發現怪異，經過一番詢問，終於得知了小萍在網路上遭受的霸凌。小萍的父母對此非常憤怒，立即向學校投訴，並要求學校採取行動。學校在接獲投訴後根據《校園霸凌防制準則》中的規定，啟動了霸凌事件的調查程序。

學校迅速成立了校園霸凌防制委員會，調查此事件。委員會進行了詳細的訪談，並檢查這些學生在社交媒體上的活動紀錄。經過調查，確認這些學生的行為已經構成網路霸凌，對小萍造成嚴重的心理傷害。依據《校園霸凌防制準則》第21條及第45條第1項第3款之規定：「防制委員會審議調查報告，確認生對生霸凌事件成立者，必要時，得對行為人為下列一款或數款之決議」，學校必須對行為人進行懲戒，並提供輔導。最終，涉事學生被要求接受校內的反霸凌教育課程，並接受心理輔導，以認識到網路霸凌的嚴重性和對他人造成的傷害（溫正衡，2019）。

二、案例分析

（一）家長作為

依據《校園霸凌防制準則》第18條之規定，向學校提出檢舉。

（二）學校的作為

1. 依據《校園霸凌防制準則》第17條之規定，於24小時內主動向縣（市）主管機關進行通報。
2. 接受家長申訴後，依據《校園霸凌防制準則》第24條之規定，學校校長應於校園霸凌防制委員會委員中指派三人組成審查小組，進

行事件審查。

3. 調查後屬實，依據《校園霸凌防制準則》第 45 條之規定，防制委員會審議調查報告，確認生對生霸凌事件成立者，必要時，得對行為人為下列一款或數款之決議：依第 38 條第 1 項規定予以處置；提供心理諮商與輔導或其他協助；採取適當管教措施；移送權責單位依法定程序予以懲處；霸凌情節重大者，依第 61 條規定處理。權責單位非有正當理由，不得違反防制委員會前項之決議。

第四節 校園性別事件防治準則

壹 校園性別事件防治準則的發展沿革

《校園性侵害性騷擾或性霸凌防治準則》係於 2005 年 3 月 30 日訂定發布，歷經四次修正，為配合《性別平等教育法》於 2023 年 8 月 16 日修正公布，增訂學校對實習場域的性騷擾防治責任，修正校長及教職員工應遵守與性或性別有關之專業倫理事項，變更校長現為或曾為行為人之校園性別事件管轄權；增訂偽造、變造、湮滅或隱匿他人所犯校園性騷擾、性霸凌、校長或教職員工違反與性或性別有關之專業倫理事件之證據，有解聘、免職、終止契約關係或終止運用關係必要之基準，及對行為人之議處過程；增訂權責單位提供被害人、其法定代理人或實際照顧者陳述意見之規定；增訂逕向主管機關申復規定之運作細節與規範，並修正本準則名稱為校園性別事件防治準則，及增訂第四章章名，且考量近年事件處理實務之需要，將「涉及公益」由性平會會議決議以檢舉案形式啟動調查、調查程序「重大瑕疵」之定義等函示規定及程序措施綜整列入本準則明定（行政院，2024，頁 2）。

貳 校園性別事件防治準則的內容評析

校園性侵害與性騷擾事件突顯出教育場域中可能潛藏之性別偏見與歧視，為有效防治校園性侵害與性騷擾事件，教育部特訂定校園性別事件防治準則，為能落實推動性別平等法之精神及防制校園性別事件的發生，其法規修正內容，讓主管機關及學校在面對相關事件能更妥善處理（行政院，2024，頁2）：

1. 配合修正公布之《性別平等教育法》，將校園性侵害性騷擾或性霸凌事件修正為校園性別事件，本準則修正名稱為《校園性別事件防治準則》。
2. 規範實習生學校對實習場域的性騷擾防治責任。將「實習場域之實習指導人員」納入教師定義，同時適用本法規定得調查處理，係重視實習指導關係之權勢不對等所造成之性騷擾。實習場域之雇主應依《性別平等工作法》規定，處理實習生所提之性騷擾申訴，並調查及採取立即有效糾正或補救措施，倘事件之一方為實習場域之實習指導人員者，適用本法之規定，由學校性平會調查處理。
3. 增加校長及教職員工與性或性別有關專業倫理及主動迴避陳報事項。訂定校長及教職員工與性或性別有關專業倫理事項，按未成年學生及成年學生身分，分別例示該性或性別有關專業倫理之範圍。
4. 規定行為人為校長及學校教職員工之不同的申復程序。主管機關所設性平會審議對於學校之處理結果，可逕行改核或敘明理由交回學校依法處理，並追究相關人員責任。
5. 各學校及主管機關知悉涉有校園性別事件人員提出退休（伍）或資遣申請時之管控機制。校長非教師法適用對象，爰明定主管機關知悉涉有校園性別事件之現任公立學校校長申請退休或資遣時，應由主管機關依《教育人員任用條例》及《公務員懲戒法》等規定辦

理；現任私立學校校長則應由主管機關或由主管機關督導學校財團法人依《私立學校法》第 43 條規定辦理。

參 校園性別事件防治準則的案例與分析

一、案例（依新聞案例及教學現場見聞進行情境改編）

　　2019 年 4 月某日在臺北市的一所小學，課後照顧班的王老師經常負責照顧幾位四年級的學生。每天放學後，學生們會留下來參加課後照顧班進行作業輔導和課外活動。有一天，小芬和幾位同學回家後告訴父母說，王老師經常對他們的外表做出評論。王老師會對女學生說：「妳今天穿這樣很可愛，男同學會喜歡的。」對於男學生，他則會開玩笑說：「你這樣子太瘦弱了，像個小女生。」然而，隨著時間的推移，這些言語讓學生們感到困惑甚至不舒服，但卻不知道如何應對，因為這些話語看似無害，但卻帶有性別暗示和不當的性別評價。小芬的父母聽聞後，感到事情並不單純，於是聯絡了其他家長一起向學校反映情況。學校在接到家長投訴後立即進行通報，並依《校園性別事件防治準則》第 22 條第 1 項之規定啟動相關的調查程序。學校性別平等委員會開始對王老師的言行進行詳細調查，並向學生蒐集更多的證詞。

　　經過數週的調查，委員會確認王老師的言語構成性騷擾，違反了《性別平等教育法》第 3 條第 3 項第 2 款第 1 目規定：「以明示或暗示之方式，從事不受歡迎且與性或性別有關之言詞或行為，致影響他人之人格尊嚴、學習、或工作之機會或表現者。」最終，王老師被學校停職，並被要求接受八小時的性別平等教育課程，以提升他的性別意識和行為標準。學校還進一步安排性別教育宣導活動，確保學生們瞭解如何面對類似情況，以及如何保護自己免受不當行為的侵害（臺北市政府教育局，2019）。

二、案例分析

（一）家長作為

依據《校園性別事件防治準則》第 11 條之規定，向學校申請調查。

（二）學校的作為

1. 依據《性別平等教育法》第 22 條之規定，於 24 小時內主動向縣（市）主管機關進行通報。
2. 接受家長申訴後，依據《校園性別事件防治準則》第 18 條及第 22 條之規定，由性別平等教育委員會進行調查。
3. 調查小組依《校園性別事件防治準則》第 24 條所列方式進行調查。
4. 調查後屬實，依據《校園性別事件防治準則》第 31 條第 1 項之規定，經學校性別平等教育委員會查證屬實者，應依《性別平等教育法》第 26 條第 1 項規定，對行為人予以申誡、記過、解聘、停聘、不續聘、免職、終止契約關係、終止運用關係或其他適當之懲處。另依第 31 條第 3 項規定命行為人接受八小時之性別平等教育相關課程。
5. 根據《校園性別事件防治準則》第 28 條之規定，學校應依《性別平等教育法》第 25 條考量被害學生之需求，提供心理諮商與輔導等各類專業服務。
6. 函報教育處
    (1) 調查報告經性別平等教育委員會審議後，將會議紀錄及調查報告函報教育局。
    (2) 倘有涉及考核或其他決議，須將考核會議等相關紀錄函報教育局。

7. 資料歸檔備查。

第五節　學校訂定教師輔導與管教學生辦法注意事項

壹、學校訂定教師輔導與管教學生辦法注意事項的發展沿革

依《教師法》第 32 條規定，教師負有「輔導或管教學生，引導其適性發展，並培養其健全人格」的義務。由教師法可知，「管教」是老師的義務。然而，隨著教育思潮的演變，教育開始「鬆綁」，教師地位早已不復以往，管教問題與案例層出不窮，讓老師動輒得咎，教師無所適從，「管教」成為老師們憂心與困擾的問題。

1997 年教育部頒布之《教師輔導與管教學生辦法》第 8 條指出：「學生干擾或妨礙教學活動之正常進行，違反校規、社會規範或法律，或從事有害身心健康之行為者，教師應施予適當輔導與管教。」雖然此辦法已於 2003 年廢止，教育部為協助學校依《教師法》規定訂定《教師輔導與管教學生辦法》，且為因應我國推動兒童權利公約及符合相關法令，修正公布《學校訂定教師輔導與管教學生辦法注意事項》，以作為各級學校訂定或修改其教師輔導與管教學生辦法之參考，法規中將制定教師管教辦法的權利交由各校校務會議，邀集校內相關單位主管、家長會代表、教師代表及學生代表訂定之（王銘璋，2010）。

教育部於 2024 年再次修訂並公告學校訂定教師輔導與管教學生辦法注意事項，以維護校園安全為前提，並以「維護教師管教權」、「保障學生相關權益」、「強化學校與家庭及社政單位鏈結」以及「強化校園安全檢查機制與流程」等原則，進行全條文討論及修正（教育部，2024b）。

貳 學校訂定教師輔導與管教學生辦法注意事項的內容評析

教育部於 2024 年公布新版《學校訂定教師輔導與管教學生辦法注意事項》，除了點次變更與文字修正外，其中更針對第 4 條定義；第 15 條處罰之正當法律程序；第 23 條教師之一般管教措施；第 24 條教師之強制措施及阻卻違法事由；第 26 條法定代理人或實際照顧者之協助輔導管教措施；第 27 條學校之特殊管教措施；第 29 條校園安全檢查之限制；第 30 條校園安全檢查之進行方式；第 31 條違法或違禁物品之處理；第 35 條脆弱家庭學生之處理等條文進行大幅度的內容修正。其重點如下：

1. 基於維護教師管教權於條文中增列「阻卻違法事由」，保障教師業務上之正當行為，維持教學秩序和教育活動之必要管教行為，以及採取避免自己或他人發生緊急危難而出於不得已行為，不予處罰。

2. 為了保障學生相關權益，增列參與校園安全檢查人員之保密義務，參與學校校園安全檢查會議、緊急會商及執行校園安全檢查之所有人員，對特定身分學生及被安全檢查學生之個人資料，均負保密義務，並依個人資料保護法等相關規範辦理。

3. 連結學校、家庭及社政單位的輔導管教措施，增列針對脆弱家庭或難以發揮輔導管教功能家庭，學校應建立預警系統，建構篩檢及轉介之機制，並提供相關家庭教育諮商或輔導等服務。必要時可聯繫社政單位進行家庭訪視或協助處理。

4. 強化校園安全檢查機制流程，明列學校為維護校園安全及學生之身體自主權、人格發展權，應參考教育部校園安全檢查操作手冊訂定相關規定，針對有危害他人生命、身體之虞的特定身分學生，或發現、接獲通報學生有危害他人生命、身體之虞之情形時，由學務處進行必要之安全檢查。

參 學校訂定教師輔導與管教學生辦法的案例與分析

一、案例（依新聞案例及教學現場見聞進行情境改編）

　　2015 年 9 月在某縣市某國小的五年級課後照顧班裡有一位學生小宏，因為沒有按時完成老師規定的家庭作業，被老師阿明責罵。阿明老師性格嚴肅，對學生的紀律要求非常嚴格。當他發現小宏沒有完成作業時，立刻要求他站起來，當著全班同學的面進行批評，並強迫小宏罰站，直到他完成作業為止。阿明老師見小宏進展緩慢，情緒更加激動，甚至用手拍打小宏的桌子以示威嚇，要求他加快速度。阿宏在極大的壓力下流下了眼淚，但仍被要求繼續完成作業。當小宏的母親來接他時，發現孩子情緒低落，回到家後小宏才告訴母親當天的經歷。小宏的母親非常心疼，第二天便與學校聯繫，向校長反映了阿明老師對孩子的體罰行為。

　　學校接到投訴後，學校立即通報並召開校事會議調查處理。調查發現，阿明老師對小宏的處理方式確實過於嚴厲，並超出了合理的懲戒範圍，違反了《學校訂定教師輔導與管教學生辦法注意事項》第 38 款之規定：「禁止違法處罰學生：教師輔導與管教學生，得採規勸或糾正之方式，並應避免違法處罰學生」。

　　根據調查結果，學校召開教師成績考核委員會，決議給予申誡一次。另學校要求阿明老師除了參加專業輔導和管教技巧之訓練外，也要向小宏及其家長道歉，承認自己在處理該事件時的失誤（公共電視，2015）。

二、案例分析

（一）家長作為

　　依據《高級中等以下學校教師解聘不續聘停聘或資遣辦法》第 5 條之規定，向學校申請調查。

（二）學校的作為

1. 學校應於24小時內主動向縣（市）主管機關進行校安通報及社政通報。
2. 依據《高級中等以下學校教師解聘不續聘停聘或資遣辦法》第12條之規定：學校應於受理檢舉事件後七個工作日內召開校事會議審議是否啟動調查。並依第16條啟動調查。
3. 調查小組應製作調查報告，提校事會議審議，決議以下事項：

    (1) 教師涉有《高級中等以下學校教師解聘不續聘停聘或資遣辦法》第2條第4款或第5款所定情形，學校應移送教師評審委員會審議。

    (2) 教師疑似有《教師法》第16條第1項第1款情形，而有輔導改善之可能者，由校事會議自行輔導或向主管機關申請專審會輔導。

    (3) 教師無前二款所定情形，而有《公立高級中等以下學校教師成績考核辦法》第6條所定情形，學校應移送考核會或依法組成之相關委員會審議。

    (4) 教師無前三款所定情形，應予結案。

4. 依法召開考核會或相關會議，依學校教師成績考核辦法，予以申誡、記過、記大過或其他適當之懲處。
5. 函報教育處：

    (1) 調查報告經校事會審議後，校事會議紀錄及調查報告應函報教育局。

    (2) 倘有涉及考核或其他決議，須將考核會議等相關紀錄函報教育局。

6. 持續輔導教師進行正向管教。
7. 資料歸檔備查。

第六節　問題討論

在你讀完本章之後,你應該能回答下列與當前學校重要法令和課後照顧有關的問題:

1. 課後照顧辦理單位及人員在辦理業務時,依據《性別平等教育法》需有何作為?請分述說明之。
2. 依《兒童及少年福利與權益保障法》之規定,課後照顧辦理單位及人員在辦理業務時應注意哪些事項?請分述說明之。
3. 課後照顧辦理單位及人員如何依循《校園霸凌防制準則》以避免在辦理課後照顧時發生霸凌相關事件?
4. 課後照顧辦理單位及人員如何依循《校園性別事件防治準則》以避免在辦理課後照顧時發生校園性別事件?
5. 課後照顧辦理人員在進行照顧兒童的輔導與管教時應如何依循《學校訂定教師輔導與管教學生辦法注意事項》?請分述說明之。

參考文獻

公共電視（2015年3月21日）。**小五男童學習障礙 家長批老師為難**。YAHOO! 新聞。https://reurl.cc/2ja85a

王銘璋（2010）。教師管教權與學生人權之初探。**網路社會學通訊期刊，85**。https://www.nhu.edu.tw/~society/e-j/85/85-14.htm

古芙仙、張國聖（2013年4月24日）。**上補習班摔成長短腳家長怒告**。華視新聞。https://news.cts.com.tw/cts/general/201304/201304241231593.html

立法院（2010）。本院委員高志鵬等23人擬具「性別平等教育法第三十四條及第三十六條條文修正草案」案，請審議案。**立法院公報，99**（31），310-313。https://lci.ly.gov.tw/LyLCEW/communique/final/pdf/99/31/LCIDC01_993101_00025.pdf

立法院（2011）。「性別平等教育法部分條文修正草案」併案審查報告。**立法院公報，100**（47），487-534。https://lci.ly.gov.tw/LyLCEW/communique1/final/pdf/10100/47/LCIDC01_1004702_00002.pdf

立法院（2013）。本院教育及文化委員會報告審查委員邱志偉等24人擬具「性別平等教育法第二十五條條文修正草案」案。**立法院公報，102**（71），201-205。https://lci.ly.gov.tw/LyLCEW/communique1/final/pdf/102/71/LCIDC01_1027101_00016.pdf

立法院（2018a）。立法院第9屆第6會期教育及文化委員會第4次全體委員會議紀錄。**立法院公報，107**（89），381-450。https://lci.ly.gov.tw/LyLCEW/communique1/final/pdf/107/89/LCIDC01_1078901_00008.pdf

立法院（2018b）。立法院第9屆第6會期黨團協商會議紀錄。**立法院公報，107**（111），441-446。https://lci.ly.gov.tw/LyLCEW/communique1/

final/pdf/107/111/LCIDC01_10711102_00021.pdf

行政院（2023）。校園霸凌防制準則修正草案總說明。**行政院公報，29**（154）。https://gazette.nat.gov.tw/EG_FileManager/eguploadpub/eg029154/ch05/type3/gov40/num20/Eg.pdf

行政院（2024）。校園性侵害性騷擾或性霸凌防治準則修正草案總說明。**行政院公報，30**（35）。https://gazette.nat.gov.tw/EG_FileManager/eguploadpub/eg030035/ch05/type3/gov40/num21/Eg.pdf

性別平等教育法（2023）修正公布。https://law.moj.gov.tw/LawClass/LawAll.aspx?pcode=H0080067

兒童及少年福利與權益保障法（2021）修正公布。https://law.moj.gov.tw/LawClass/LawAll.aspx?PCode=D0050001

校園霸凌防制準則（2024）修正公布。https://law.moj.gov.tw/LawClass/LawAll.aspx?PCode=H0020081

校園性別事件防治準則（2024）修正公布。https://law.moj.gov.tw/LawClass/LawAll.aspx?pcode=H0080069

教育部（2023）。**立法院三讀通過「性別平等教育法」修正草案**。教育部全球資訊網。https://www.edu.tw/News_Content.aspx?state=F5D336F102ACBC68&s=D71495741C3D7B2A&sms=169B8E91BB75571F

教育部（2024a）。**教育部召開校園安全諮詢會第二次會議擴大與教育團體及縣市政府會商討論**。教育部全球資訊網。https://www.edu.tw/News_Content.aspx?n=9E7AC85F1954DDA8&s=2DB59AAF926E8176

教育部（2024b）。**學校訂定教師輔導與管教學生辦法注意事項**。https://edu.law.moe.gov.tw/LawContent.aspx?id=GL002147&kw=%E5%AD%B8%E7%94%9F%E8%BC%94%E5%B0%8E

陳惠馨（2005）。認真看待性別平等教育法──性別教育平等法之立法與展望。**國家政策季刊，4**（1），21-32。https://doi.org/10.6407/NPQ.200503.0021

張金章（2022）。當前校園霸凌防制準則實施困境與改善建議。**學校行政雙月刊**，141，182-201。https://doi.org/10.6423/HHHC.202209_(141).0009

曹馥年（2019年9月17日）。**玫瑰少年的痛不曾遠離：世新宿舍性霸凌事件，後來呢**。報導者。https://www.twreporter.org/a/feminine-male-students-school-sexual-bullying

楊昌裕（2019）。性別平等教育法第四次修正內容及歷次修正的觀察。**學生事務與輔導**，57（4），76-83。https://doi.org/10.6506/SAGC.201903_57(4).0008

楊昌裕（2023）。更趨嚴謹的《性別平等教育法》修正。**學生事務與輔導**，62（3），62-67。https://doi.org/10.6506/SAGC.202312_62(3).0009

溫正衡（2019年2月13日）。**小學同窗集體網路霸凌台南國中女萌輕生**。公視新聞網。https://news.pts.org.tw/article/422387

葉肅科（2012）。臺灣兒童及少年福利與權益保障法：回顧與展望。**社區發展季刊**，139，31-41。https://cdj.sfaa.gov.tw/Journal/Content?gno=1961

臺北市政府教育局（2019年4月3日）。**校園性平事件，教育局深入調查並加強性平教育**。臺北市政府教育局。https://www.doe.gov.taipei/News_Content.aspx?n=B3DDF0458F0FFC11&sms=72544237BBE4C5F6&s=ECEFA586DB0EE9D1

潘乃欣（2023年8月28日）。**《校園霸凌防制準則》二度大修，2個原因引發民間團體、立委不滿**。親子天下。https://www.parenting.com.tw/article/5096139

顏國樑、簡安茹（2006）。性別平等教育法的立法背景、過程、內涵及啟示。**學校行政**，46，279-299。https://doi.org/10.6423/HHHC.200611.0279

國家圖書館出版品預行編目（CIP）資料

課後照顧概論／吳子宏, 林雅芳, 林驛哲, 邱世杰,
黃暐睿, 劉鎮寧, 駱怡如著. -- 初版. -- 新北市：
心理出版社股份有限公司, 2025.09
　　面；　公分. --（幼兒教育系列；51238）
　　ISBN 978-626-7447-90-1（平裝）

　　1.CST：托育　2.CST：兒童教育

523　　　　　　　　　　　　　　　　　　114010233

幼兒教育系列 51238

課後照顧概論

主　　編：劉振寧
作　　者：吳子宏、林雅芳、林驛哲、邱世杰、黃暐睿、劉鎮寧、駱怡如
執行編輯：高碧嶸
總 編 輯：林敬堯
發 行 人：洪有義
出 版 者：心理出版社股份有限公司
地　　址：231026 新北市新店區光明街 288 號 7 樓
電　　話：(02) 29150566
傳　　真：(02) 29152928
郵撥帳號：19293172　心理出版社股份有限公司
網　　址：https://www.psy.com.tw
電子信箱：psychoco@ms15.hinet.net
排 版 者：龍虎電腦排版股份有限公司
印 刷 者：龍虎電腦排版股份有限公司
初版一刷：2025 年 9 月
Ｉ Ｓ Ｂ Ｎ：978-626-7447-90-1
定　　價：新台幣 400 元

■有著作權‧侵害必究■